江苏省教育科学规划课题：破“五唯”视域下深化江苏高职教师分类评价改革研究——以八所学校职称评审实践为例（D/2021/03/50）研究成果之一

思行合一：
高职教师专业发展研究与实践

张晓冬 / 著

SPM 南方传媒 | 广东人民出版社
·广州·

图书在版编目（CIP）数据

思行合一：高职教师专业发展研究与实践 / 张晓冬著. —广州：广东人民出版社，2024.1
ISBN 978-7-218-16539-4

Ⅰ.①思… Ⅱ.①张… Ⅲ.①高等职业教育—师资培训—研究 Ⅳ.①G718.5

中国国家版本馆CIP数据核字（2023）第073431号

SIXING HEYI : GAOZHI JIAOSHI ZHUANYE FAZHAN YANJIU YU SHIJIAN
思行合一：高职教师专业发展研究与实践

张晓冬 著

出 版 人：肖风华

责任编辑：马妮璐
责任技编：吴彦斌 周星奎
装帧设计：马静静

出版发行：广东人民出版社
地　　址：广东省广州市越秀区大沙头四马路10号（邮政编码：510199）
电　　话：（020）85716809（总编室）
传　　真：（020）83289585
网　　址：http://www.gdpph.com
印　　刷：北京亚吉飞数码科技有限公司
开　　本：710mm×1000mm 1/16
印　　张：14.25　　字　　数：226千
版　　次：2024年4月第1版
印　　次：2024年4月第1次印刷
定　　价：78.00元

如发现印装质量问题，影响阅读，请与出版社（020-85716849）联系调换。
售书热线：（020）87716172

前言

随着教育发展水平的不断提高，人们越来越能够清楚地认识到高职教师专业发展是建设高水平师资队伍的重要一环。我国政府颁布的一系列文件中关于教师专业发展的内容逐渐增加，如教育部在2015年颁布的《高等职业教育创新发展行动计划（2015—2018年）》中就明确提出了健全高等职业院校专任教师的培养和继续教育制度的要求。中共中央、国务院于2018年颁布的《关于全面深化新时代教师队伍建设改革的意见》中提出部分教师专业素质能力低下，无法满足新时代育人需求，需要提高教师专业发展水平的要求。这类文件中都出现了与教师“专业化”“专业能力”“专业素质”“专业发展”等相关的字眼，把教师的专业发展作为提高教师水平的有效途径。

高等职业教育是培养高质量技术技能型人才的主体，通过为第一、第二和第三产业输送各类人才成为我国转变经济发展方式的重要支撑。故而，高等职业教育输送的人才质量在当今社会经济建设和发展中的重要性不言而喻。其中最为关键的一环就是高职院校应当拥有一支具有专业水平的师资队伍。那么，如何打造一支高水平、专业化的高职教师队伍就成为高职院校共同面对的研究课题。其中，研究的核心问题为高职院校教师专业发展问题。十九大报告指出“中国特色社会主义进入新时代，我国社会主要矛盾已经转化为人民日益增长的美好生活需要和不平衡不充分的发展之间的矛盾。”在教师专业发展上，高职师资队伍也面临着发展不平衡不充分的矛盾。因此致力于探讨高职教师专业发展的影响因素，深挖其主要矛盾，分析促进高职院校教师专业水平提升的有效机制具有较大的现实意义。为此，作者在参阅大量相关著作文献的基础上，精心策划并撰写了本书。

本书共有六章。第一章作为全书开篇，主要分析了教师职业与教师专业发展的基础知识，如教师职业的内涵与特点、教师职业专业化的内涵与意义、高职教师专业发展的标准与特点。第二章针对高职教师专业发展的理念与取向展开深入分析，包括高职教师专业发展的理论依据、高职教师专业发展的理念、高职教师专业发展的基本取向。第三章探讨了高职教师专业发展的现状及存在问题，以及高职教师专业发展的新要求、高职教师专业发展的影响因素与动力机制。在上述章节内容的基础上，第四章研究了高职教师专业发展的新模式，主要从职前教育、入职教育、职后教育三个方面进行了全面分析。第五章探讨了高职教师专业发展的优化路径，涉及积极构建教师实训基地、促进高职教师的教学反思、构建高职教师专业发展共同体、激励高职教师展开科学研究、加强高职教师的教育行动研究这几个层面。第六章为本书的最后一章，对高职教师专业发展的前景展望进行了论述，包括引入大数据，革新高职教师专业发展手段；实行工学结合，构建“双师型”师资队伍；构建激励机制，调动高职教师发展积极性；展开自我评价，建构高职教师评价体系；把握教育生态，优化高职教师成长环境。

本书全面、细致地论述了高职院校教师专业发展的内容，呈现以下特点。首先，本书做到了理论与实践的完美融合，无论从总体上还是具体到每一章，都是以理论来指导实践。其次，本书内容丰富，涉及范围广泛，便于读者全面了解高职院校教师专业发展的相关内容。最后，本书结构严谨，逻辑清晰，实用性极强。总体而言，本书对于广大教师、学习者以及专门致力于高职院校教师专业发展研究的人士而言，都有着重要的学习和参考价值。

为了确保本书的准确性，作者在成书过程中参阅了大量文献和专著，并引用了部分专家和学者的观点，在此一并表示感谢。因写作水平有限，书中难免有错误和疏漏之处，还望广大读者批评指正。

作　者

2022 年 10 月

目　录

第一章

基本认知：教师职业与教师专业发展

教师职业具有悠久的历史，在长期的发展过程中，人们对教师这一职业展开了全方位研究，并取得了显著的理论成果。本章作为全书开篇，主要分析教师职业与教师专业发展的相关基础知识，从而为下面章节内容的展开做好铺垫。

第一节　教师职业的内涵与特点

一、教师职业的内涵

职业就是个人在社会中所从事的维持生存的工作，职业最基本的特点就是谋生的方式，职业的含义远不止于此，其概念的产生，是社会劳动分化的结果。职业是特定的人去做特定的事，对所做的这件事情负责。职业除了是谋生的手段外，还是有专人专事专责的含义。

教师是一种特殊的职业，是教师通过自己的专业知识和技能履行教育教学职责，维护学生的利益，使学生成为成长发展过程中的一种专业职业。教师的社会地位和文明程度有关系，与自身的专业知识和技能以及教学能力都有直接联系。在我国《教育法》中对教师职业进行了法律界定，教师要具备规定的学历要求，具有相应的知识结构，符合与职业相称的相关规定。教师职业的职责就是教育教学，和其他人员不同，如行政管理人员、教学辅助人员等。他们没有从事教学工作，没有履行教学职责，就不能成为教师。

（一）教师职业的产生

1. 人类教育活动的产生促进了教师的出现

古代人类为了在“自然环境”中生存和发展，不断认识和改造自然，并用勤劳的双手与聪慧的大脑去生产物质生活资料。

中国古代的学校经历不断地发展后，虽然也有传授射箭、剑术等技能方面的教育，有传统武艺、军事的传授者，但都不是专职的教师。不可否认的是，人类早期和教育的出现为教师职业的产生奠定了重要基础。

2. 社会生产力的发展推动了教师职业的产生

随着社会生产力的不断发展，人们的生产经验和生活经验越来越丰富，各行各业的专业化程度也越来越高，由此也促进了专业化知识体系的逐渐形成，出现了如天文、地理、算术、历史、医学和教育等专业。

（二）教师职业的发展

1. 在数量与质量方面的发展

随着我国教育体制的深入改革，对教师工作者提出了较高的要求，教师队伍的建设既要满足数量上的需求，同时也要在质量上有所提高。教师既要有良好的知识结构和较高学历，同时还要有胜任教育教学工作的能力。进入 21 世纪以来，我国全面提高教师队伍的规格标准，在现实办学条件下逐步扩大培养规模，提高办学质量，培养高层次、高学历的教师队伍。但从我国中小学教学的发展现状来看，教师还存在数量少、业务能力水平不高、综合素质水平较低的问题，尚且不能满足教学改革的需要和社会发展的需要。

2. 在技能与能力方面的发展

21 世纪，促进学生身体健康、增强学生体质的教学观念越来越受学校教育工作者的重视，教师的技能也随之发生变化，从过去重传授运动技艺转向重学生的身体锻炼。教师的技能和能力随着社会经济、政治、教育等方面的发展而不断提升，教师的知识、技能与能力结构也不断发生变化。随着教师社会角色的变化、教育专业化的要求以及知识的海量增长，必须重视提高教师的综合素质，提高教师队伍的整体水平，从而推动我国教育事业的发展。①

① 朱峰，宁雷 .21 世纪教师 [M]. 沈阳：东北大学出版社，2009.

二、教师职业的特点

（一）复杂性

教师的劳动非常复杂，这是由教育过程、教学对象这些复杂的因素所决定的。教学过程中又包含教学内容、教学方法等要素。因此说教师劳动的复杂性是由各个教学因素所决定的。

第一，教师面向人（学生）开展工作，人是复杂的生物，有思想、有个性、有感情、有主见，不同学生表现出不同的一面，多样化的教学对象增加了教师劳动的复杂性。

第二，在教育活动中，教师可采取多种多样的方式与途径来积极教育和影响学生，这些教育方式本身就是复杂的，从而使得教师的劳动也是复杂多变的。

第三，教学内容本身所具有的专业性对教师教学的技巧与能力提出了较高的要求，也增加了教师劳动的难度。

（二）繁重性

现代社会发展对教师职业提出了非常高的要求，教师因而面临着艰巨的教学任务，从而决定了教师劳动的繁重性。现代教育改革要求教师要培养德、智、体、美、劳等多方面素质全面与协调发展的人才，教师既要向学生传授课本知识，培养学生的文化知识素养，又要培养学生的思想品德，关注学生的健康；既要在课堂上传授知识与技能，又要在课余时间组织课外活动并带领学生参与；既要对学生的校园学习与生活给予全方位指导，又要对学生的校外生活与交往予以关心和引导。可见教师的任务多么艰巨，教师必须付出大量的时间、精力和心血才能完成好这些任务。

（三）高度责任性

教师劳动具有高度责任性，表现如下。

第一，教育事业是面向未来的宏伟的创造性事业，国家的可持续发展直接受教育水平与质量的影响，因此政府和人民都对伟大的教育工作者寄予了厚望。

第二，教师从事育人工作，肩负培养优秀人才的重任，教师劳动的质量与学生的前途息息相关，所以学生与广大家长对教书育人的从业者有很高的期望。

教师身上背负的重任和使命使教师产生了高度的责任感，当然也增加了教师的心理负担。

（四）长期性和连续性

人的身心发展规律与特点以及教育的规律性决定了教师劳动的长期性和连续性，下面具体展开分析。

第一，人的成长是伴随人一生的，人不可能短期内就实现各方面的成长与发展，这是由人的身心发展特点所决定的。不管是掌握知识，树立观念，还是培养习惯，都需要长期的努力和反复地实践。因此教师的劳动是长期的，教师要在长期的教学生涯中对学生的综合素质进行培养。教师的劳动必须是持之以恒的，只要在岗一日，就不能间断，不能松懈，更不能脱离工作。教师要有长期的教学计划和方案，要按照计划有序开展教学工作。

第二，我们在长期的教育教学实践中总结出了重要的教育规律与教育原则，其中典型的“循序渐进”教学规律与原则充分反映了教师劳动的长期连续性。

（五）感染性和示范性

教师在工作中要将自己的各种特性发挥出来，将此作为手段去影响学生，感染学生，从而使学生的身心、智力等发生积极的变化。这是教师劳动与其他劳动不同的地方。从教师劳动的这一特殊性来看，教师既是劳动者，也是劳动手段。教师应该是有知识、有技能的劳动者，否则其不可能利用自身特性这个手段去影响学生，使学生发生预期的变化。集劳动实施者及劳动手段于一体的教师对教学质量和效果有决定性影响，因此教师必须提升自己的专业业务能力和各方面的综合能力，要充分发挥自己的“工具”价值，取得良好的育人效果。

教师劳动具有示范性，教师培养学生的思想品德，向学生传授知识和技能，首先自己要有良好的道德品质，要掌握丰富的知识和熟练的技能，这样才能给学生做出很好的示范。思想品德、知识、技能不仅是对学生的要求，也是对教师的要求，是教师应该具备的特质。青少年学生善于观察和模仿，会受到教师世界观、行为方式、言谈举止等各方面的潜在影响。所以教师要给学生树立一个良好的榜样，要给学生做出正确的示范，要用具有感染力的教学去积极影响学生。

（六）创造性

教师的劳动同样具有创造性。苏联著名教育家马卡连柯说过："教育学是最辩证的、最灵活的一种科学，也是最复杂、最多样化的一种科学"。[①] 教师劳动的创造性表现如下。

第一，教师在教书育人的过程中不停探索学生的内心世界，总结学生的成长成才规律，并根据学生的个体差异，因材施教，创造适合不同学生的教育方法，促进全体学生的进步与发展。

第二，学生的成长成才及全面健康发展受到校内外、主客体等多方面因素的影响，教师在教育工作中要善于将积极的影响因素利用起来去培养学生，同时也要巧妙化解与消除不利因素的弊端。教师对各种影响因素的运用讲究"巧"和"新"，不能用一套固定方式去不加选择地利用所有因素，而要在综合判断、准确预测的基础上对各要素进行巧妙利用，并不断创造新颖的教育环境来积极影响学生，这对教师的创造劳动能力是一个很大的考验。

第二节　教师职业专业化的内涵与意义

一、教师职业专业化的内涵

专业直接看字面意思就是专门从事某种学业或职业，从社会学角度

① 赵顺来，车锦华．教师学[M]．北京：中国科学文化出版社，2003.

看，专业就是受过专业教育或训练，具备高度的专门知识和技能，按照一定专业标准进行专门化的处理活动，有别于其他普通的职业，解决人生和社会问题，促进社会发展，获得相应报酬待遇和社会地位的专门职业。专业是一种社会分工、职业分化的结果，社会分化的一种表现形式，人类认识自然和社会发展达到一定程度后就会出现专业。

教师所从事的教育教学工作对从业者的要求比较高，具有独特的专门知识、技能和修养，教育教学活动是比较复杂的一项培养人发展的职业，要求从业者要具备比一般人更加丰富的、全面的、多样的学科知识，作为提供教育教学的原材料，同时还要掌握普通大众不需要或者不用系统了解的教育教学知识、技能和教育教学规律。

教师专业需要教师能够认识学习规律、社会发展的规律，掌握各种主客观教育教学条件的知识，利用知识和规律编写教学内容，组织教育教学活动的技能。如果不具备这些知识和技能，很难胜任教师的工作。

（一）教师职业专业化发展的内容

1. 教师的专业道德发展内容

教师专业道德包含着对教师各项标准的要求，是教师各种素质的综合表现，是教师专业发展的内在要求。相对于教师的职业道德来说，教师的专业道德更强调专业性与主体性。

（1）专业精神

教师在教育教学活动中的价值取向和追求即为其专业精神。教师的专业精神直接影响着自身的行为及其结果。为此，它要求教师具备高度的教育责任感，将教育作为自己神圣的职责；精益求精的工作态度；甘为人梯的服务精神；清晰有效的反思意识，不断实现自我超越；拥有坚定不移的专业信念。

（2）道德品质

这主要包括以下几个方面。第一，爱岗敬业，奉献社会。第二，热爱学生，教书育人。第三，求知创新，严谨治学。第四，团结协作，关心集体。第五，以身作则，为人师表。

（3）专业自律

教师要表现出一定的“角色敬畏”。教师的角色意味着其所承担的道德责任和义务，而通过“角色敬畏”，使教师在教育教学活动中“有所为有所不为”，体现道德责任感和道德使命感。教师的专业自律还要求其体现一定的“教育良心”，使高校教师对自己的教育教学行为进行自主控制与调节。

2. 教师专业知识发展的内容

教师专业知识结构既包括教师公共性的知识，也包括教师个体的知识，是带有若干鲜明特点的个体性知识和公共性知识的有机统一体。教师的专业知识发展内容包括扎实的政治理论知识。马克思主义基本理论知识是教师知识素质的首要内容。好的教师必须具有精深的专业知识。只有这样，才能准确、系统、有效地把知识传递给学生。广博的相关学科知识是学校及其所从事的一切活动赖以确立的基础，就是每个教师的多样化的知识、丰富的智力活动、宽阔的眼界和在学识上的不断提高。系统的教育科学知识，这不仅有利于教师获得教育教学的成功，还有利于教师不断完善自身的道德修养，增强职业之趣和信心，提高自身的情绪和心理状态，实现自身的不断向前发展。丰富的管理科学知识，教师是班级的直接管理者，班级管理的好坏与国家教育方针、学校教育计划、培养目标等的实施情况有着密切联系，为此教师要不断丰富自己的管理知识，加强班级管理的科学性和主动性，提高管理的质量和效率。

另外，教师应该不断积累自身的实践性知识，重视教育经验反思，培养教育情境敏感性，倡导教育叙事研究，关切教育情感体验。只有这样，教师才能全身心地投入到教育教学中，不断实现自身的发展和提高。

3. 教师专业能力发展的内容

教师专业能力指的是教师在专业实践中，以教学能力培养为内容，以专业能力发展为起点，经过专业意识及生成能力和专业调试能力的积累，从而使新专业能力结构不断生成、扩张和发展的螺旋式提升过程。为此，教师要不断提高自己的专业教学能力和专业实践能力，实现以下方面的发展。

第一，具备敏锐细致的观察力，通过观察更好地把握学生的心态，对学生做出更加客观的判断，从而能够进行有针对性的教学。

第二，准确清晰的记忆力，不仅对有关教育教学的知识有良好的记忆，对全班学生的各种情况也要有准确的记忆。

第三，具备多方位立体思维能力，对事物能够进行客观的分析、综合、抽象和概括，提高自身思维的独立性、广阔性、准确性和创造性等，以全方位、多层次、多渠道地对学生进行教育。

第四，具有较强的组织管理能力，以全面组织管理教育班级学生的任务，具备民主、高效、开放的工作作风，促进学生特长和个性的发展，培养学生的主体性意识。

第五，具备一定的语言表达能力，教师只有具备良好的语言表达能力，讲究说话的逻辑性、规范性和情感性等，对学生进行思想品德教育和行为教育等。

第六，具备一定的自我调控能力，使自身保持良好的情绪心理状态，用理智支配自己的情感，做到语言、行为合情理、有分寸。

第七，具备灵活应变的教育机制，教师在教育过程中遇到突如其来的偶发情况，要能够正确、迅速、敏捷地进行判断和恰当处理，从而取得良好的教育效果。

第八，具备一定的交往协调能力，教师要做好与学校、家长和学生的协同工作，将课堂教学内容与校内外教育影响的方向和步调保持一致。

第九，具备一定的教育科研能力，这是教师的必备能力素质之一。教师要在教育管理工作中有意识地开展调查研究，总结、积累教学经验和资料，进行教育管理实验探索，坚持进行教育科研，以提高自己的科研能力。

第十，具备较强的创造能力，教师在借鉴前人发展先进经验的基础上，大胆进行工作方法改进，从中发现新的规律、新的观点和具有创造性的教育教学方法。

4. 教师专业心理发展的内容

教师专业心理指的是教师在教育教学实践中生成和积淀的，与学生身心发展状况有密切关系的，影响教育教学效果的心理素质的有机统一体。优秀的心理素质，有利于教师调动和发挥自身的积极性，激发学生的主观能动性，以取得良好的教育教学效果。为此，高校青年教师要促进自身以下几方面专业心理的发展。

第一，发展自身的专业心理素质，包括良好的职业道德心理素质、教学心理素质、辅导心理素质。

第二，发展自身的人格心理素质，包括端正自身的需要与动机，培养良好的性格，提高自我调控能力等。

第三，发展自身的文化心理素质，要善于运用一定的方法和策略学习新知识和新技能，通过学习提高自身的实践创新能力。教师还要努力提高自身的文化素质，完善自身的个性和人格心理品质。

第四，发展自身的社会心理素质，认识到自身角色的多样性，学习掌握各种社会角色期待和角色情境判断，提高扮演多重角色的社会心理素质；建立良好的人际关系，具备良好的交往心理素质；提高自身在教育教学活动中的计划、决策、组织、指挥、监督、调控等方面的素质与能力。

5. 教师专业人格发展的内容

一个人的人格能够很客观地反映出其整体心理面貌。教师的人格形象能够体现出教师在教育教学活动中的整体心理面貌和心理特征。具体来说，教师的专业人格包括教师对学生的态度以及教师自身的气质、兴趣等方面。教师要实现其自身的专业发展，就应该形成教师的专业人格，为专业的发展奠定良好的心理基础。

19 世纪的俄国教育家乌申斯基认为，在教育事业中，教学工作应该以教师的人格为根据，任何规章制度、任何机构设施，无论其设计和安排如何完善，都不可能代替教师人格形象。只有通过教师的专业人格才能获得教育的力量源泉。

苏联著名教育家苏霍姆林斯基认为，从本质上来说，教育教学过程就是师生之间在心智和情感方面的沟通和交流过程。教育是人与人心灵上最微妙的相互接触。学生会通过教师的人格形象来对教师进行判断。

理想教师的人格应该符合善于理解学生、和蔼可亲、真诚质朴、开朗乐观、公平正直、宽容大度、兴趣广泛、意志力强、诙谐幽默等方面的要求。高校青年教师专业人格的建构，是在教育教学过程中逐步形成的。教师在长期的教育实践中，通过对教育、对学生、对自我的深切感悟理解，对职业道德和教育理想自觉追求的内化，可以使自身的教师专业人格逐步达到成熟。

6. 教师专业思想发展的内容

从客观角度来说，专业思想是判定一个人是否属于一个专业人员的重要依据，也是现代教师与以往教师相区别的显著标志。所谓教师的专业思想，就是指教师在理解教育相关知识的基础上所形成的教育教学思想。教师在教育教学工作中，要做到以专业思想作为行动的世界观与方法论。教师的专业思想为其专业发展提供了理性支点和精神内核，对于教师成长为一个教育教学专业工作者有着重要的影响。

客观来说，教育专业思想是动态发展的，是不断演变的。因此，每一位教师都必须不断地总结教育教学实践，以此形成符合自身发展特点的、体现个人风格的教育专业理念、专业思想。在不断发展变化的现代社会中，教师应该树立终身学习的观念，促进自身专业思想与时代的发展要求相接轨。

（二）教师职业专业化发展的途径

要实现高校的不断发展，需要不断促进教师专业的发展。在这一过程中，要将理论研究与相关科学实验以及教师的先进经验有机结合，开辟多样化的教师专业发展途径。在此，我们将围绕教师专业发展的途径展开论述。

1. 实施以人为本的教师管理

（1）加强教师的自我管理

教师不仅仅是被管理者，在学校管理中处于被动局面，还应该成为管理的主体参与管理，实施自我管理，践行“以人为本”。为此，高校青年教师要加强与管理者之间的沟通与理解，不断拓展双方交往、沟通的渠道。通过双方的亲密合作，弥补各自的不足，使双方学会换位思考，取得管理的最佳效果，促进各自的发展。

另外，教师要以促进自我发展为目标，不断进行自我控制。教师要认识到自身的能力水平、权利和义务，严格要求自己，在教育教学工作实践中不断克服困难、解决问题，促进自身专业的不断发展。

（2）转变落后的管理方法

高校的管理者，要不断提高自己的素质和人格魅力，处理好高校内部的人际关系。管理者要学会换位思考，不仅要考虑学校的发展任务和发展方向，还要考虑教师接受学校任务时的心态、压力等。管理者通过换位思考，避免简单粗暴地对教师进行管理，满足教师的某些需要，从而使教师能够积极主动地去完成各项教育任务，实现自身专业的发展。

同时，管理者要与教师形成互相尊重与信任的关系，以调动教师的积极性；营造一个相互尊重、信任的管理氛围。教师在工作中非常关心自己所发挥的价值，为此高校管理者要充分考虑每一位教师的成就需要，提供有利于教师展露自己的机会和平台，大胆培养、提拔青年教师，改善教师的工作条件；通过科学有效的管理，针对教师的个性特征和独特的心理特点、知识结构，使每位教师都能得到充分发展。

（3）建立科学的教师管理规章制度

在制定高校教师管理的规章制度时，要积极鼓励教师的参与，在执行这些规章制度的时候，要充分考虑到教师的特殊性。这样可以提高教师工作或科研的积极主动性和激发其创造性。

2. 实施校本教师培训

校本教师培训是在教育专家指导下，由学校和教师发起组织的、围绕着学校教育教学发展、改革中所遇到的各种实际问题，利用一切可以利用的教育资源，促进教师教、学、研的统一，从而实现教师专业发展的培训模式。

（1）强调教师自主学习

教师专业发展实质上是其进行自我定向、自主学习、自主发展的动态过程。因此，要实现教师自身专业的发展，需要促进其形成实现自身专业发展的自觉意识。在进行校本培训的时候，要尊重教师的自主性理念，促进教师自主发展，并为教师的自主发展提供有利的资源、条件和引导。

（2）加强教师间的互助合作

在校本培训中，改变了传统培训中培训者高高在上、受训者被动接受培训的局面。校本培训建立在对校内培训资源的充分利用的基础上，而且每位教师都有自身独特而又宝贵的教学经验。为此，通过搭建教师间合作互助的平台，促进教师间交流、分享教育教学经验，整合和重建各自的经验背景，促进自身专业的发展。

（3）重视同行专家的指引作用

虽然校本教师培训的核心理念在于倡导自主学习、推动合作互助。但是专家的支持和引导又具有重要作用。为此，要大力倡导以老带新的“导师制”，对新教师实行“一帮一”的指导活动，从而极大地促进教师专业发展。重视专家的引领作用，还应该重视发挥专家的“教学督导”作用，对上起到“参谋”“反馈”的作用，对下进行“监督”“指导”。

（4）注重组织制度保障机制建设

高校应该积极建立“教学发展中心”，对教育资源进行整合，为教师提供教学支持，提升教师的教学质量，推动校本教师培训的开展；将有关教育教学、教师培训的标准、要求等规范化、制度化，对教师专业自我发展进行严格管理等，实现其专业成长。

3. 实施发展性教师评价

（1）体现教师评价的学术标准

要实现这一要求，应该做到以下几点。第一，学校应该着力构建具有学术性的发展性教师评价制度。建立发展性评价制度，将发展性教师评价纳入制度建设的轨道；重视评价过程的民主化，强调学术自由，避免过多的约束。第二，建立科学有效的奖惩评价机制。发展性教师评价与奖惩性教师评价应该相互结合，更好地促进教师专业发展。第三，构建职责分明的三级评价体系。

（2）建立适应性教师评价指标体系

教育教学活动的复杂性和评价参与者的复杂性，决定了教师评价标准指标体系的多层次、多维度和灵活性。为此，在对教师进行发展性评价时，重视评价者与被评价者之间的对话，在协商的基础上达成一定的共识，重视评价指标的构建性意义，从而使评价的结果更具有客观性，使被评价者获得正确的反馈信息，实现自身的不断改进和完善。

（3）提供必要的评价物质基础

高校发展性教师评价的制度、组织机构、规章制度、人才队伍、评价标准等的制定和实施，需要投入一定的时间和人力、物力，并且工作具有长期性。为保证评价工作的顺利进行，需要在教育教学经费划拨中纳入这一内容。

4. 实施教育行动研究

所谓教育行动研究，就是教育工作者，或与研究者结合，在具体教育教学情境中，以解决教育教学实际问题为目的的一种教育科学研究类型。教育行动研究强调教师的主体地位和教育教学实践的理性化，强调教师与教育理论工作的结合。教师专业自主发展最重要的一条途径在于"使教师成为研究者"，开展教育行动研究，无疑能够大大提高教师的理论述评和实践能力，提高教师的科研能力。在开展相关的教育行动研究中，应该注意以下几个方面。

（1）健全行动研究的外部机制

建立良好的高校管理制度和评价制度等外部机制，能够有效调动教师进行教育行动研究的积极性和主动性。为此，学校要认同、尊重和理解教师的专业地位和主体地位，给予教师一定的自主权，使教师真正成为高校的主人。另外，还应该为教师提供理想的职业环境，发挥教师自身的专业潜能和创新能力。高校激励教师开展教育行动研究，要重视为教师提供制度保障。

（2）提供相关的研究资源

教师通过进行教育行动研究进行学习、促进自身专业发展过程中，必然会受到一系列主客观因素的限制。此时，需要加强科学管理，发挥自身在人力、物力、财力、时间、空间和信息等方面的作用，以不断培养高素质的研究型教师队伍。学校要为教师创造实现其知识更新的有效途径和有利平台，使教师能够在一个宽松、民主的研究氛围中，围绕着日常教育教学问题进行教育行动研究，不断实现自身专业的发展。

（三）教师职业专业化发展的策略

1. 提升专业决策能力

由于我国的科学教育教学理念和行为相较于西方发展形成较晚，因此长期以来对于具体教育教学活动的教学方式、方法和策略基本上处于向西方学习的状态，特别是受到国外教学理论的影响较大。以专业研究方向：英语学科教学论为例。一般认为英国的语言教学研究者，由于需要对其早期殖民地的人进行英语教育，因此被认为倾向于外语教学；另一方面美国由于是移民输入大国，因此其外语教学倾向于使用二语习得的理论。在我国对于这两种研究的理论倾向并无太大区分，在一段时间里缺乏对外来语言教学方式、方法和策略进行有效的本土化改良，开始以我国的英语学习实际情况为出发点，来对中国人英语学习特点进行研究。随着我国外语教学研究的不断发展，很多研究开始将研究转向对教学的方式、方法和策略背后的理念。

教师的个人教学逻辑是教师个人的认知、情感的个性化实践，这是教师个性化教学实践的根本来源。教师从个人经验出发对教学目的、内容、教学对象、教学本身、自我、课程和情境的个性化理解。因此教师的教学方式、方法和具体策略是一个建立在教师对其教学实践活动经验不断反思认知的基础上而产生一种个人化的教学逻辑，是教学方法理论与具体教学情境的结合。教师的教学逻辑是具有明显的个性化和主观能动性的体现，因此有研究者认为教师的教学方法是一种具有个人教学逻辑的理性展现，是教师对教学活动的内在逻辑的认知和把握，是教师通过一定的教学工具或者手段，来实现对预期教学价值的逻辑思维方式。教学理性的发展水平对教师教学实施的水平和内在品质有着重要的影响，也有助于教师主动性教学习惯和教学实践能力。

教学方式、方法和策略的具体实施都不可能忽视外在的客观条件对于其有效性的影响。师生空间关系、人际关系、课堂管理等方面都需要做出相应的教学对策，因此课堂组织管理方式和网络多媒体的使用也被纳入到教学研究的范畴内。这对于教师的教学设计和差异化教学能力提出了更高的要求。面对水平参差不齐的学生，教师需要合理的教学理念和教学逻辑进行应对，因此各种教学模式和教学策略不断涌现。新的教学理念开始从实践的层面对传统的教学实践方式产生冲击。以学生学习为主的教学理念在科学技术的支撑下慢慢从理念层面走入到具体的实践活动中。在提升学生学习参与度、改变教师角色、提高教学活动有效性等方面发挥优势，并能够在一定程度上解决教学和学生水平差异的问题。

随着时代和科技的发展，越来越多的学生开始不满足于以基础知识为主的课堂教学，并对脱离其专业学习的教学内容提出了质疑。以大学英语教学为例，学生专业的多样性也是对具体教学实践产生影响的一个不容忽视的方面。大学英语个性化教学就提倡以英语作为语言工具，在履行通识教育职责的过程中也不能忽视不同专业学生的专业发展需求。

英语教学和其他学科专业相结合的大学英语教学模式对于提升学生的跨文化交际能力、本专业素养、获得更多的专业学习机会都有裨益。然而这一教学模式在具体实施上会很大程度上受制于师资水平，这并不是说大学英语教师的专业能力和教学水平，而是指教师的专业结构。在我国，绝大多数的大学英语教师都具有语言类专业背景，而相对来说大多数其他专业教师的英语水平又不能达到英语授课基本要求。即便是英语专业出身的大学英语教师在教学中也面临着一些两难情境。

大学英语教学既然是以语言交际能力作为教学目标，那么在教学方式和策略上理应以英语为主要教学语言，但是实际情况却比理论上要复杂得多。有研究者通过实证研究发现大学英语教师的母语使用量比较高。由于课堂教学时间的有限性，因此母语使用量的增加意味着英语使用量的减少。由于母语量的增加和英语使用量的减少对学生英语学习效果是一个双倍的影响。而教师母语使用频率的高低与教师所受到的教学理论学习时间和教龄没有相关性。研究发现师生对于英语课堂汉语的使用有两种表现，一方面支持英语的高频率使用，另一方面又由于学生水平差异、课时限制、课程类别特征（如抽象知识较多的阅读、写作等课程）等原因造成在具体教学方式和策略上的汉语依赖。对于教师具体教学活动的研究，集中于教师对于具体教学方法、原则等方面的使用以及宏观客观条件的限制，对于教师依据具体教学情境对各种语言教学方法的个性化使用关注度较低。

2. 提升教育教学互动能力

符号在人类的生产生活中发挥了重要的作用。恩斯特·卡西尔（Ernst Cassirer）认为“符号化的思维和符号化的行为是人类生活中最富于代表性的特征，并且人类社会的全部发展都依赖于这些条件，这一点是无可争辩的”：具有实践取向的社会学家更多关注人类行为的具体实行、实施方式出发来对行动进行理解。而互动研究从人们的面对面互动交流入手，对引起人们互动以及对互动过程产生影响的主观因素予以关注。符号互动论属于微观层面的社会学研究，倾向于将社会结构归为个体成员间相互理解和行动的结果，关注人际交往过程中人对客体进行主观赋予意义及做出的反应。

符号互动论（Symbolic Interactionism）又被译为象征互动论。符号作为该理论的核心概念，一般指一切能够表征意义且被社会成员所公认的事物，比如语言、物品、场景等。符号互动论的思想一般认为是源自于实用主义思想中对于符号重要性的关注。“在我们一经发现了为符号所表示并仅仅借助于符号而进行的关于具有可能性的操作的观念以后，就开辟了道路，是我们能够从事于日益明确和广泛的操作”。

查尔斯·霍顿·库利（Charles Horton Cooley）在“镜中我”的理论中认为人们在互动中，彼此面对面像照镜子一样想象别人眼中的自我形象并对此产生感觉判断。相较于库利的“镜中我”，乔治·赫特伯·米德（George Herbert Mead）对符号互动论的产生则有更为直接的影响。他在对人类个体的思想与行动之间关系的不断探索中，吸收了实用主义的观点，认为个体的心灵、自我与社会是在不断地互动过程中产生并发展起来的。具体来说，米德认为人对外在刺激不仅具有生理反应，还具有理智性反应。

人的理智反应表现在对环境中客体的符号化表征以及针对客体设计并筛选方案的能力，冲动和理智的互动产生了“心灵”。“心灵”是个体产生“自我”观念的重要条件。人的主我（自然我）和客我（社会我）在不断地冲突调整中对立统一于“自我”。“自我”与“他者”的互动产生了“社会”，而“他人”既可以指个体，也可以是集体。米德的概念中社会是一个由人所创造并且应用的符号总和，“自我”与“他人”互动中所产生的主要是符号，如语言、制度、规则等。米德的观点中社会这一概念的引入，使学者们对于符号互动论中主体性的思考变得客观，变得可以观察验证。

真正明确提出符号互动论的是米德的学生赫尔伯特·布鲁默（Herbert Blumer）。赫尔伯特·布鲁默在1986年出版的《符号互动论》中认为人们对于意义的理解，对行动的设计都是依赖于符号才能完成。而符号作为社会互动的中介，受到人们对于符号所进行的赋意和理解的影响。由于人们在社会互动中不断反思行为的存在，这就造成了个体对于固定客体的认识会随着情境或“自我”的变化而变化，因此符号的具体互动方式也处于不断的动态发展中。然而一旦多个个体对于某个符号的赋意和理解达到一个相对稳定的状态，符号的意义也就会固定下来，人们在社会互动中对于该符号的认知也会处于一个相对一致的稳定状态，如社会规则、秩序等。

在符号互动论的理论影响下，有一批学者对该理论进行了颇有意义的发展和实践。首先欧文·戈夫曼（Erving Goffman）用戏剧来对人类互动过程进行描述和解释。在《日常生活的自我呈现》中，欧文·戈夫曼（Erving Goffman）提出了人际互动中的表演框架和印象管理两个概念类别。表演框架是人们在交往中所遵循的互动规范，受到社会成员的认可，因而对于行动个体具有参照作用。印象管理是一种交往互动策略，在人际交往中有目的地在他人心目中塑造自己的角色形象而采取的一系列行为方式。

由于在戈夫曼的研究中，剧本期望、剧情、剧班、面具、表演等词汇被用来以隐喻的方式描绘人们的交往互动过程，因此欧文·戈夫曼的研究又被称为拟剧理论。互动双方能够达到一致的意义建构是行动的前提条件。达成一致的过程中协商是其中一个方式。协商是行动者决策的过程，其本质是在情境中通过互动中达成共识和共同意义的建构，是互动的一种形式。对行动的分析要结合情境对行动者的意义进行解释。行动者在情境中通过互动形成共识和共同意义是暂时的，因此应该以动态的视角来看待协商互动过程，协商本质上是行动者在互动过程中不断尝试重新达到认识和意义的共识的过程。基于此，本部分认为在理论和已有研究层面来看，互动能够以一个更加基础性的视角对协商进行解释。

大卫·H·哈格里夫斯（David H.Hargreaves）则在符号互动论的理论视角下，对教学中的师生互动和师生关系进行了深入的研究。哈格里夫斯在 *Interpersonal Relations and Education* 中以符号互动论为理论依据，首先对人际理解（perceiving people）进行了深入的分析，并以筛选（selector）作为核心概念建立了一个完整的人际理解框架。然后哈格里夫斯在此框架下从角色、互动和团体三个角度对教育中师生间的人际互动进行了详细的分析。哈格里夫斯的研究对于符号互动论在教育教学中的研究非常具有启发意义，特别是他对于纪律以及教师和学生团体之间关系的研究。他认为教师对于“群体动态”（group dynamics）进行了解并进行分析是每一个教师应该掌握的能力，这有助于教师超越班级为单位的名义分组来理解学生团体，也有助于提升教师对学生团体中个体敏感性。在哈格里夫斯看来，对于学生的理解能力是教师教育中应该格外引起重视的一个重要部分。

皮埃尔·布迪厄认为学校的制度化教育也就是一种文化再制，其中充满了符号暴力（又译作象征暴力）。学校的教学行动借文化专制而强制实行，专制权力使之得以完成。教学权威作为符号暴力，是教学行动得以完成的重要条件。在教育系统内，行动者通过学校教育的不同场域对教师教学、课程制定等方面深入阶级文化符号，教育行动者在有意无意之间充当了符号暴力的执行者。布迪厄的文化再制理论也透露着符号互动论的思想，当然符号暴力给我们的启示也不尽然全是令人悲伤的方面。相反，这恰恰提醒我们，在整个教育系统中，教师具有如此重要的作用。

学校的符号权威要通过教师才能得以传达给学生，而学生的反应则真切地反映在教师面前。学校变革、教育变革以及教育成败都由教师的实际工作所决定。因此，如果教师秉承的文化符号理念是有益于学生发展，那么应该将教学权赋予教师。伯恩斯坦的符码理论从本质上也属于文化再制理论的发展。伯恩斯坦认为分配规则、评价规则和再语境化规则构成了教育机制。评价规则对学校教学内容做出了限定，再语境化规则将知识生产者的知识搬入课堂中成为教学符号，然后由教师对知识内容做出分配。

整个教学机制内部充满权力的影子。在教育机制中，教师应该有机会和学生一起成为知识的生产者，但是由于教学话语不完全掌握在教师手中，使得教师只能遵守规约性话语的要求来对组织教导性话语。教学话语权的丧失意味着教师教学权的丧失。目前这种情况在我国中小学教学中比较明显。大学教师由于存在科研工作者角色，因此教学自主权相对中小学教师大一些。但是由于教师个体教学信念的差异，以及学科教学上的差异，大学教师也会主动或被动地放弃教学自主权力。

兰德尔·柯林斯是美国当代著名社会学家，《互动仪式链》是其在多年研究的积累上推出的一部理论著作。正如其书名所表达，“互动仪式链”是柯林斯在相关社会学理论的前人研究基础上所提出的理论。在该理论中，柯林斯在对涂尔干和戈夫曼的相关仪式理论的反思基础上提出了这一试图将微观社会学和宏观社会学相联系的理论。柯林斯微观社会学的研究已更改是以情境作为研究的出发点，来对由微观现象所构成的宏观过程进行研究。柯林斯的互动仪式链理论关注微观情境中经由个体而形成的际遇，关注在情境中的人的互动，进而对其在不断地互动过程中所形成的社会关联或者网络进行研究。在教学活动中，师生间的面对面互动构成了教学活动中的一个个微观情境，教师作为能动的个体，对其在情境中的教学行动进行研究，有助于我们对教师在教学中的行动方式以及师生关系建构进行理解。

对于“互动仪式链”理论的发展应该从社会学家对于“仪式”的理解入手。自涂尔干开始,社会学对于仪式的研究就一直非常重视。涂尔干最初在对宗教活动进行研究后,提出了宗教是以所具有的观念整合作用。在宗教活动中,仪式作为一种行为规则规定个体在神圣对象面前的行为表现,以及个体对于业已形成的神圣符号或者神圣物作为一种价值体系对个体的精神心灵层面的统整作用。由于这些神圣物的存在,才对个体的行动起到了一定的制约作用,并通过赋予这些神圣物以符号意义而形成集体团结和身份认同。共有的行动意识和共有情感是强化共有体验的机制,被群体共同关注的东西形成了群体符号,而符号所具有的意义则是被仪式所赋予。

仪式的本质并不是仅仅对于既有神圣物的崇拜,同时也在对神圣物进行着塑造和意义的强化。戈夫曼将涂尔干对宗教仪式活动的研究理念延伸到对于日常生活情境的研究中去,并提出了“互动仪式”的概念。互动仪式主要有四种主要构成要素或者条件:两个或两个以上的人共同在场;对局外人设定界限;有共同关注的焦点;共享共同的情绪或者情感体验。互动仪式中的各要素之间相互影响,共同的关注焦点和共享的情感体验加深了互动中个体间对于彼此行动的关注。通过互动仪式,会加深参与成员的集体团结和身份认同感;增加成员的情感能量;增加成员在行动中的自信和能动性;有助于形成群体共有的意义符号。

自马克思·韦伯以来,对行动的研究都关注于理性层面,对马克思·韦伯在四种行动类型的划分中的“情感行动”一项的关注不多。兰德尔·柯林斯的互动仪式链则认为情感连带是行动者间行动成为可能重要保障。情感连带能形成共同意义符号,加深并延长行动间的共同意义建构。这是对马克思·韦伯情感行动的一个重要回应。教师通过自身教学行动增加学生对于学习过程的投入度并引起其积极情感和情绪的共享,可以有效增加学生对于学习活动的认同感,有助于师生之间良好关系的形成。教学行动作为一项复杂的连续性社会行动,应从由一个个微观情境所构成的具有连续性的情境连续体的角度来对其进行研究。因此柯林斯的互动仪式链理论为我们研究教师的教学行动提供一个有效的理论分析框架,有助于我们从课堂的连续活动中对教师的教学行动有一个相对完整的理解和解释。

从前面对于仪式和互动仪式的理论发展进行梳理中可以清楚地发现,无论是从埃米尔·涂尔干(Emile Durkheim)从宗教生活的角度对仪式的论述还是戈夫曼从日常生活互动中对仪式的理解，都停留在一个较为微观的层面，且强调既有仪式对于个体的规范作用。当然戈夫曼相对来说要比涂尔干更加关注仪式产生的历史脉络，以及互动对于仪式形成、发展所起到的作用。但是柯林斯认为，互动仪式理论是一种社会动力学的理论。在社会活动中，个体总是从一个情境到另一个情境的不断变动过程中，在这个过程中互动仪式随着情境的转变以及人们感受和想法的变化也在发生着强度高低的变化。

我国学者对于符号互动论在教学中的应用也投入了极高的兴趣，虽然数量上较少，但是也有一些有价值的研究成果。

张遐、朱志勇（2018）以社会学符号互动论和建构论的视角，采用质性研究的方法对大学教师角色认同建构进行了个案研究。

李文跃（2013）从符号互动论的视角对课堂教学中教学符号的互动进行了探析。

张俭民、董泽芳（2014）从米德的符号互动视角出发对高校师生课堂互动关系进行了探讨，认为课堂中师生互动关系应该从控制走向建构，从冲突走向和谐。

从以上研究可以看出，目前我国对于符号互动理论的研究基本上处于理论探索阶段。虽然目前已经有学者开始用符号互动论作为理论基础对教学进行有意义的实证研究，但是从总量上看仍然很少。

对于社会研究来说，是符号互动论对于情境作为社会研究的重要性首先做出了肯定，之后由人种学方法论将其作为一种研究方法和认识论。因此柯林斯认为作为一种社会动力学的理论，互动仪式的分析起点应该是处于实在状态的情境，从情境对于个体的塑造中来对情境在不断变化中对个体所赋予的情感和意义符号进行研究，互动仪式、共同关注和情感能量是该理论的三个基本要素。各种具有连续状态的微观情境在时空间中相互依存不断展开，形成具有宏观状态的情境体现，这是各种情境相互联系的方式也即“动力因”。

柯林斯将局部相关联的微观情境及其相互连接的动力机制称之为“互动仪式链”，其中起到重要中介和能量作用的是群体成员间的共享符号、身份认同、情感能量。柯林斯认为这些是使仪式结构在“链条”上可以持续发展的资本。教学互动师生关系是一种动态的相互作用关系，教师与学生在对共同的学习活动所进行的资本，共享符号和情感能量的投入，有助于在师生交往互动中形成良好的关系，促进共同关注焦点的形成和情感能量的积累并能保证教学目标的有效完成、实现共同发展。

教学活动中，教师和学生天然处于不同的角色地位，这是由于教师自身所具有的专业资本和生活经验所致。由于师生互动属于异质性互动过程，因此作为教学互动成员的教师所秉承的教育教学理念对其教学行动有一定的影响。一个秉承学习型理念的教师势必在教学活动中对于师生间的角色关系建构、共同关注内容和情感积累的塑造上采取行动。教师也会在教学情境的不断变化发展中调整其行动方式，形成教学中的仪式链。

互动仪式链理论强调微观互动情境在社会学研究中的基础性作用，并提示我们要在一个连续的时空间中对于互动仪式中的相关影响因素进行关注。教学行动作为连续教学情境中的社会行动是非常适合使用互动仪式链的理论来对教学中教师的教学行动方式进行研究，并能够解释理解教师在教学互动中对于共同情感积累、共同学习关注等方面的行动。在教学活动中教师的专业资本和生活经验都处于主导地位。教师在教学中的社会行动有助于引导学生关注学习互动，形成良好的学习身份认同以及情感积累，这是教学活动顺利进行的重要保障。因此互动仪式链理论可以为研究教师的教学行动提供一个动态的理解框架，有助于对教学行动进行较为全面的认知。

3. 强化反思性特征

正如阿尔弗雷德·许茨（Alfred Schutz）在《社会世界的意义建构》中认为，如果行动只是朝向行动对象，这是没有意义的行动。只有在反思中将行动所获得的知识转变为经验，行动才会变得有意义。反思性不仅仅是一种属性，而且还是行动的内容。反思不论是个人层面还是行动的模式化层面，都是对已经发生的事件进行检视的过程和结果。对于教师的专业能力，一般有两种认知倾向和争论，即到底教师是作为“技术熟练者”还是“反思性实践者”的身份存在于教学专业活动中。对教师专业属性的明确定义以及相对应的专业角色的定位，对教师专业发展有重要意义。

佐藤学（2013）指出教师的专业能力在于作为主体参与整个教学活动中，面对问题情境，给予反思与推敲，提炼问题，选择、判断解决策略的实践性学识。教师的教学活动是以经验的反思为实践性的基础，面向受教育者创造有价值的某种经验的反思性实践。教师利用“反思”式的实践性思考，将问题解决过程中理论与实践相结合，形成实践性思考能力，获得实践性经验，这是教师作为反思性实践家的专业属性的基础。

安迪·哈格里夫斯（2015）认为“教学总是在一种不理想的情境下进行的，且会面临各种相互冲突的目标及要求”。教师作为“教学研究者”和“反思性实践者”的新角色要求教师将教学活动作为一种专业性行为所应具备的角色特征。教师作为“教学研究者”和“反思性实践者”的行为来自作为专业人士的教师所具备的教学理念：“自我革命”。“自我革命”不仅是一种方法论，同时也为课堂教学改革提供了一种“教师自我革命”的理论视角，即教师进行自我研究、自我反思和自我批判，进而不断自我革新教育教学理念，并实践行动。

教师专业发展一直是教学研究中的关注点，但是从相关的研究具体内容来看，研究的侧重点基本上都在探讨教师某种教学素养和能力的养成。教师的自我反思是教师作为专业教学人员所应该具备的一项重要能力。教师通过对从不同教学情境中所获得的经验进行反思，可以有效地促进教师的自我发展。有效的专业反思需要教师深入理解反思性教学的实际内涵，对于语言教师来说，反思应该是由一系列的批判性思维活动所构成的循环，并不断地通过反思来指导教学实践，这样有助于教师成为自身教学活动的评估者。与教师的反思性教学能力发展息息相关的，就涉及教师对于教学现场的实践经验的学习以及对各种资源的利用能力发展。行动学习是指教师在教学行动中通过对教学现场的理解并结合自身经验而进行决策的能力，与教师专业能力发展息息相关。行动学习作为教师现场式学习的一种有效途径，可以有效促进教师的多维专业能力发展，提高教师的批判性教学反思能力。

教师的教学事件无论是其实际的教学决策还是反思能力，都与教师对于与教学相关的资源进行利用有关。教师与各种教学相关资源之间的关系，被很多研究者认为是一种互动式的关系方式，教师既利用已有资源进行教学，同时也是教学资源的创造者。这种互动式的教师与资源之间的联系方式对教师在教学实践中的能力发展，特别是教学设计能力有重要的影响。从概念表面上看，这种理念与吉登斯的结构化理论有了呼应，但似乎还是有将资源作为独立于教师之外的某种客观性的存在，并特别关注教师与这种客观资源之间的互动关系模式。也有研究者将教师自身作为资源来对教师与教学资源之间的关系进行深入理解，并从更加注重教师教学能动性的角度来对外语教师专业发展进行研究。随着英语作为重要的国际信息载体，已成为各个英语为非母语国家的教育战略重点。

以自身为资源体现了教师注重自主专业意识、教学、科研、实践等方面的自主反思、自我规划、自我评估的专业发展模式。

对于沟通行动在教学活动中的作用，有学者认为交往行动有助于多元共生教学思维模式的形成，并促进新型英语教学方式。也有研究者认为权力的赋予有助于加强对教师个体层面的关注，有助于教师在教学行动中生成专业认同，形成专业共同体，促进教学行动和教师专业发展。

在教学活动中，行动者并非只有教师，但是教学活动中教师的主导作用及其教学权力决定了教师是教学行动中的行动者。以教师作为出发点来对教学行动及其相关要素之间的关系进行实证研究，并尝试理解教师的教学行动，对于教学研究有重要的实践意义。

王乐（2002）通过课堂观察和课后采访的方式对3位外语教师的课后反思情况进行了调查。结果显示，目前外语教师的教育理论与行动理论之间还存在较大脱节，教育理论的掌握如果没有行动理论的支撑，则会大大影响教学效果。当然，该研究并不是一个规范的质性研究，其研究结果的有效性值得商榷，但是该研究为我们提供了一个从行动方面来对教学进行研究的视角。教师的教学行动引导学生的学习行动，进而形成互动。而教师作为行动主体所拥有的符号资源，以及作为行动者的利益偏向，目的理性行动都是教师教学权力的来源以及教学行动可利用的资源。

从社会属性来看，课堂教学中的社会行为可分为控制与服从，对抗与磋商，竞争与合作三个大类。有效的教学行动策略对于教学活动的有效性起到重要的作用，虽然我国英语课程改革在教学上已经取得了一定的成就，但是教师的教学习性对于教学行动策略有着重要的影响，教学习性是教师在理解课改并生成教学时间行动的内在依据。在我国英语教学改革的不断推进过程中，仅仅注重形式上的教学行动改革是远远不够的，要改变教师的已有教学习性，并使教师的教学主体自觉性不断发展，需要我们对教师的教学观念和价值观进行深入的研究和探索。

教育教学改革的成败关键在于教师的教育教学理念，因此教师的专业发展应该注重从教育教学理念的形成和发展的角度进行探讨。教师教学理念的形成，在很多研究者看来与其知识有一定关系，但是却和工作中的同事，同伴的影响关系更加密切。因此有研究者认为除了注重对教师自身的反思性教学能力以外，从教师团体的角度来对教师在与同事协作过程中的专业发展进行研究，也具有一定的实践意义。作为高校教师队伍中特点鲜明，规模庞大的群体，同伴互助更有利于这个教师群体间的写作与反思。由于多方面的原因，教师中女性教师的数量比例一直较高，这在教学工作中是一个较为普遍的现象。

这个现象的形成原因较为复杂，因此我们更应该将研究关注点投入到对这一特殊群体在现实情境中的专业发展上，而不是仅仅去讨论其形成原因。女教师的多重社会角色需要我们对其职业生涯发展的影响因素进行进一步的人类学、社会心理学方面的探讨，有助于我们深入了解女教师群体的专业发展和职业规划特点，并对其职业处境投入人文关怀。女教师的多重社会角色决定其职业规划和个人应对在其专业发展中所产生的重要影响，客观公正的教师专业发展管理和政策制定有赖于对这部分群体的深入研究。

除了教师群体中的性别因素外，教师专业发展方面的研究也对新手教师这一群体的研究投入了较多的关注。新手教师作为教学一线的新生力量，带着新时代的教学观、教学价值观等新观念进入到教师群体中，在很大程度上对大学英语教师的专业发展、提高教学质量、推进教学改革起着相对重要的影响。

4. 关注政策要素

将政策列入教师专业发展的基本范畴，在教师专业发展的研究中很少见。但是在我们的研究中发现，教师又将教育政策的相关内容作为自己专业性活动的依据。这是教师这类专业人士的教育教学工作中是应该重视的一个方面。根据 Easton（1957）的观点，政策是指研究一群人做出权威的决定，然后再付诸实施。公共政策包括政府制定并采取的一系列旨在解决问题或实现具体目标的规则和法律。

通过从业人员和政府之间在政策层面的对话，以找到最好的教育问题解决办法，这应该是一个细致而周到的过程。决策过程将会遵循一系列合乎逻辑的事件，以确保所作的决策是根据所处情况和环境能做出的最佳决策。依据教育政策文件进行教育教学决策，本身应该是教育工作者专业性的一个重要表现。依据政策进行决策的过程是一个自我反思，以及符合一个社会绝大多数成员教育期望的行为。通常我们把由教育工作者与政策相关的活动分为参与教育政策制定、执行和修订。在这里我们所指的教育政策，包括国家、地方政府、学校，甚至教研组等各个层面所能达成一致的规范性、指导性文件。

（1）政策性文本的决策过程

决策过程是人类固有的。正如 Dewey（1910）所提到的，我们的思维是一种反思性的操作，在这种操作中，我们从一种怀疑的状态中寻找事实，以阐明不确定性，并确定我们的信念是对还是错。在公共领域，就像在日常生活中一样，问题不断出现，政府正是通过公共政策来解决这些问题。公共政策是官方的意图、法律、规范、法令和条例。换句话说，就是对问题的响应。政策是在这样一种背景下制定的，这种背景虽然不能决定它们，但却能影响它们，使它们变得非常复杂，因为它们需要考虑大量的正式和非正式因素，包括价值观。政策产生于一个决策的过程，始于识别问题，然后编译相关信息，以及通过与不同专家和社会的对话分析所有可能的后果，最后形成决策以及后面的实施。

Dewey（1916）更好地解释了决策过程。

困惑和疑虑：某样东西还没有被清楚地识别出来。

初步解释：识别并阐明问题，明确事实和趋势。

分析问题：对有关问题的信息进行研究和观察，以便清楚地了解问题。

可能的解决方案：提出初步的解决办法，以深入详细说明事实和结果。对未来的结果进行推论或产生想法，以考虑其影响，并评估行动的可能选项是否可行或不合逻辑。

决策：从可能的解决方案中挑选出经过考虑的最佳方案。

实施解决方案：已决定的解决方案被付诸行动。

结论：对执行的决策的结果进行判断。

决策过程会受到“自我意识、尴尬和约束”的影响。这意味着，当一个人的想法和问题优先于他人的问题，同时重视他人对自己表现的看法，而不是真正解决问题，并且对问题没有清晰的认识都会影响他做出正确的决定。此外，决定会受到一个人的生活、职业和之前成功或失败的经历的影响。实际上，正如 Dewey（1910）所指出的，可能的解决方案大多都来自先验知识和过去的生活经验，这就在很多情况下导致忽略了对问题本身的思考。通过以前的经验和知识得出假设，而不是分析问题和寻找可能的解决方案，所以解决方案是草率的。同时，Dewey 认为这些假设中有许多个甚至基于之前没有人测试过的“证据”。

在决策的时候，专业人士们倾向于对人类的行为，以及影响人类行为所需的资源和行动做出假设。根据 Schneider 和 Ingram（1997）的定义，假设是“连接各个要素的或明或暗的根本前提”，它包括人们产生假设的价值观、思想、象征意义、目标和利益，以及他们对人口和权力关系的看法。他们通常不在政策中阐明，但在连接所有元素时起着基本的作用。

在一个特定的领域内，政策受到其内部发生的不同参与者、目标、网络和问题的影响，同样也受到已经建立的政治制度的影响。它们因“场”而异，随“时”而变，其中涉及不同的方面。

根据 Bobrow 和 Dryzek（1987）的研究，对政策人们往往集中在制定政策的过程中，而忽略了做出特定选择的原因。因此，我们有必要对推动特定政策的假设进行思考。假设不仅对政策选择有影响，但更重要的是对发展特定的行为有影响。因为它重要的是“有自我意识，并且要考虑自己的范例、假设、隐性理论、基础设施和作为明确的学科研究和有意识地塑造的应用程序”。

（2）政策和法规

Howlett（2009）将法规描述为用法定权威来确保大众服从。在许多情况下，它们往往规定了义务，以及违反这些义务后应受到的制裁。因此，对于政策来说，目标是控制目标人群的行为，限制他们的自由，所以它是具有指导性和凝聚力的机制。

法规假设：人们遵守法规而不需要积极地强化，因为人们有一个公认的信念就是人类倾向于采取行动来避免制裁。然而，对于教育而言，规定不仅是关于服从或执行的行为，而且是关于鼓励改进和做出最佳方法。

Elmore（1987）认为，当决定法规时会有许多的假设。第一，人们认为没有规则约束的行为将与人们所期望的行为相反。因此，人们需要建立一个规范行为的框架。从这个意义上说，其他更有说服力的政策工具被丢弃，因为它们被认为不足以规范人们的行为。第二，人们认为法规为谁制定，谁就应该遵守政策工具。第三，人们认为目标人群拥有采取相应行动所需的所有信息。第四，制裁的存在确保了人们遵守法规。

（3）教育政策的效用

教育的监管工具非常多样，且手段各不相同。政策法规的目的是确保教育教学的效率和质量，而太松懈或太严格都有可能导致低质量的劳动力供应和文凭工厂。反之，适当的监管可以保证质量，确保财政的承受能力，并向受教育者提供信息。法规可以从一个校园中开始，然后循序渐进地运作。所有这些都是为了避免不正当的教育行为，保护受教育者避免质量的损害。各级教育委员会的规定是被用来确保系统的可持续性和质量、学生的体验以及未来发展。随着国家角色由教育提供者向监管者的转变，教育政策规定的监管框架尽管包含不同元素，但也表现出一定的共识。

立法：包含对教育者的义务、权利和要求的规范和规则。

院校设立的程序：认定、注册、信誉。

教育质量保证过程。

教育辅助和激励政策：助学金和助学贷款计划。

报告和评价表现的程序。

需要指出的是，教育系统可以被多个社会或者行政系统约束。这里只关注政策法规方面（图 1–1）。

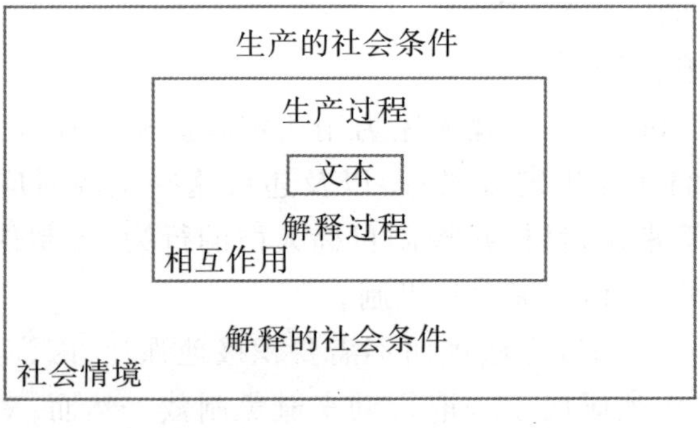

图 1–1　教育政策规定的监管框架

2020 年是《国家中长期教育改革和发展规划纲要（2010—2020 年）》的收官之年，既是对我国 10 年来教育改革发展进行总结的一年，也是再次深入继续发展的开端年。同时英语基础教育课程标准的改革和制定历程也走过了将近 20 年的历程。回顾《纲要》中第二部分发展任务中第四章对于义务教育发展改革的表述，“提升教育质量”“严格执行义务教育国家课程标准”“均衡发展”“缩小城乡差距”“减轻课业负担”“家校合作”等话语依然是中国知网中的基础教育研究的热点话题。这些研究热点及高居不下的年学术发文量似乎向我们在传达一个信息：基础教育改革发展依然“任”重“道”远。到底“任”重在哪里？“道”远向何处？通过文献检索发现，目前省内外对同类研究话题集中于政策文本的话语分析。

夏贵敏（2019）对政府工作报告中教育政策部分进行了话语分析，这样的话语分析基本上是对政策文本的解读，而这种解读到底是被一线教师如何理解的？或者一线教师理解了吗？却并没有涉及。

彭彩霞（2016）基于国际语境视角对我国改革开放以来基础教育课程政策话语的发展变化进行了解读。这样的解读有助于我们从国际的视角来对我国全面发展的教育政策话语进行解读，但是这样的解读对于我国各地区解决实际问题没有任何的实际意义。

邓家英（2015）对重庆市学前教育政策文本作了话语分析，但基本上和前两个研究一样，只是对重庆市教育政策文本的发展阶段做了一个历时分析，从其结论看，重庆市学前教育政策基本上和我国的教育发展政策各阶段相一致。上述几例省外研究，都意识到政策文本话语的重要影响力和作用，但是在这些分析中都没有一线教师的身影，也就是都没有关注到教育政策文本的具体执行阶段，特别是基础教育一线教师是如何理解政策话语，如何在教学实践中表达其理解的相关研究几乎没有。

教师作为整个教育政策话语表达的最后一环，其如何理解并通过教学的手段将政策话语向受教育群体表达出来是决定教育政策执行效果的最关键阶段。如果我们的研究只是停留在对政策话语的表述特点进行分析，实际上是忽视了政策执行的最关键阶段，容易形成政策话语的“自说自话”。通过文献阅读，本研究认为基础教育改革“任”重在教师对政策话语理解，“道”远在政策话语的教学表达。

二、教师职业专业化的意义

教师职业专业化的社会现实意义如下所述。

（一）提高教师的专业知识与专业技能

在当代社会中，由于高等教育课程和教育教学知识的大幅度扩充，在教育教学改革的过程中，教师不但要对社会和时代的变迁做出相应的调整，同时也要面对因知识的迅速增长而带来的一系列问题。在这种情况下，教师就必须不断地充实自己的专业知识，提高自身的专业能力。

总而言之，教师必须对与日俱增的专业知识进行必要的了解和应用，以确保教育教学工作的顺利进行以及高等教育的高质量发展。

（二）满足教师自我革新的需求

在当前阶段下，教师就职以前一般都会进行一定的职前培训。但是，由于知识的日新月异，社会的急剧变化，科技的迅速发展，社会对高校青年教师的角色有了更多更新的期待和要求。因此，职前教育难以满足高校青年教师所有的工作需要，教师必须不断地进步，提高自身的专业发展水平，才能更好地适应社会对其提出的各项新要求。

总的来说，当代教师已经从知识的“传授者”转变为知识的“开发者”“研究者”，教师专业发展可以满足教师职业生涯发展的客观需求。

（三）提升教师的教育品质

我国要发展高质量的高等教育事业，就必须要实现教师专业发展，这是发展优质高等教育的一条重要途径。教师通过自身的专业发展，可以提高专业能力，进而实现教师专业化。

客观来说，教师专业发展的一个主要目的就是要强化高校青年教师的发展与更新，进而借助教师教育品质的提升增进学生的智能，促进学生的学业发展。由此可见，教师的专业发展对于我国发展高等教育事业有着重要的促进意义。

第三节　高职教师专业发展的标准与特点

一、高职教师专业发展的标准

高职教师职业能力的专业化建设是提高高职教育教学质量、实现高职教育持续健康发展的主要因素。高职院校的教育教学改革也对教师的职业能力提出新的要求，具体有以下几方面。

（1）工学结合人才培养模式改革要求重构高职教师的职业能力标准。工学结合人才培养模式的改革使得高职院校教育教学过程融入了“产业、行业、企业、职业和实践”等要素。高职院校和产业中的相关企业合作共建专业，行业企业实践专家与教师共同开发工学结合课程体系和课程，校企组建专兼结合的教学团队共同实施行动导向的教学模式，校企共同创设“职业化”的学习环境，共同对学生实施“多元化”的教学评价和“标准化”的教学管理，行业企业实践专家与教师共同进行技术开发与技术服务等，这一切都使高职教师的角色发生了重大的转变。教师成为学生学习的组织者、促进者、设计者，成为积极学习环境的营造者，课程的研究者、开发者、决策者，成为校企合作关系的推动者和纽带，成为新技术、新工艺、新流程的应用者和传播者，成为保证学生学业成就和教育质量得到合理评价的保障者，成为自身专业发展的推动者。这种角色的转变对高职教师的职业能力提出更高的要求。

（2）高职教师职业能力的现状亟须加强对高职教师职业能力标准的研究。近年来，我国高职教育的师资队伍不断优化，素质不断提高，但就整体而言，高职院校师资队伍的能力素质还不能适应我国高职教育内涵发展的需要。一方面，许多高职教师来源于高等学校，接受的是学科教育，从校门到校门，缺乏从事生产、管理、经营等一线的经历和经验，入职后缺乏进行产学研结合研究和专业实践能力提高的机会，与行业企业和市场联系也不密切，导致理论知识与实践相脱节。另一方面，一些具有行业企业经历的教师尽管有着丰富的企业实践经验和较强的专业技能，但没有接受过专门的、系统的教师专业技能训练，传授专业理论知识和专业技能的教育教学能力不能适应高职教育教学的要求。因此，加强理论研究，建立一个规范的、科学的、具有较强操作性的高职院校教师职业能力标准是有效推进高职院校教师专业能力发展的重要问题。

（一）高职教师职业能力标准的国内外研究现状

发达国家对高职教育教师队伍的建设是从经济社会发展的角度来着眼的。对高职教师专业能力标准等问题的研究主要集中在澳大利亚、欧盟、美国等发达国家和地区。他们结合本国国情分别研究职教教师应该具有的知识和能力结构，制定了具有权威性的、严格的职教教师资格标准，以此来保障高质量的高职教育。例如，由澳大利亚行业技能委员会主导制定的国家能力标准体系，其“培训与教育”共涉及教学设计能力，培训实施能力，实施高级学习项目能力，评价能力，培训咨询服务能力，国际教育管理能力，语言、文字、数理表达能力和可持续实践教学能力 8 个核心能力领域，8 个核心能力领域又可分解为 47 个能力单元。欧盟职业培训发展中心于 2009 年推出了职业教育教师的职业能力标准，标准中包含了“教学活动”“管理活动”“专业发展与质量保障活动”“建立人际网络活动”4 个能力领域以及与之相对应的知识能力要求。而由全美专业教学标准委员会开发的针对生涯与技术教育教师的职业能力标准以学生发展作为教师专业能力分析的主线，共涉及四大类，即营造高效学习环境的能力、促进学生学习的能力、帮助学生向工作过渡的能力、通过专业发展改善教育品质的能力等 13 种专业能力。对澳大利亚、欧盟、美国职教教师职业资格标准分析后发现，其共同的特征就是非常注重教师本身的专业素养及其教学设计能力、教学组织与实施能力、教学评价能力、个体发展能力，这对我国职教教师职业能力标准的拟订具有一定的借鉴意义。

我国教育主管部门关于高职教师职业能力标准的研究则起步较晚，研究成果也比较少。例如重庆工业职业技术学院开发的《职业院校教师职业能力标准》，这个标准涵盖了“学习环境领域”“学习设计领域”“促进学习领域”“教学鉴定领域”4 个部分，共 19 个能力单元，涉及技术职业教育教学过程的各种能力；再如，威海职业学院职业能力标准中将职业能力分为 9 个一级要素、19 个二级要素、98 个三级要素，其中一级要素包括“教师风范与职业道德教育”“参与企业工作与行业影响力”“教学设计与教学研究”“教学组织与教学实施”“教学资源开发”“教学效果与评价”“学生服务与管理”“职业规划与团队建设”“校企合作与产学研”。但至今仍无全国性的职业教育教师职业能力标准，这就导致了全国所有的高职院校教师既无法依据一个统一标准开展培养培训活动，也无法按照一个统一的标准去鉴定、评价、指导。因此，借鉴澳大利亚和美欧等发达国家和地区国家级层面的职业资格标准，集中大家的智慧，开展这方面的研究具有重要的意义。

（二）高职教师职业能力标准体系内容解读

1. 职业能力标准指标

为获取相关信息，课题组设计了与高职教师职业标准能力研究相关的调查问卷，问卷设计了如“您认为高职教师要满足所教专业内容不断发展的需求，应具有什么能力？”“您认为高职教师要实现有效教学，应具有什么能力？”“您认为高职教师与本科教师在能力方面的区别是什么？”“您认为高职教师的职业资格与本科教师相同吗？如果不同，应该体现在哪些方面？”等问题与选项。课题组共收到有效问卷 253 份，其中在校学生 153 份、教师 50 份、企业行业人员 50 份。根据调查问卷的结果以及对国内外相关高职教师职业能力标准的借鉴，笔者建议将高职教师职业能力标准分为示范、传授职业道德能力，教学设计与研究能力，教学组织与实施能力，教学评价能力，实践操作能力，素质教育能力，技术应用能力，联系行业、企业能力 8 个一级指标，每个一级指标可根据实际情况设二级指标，每个指标配有能力要素及具体指标说明。

（1）示范、传授职业道德能力。一名合格的教师应不断加强思想道德修养，树立正确的世界观、人生观、价值观，把职业道德教育有机地贯穿在教学过程中，真正做到既教书又育人。教师要热爱学生、乐于和学生做知心朋友，真诚地帮助学生解决学习、生活中的困难；教师言谈举止要文明，切忌简单粗暴；教师要尊重学生，在以学生为主体的教学过程中，调动学生的积极性，要耐心倾听学生的想法，发挥学生的创造力。总之，高职教师应该具备良好的道德素质，要以自身的行为以身作则、率先垂范，去影响学生的成长与发展。

（2）教学设计与研究能力。教学设计能力包括：①人才培养方案设计能力。随着生产力的发展、科学技术的不断进步，产业结构的转型、升级与调整，职业分工及职业技能的要求不断变化，高职教师应具备因地制宜，随产业结构调整，根据区域经济社会发展要求，科学合理制定人才培养方案的能力。②课程开发与设计能力。除了要上好课以外，高职教师还需具备课程开发的能力。具体讲应具备岗位（群）工作任务分析汇总能力，典型工作任务分析能力，行动领域转化为学习领域能力，将工作过程所涵盖的实践技能转化为课程内容的能力，联系企业行业专家共同参与课程开发的能力。除了课程开发,高职教师还应具备一定的课前设计与规划能力。课程设计与规划要求教师与时俱进,摆脱以往学科逻辑设计的范式,选择合适载体设计学习情境并且分析各学习情境间的逻辑关系,合理排序。③教学研究能力。高职教学研究的目的是研究并解决教学中出现的具体问题,提升教学实践的科学性,为教师改进教学、提升教学成效提供参考与指导,这是高职教学研究的价值之所在。因此,高职教师应在长期的教学实践中逐步培养起敏锐的教研意识,结合教学实际问题展开教学研究,逐步由单一的教学型、技能型教师向综合的研究型、学者型教师转变。

(3)教学组织与实施能力。①教学活动设计能力。成功的教学活动设计能改变以往纯讲授形式单调枯燥的状况,增强互动性,增添课堂活力。高职教育的教学活动设计形式一般有角色扮演、现场讲评、演示与示范操作等,基于此高职教师的角色就不单单是一名演讲者,更应是一名优秀的导演。作为导演,教师需掌握每一位同学的特性,有目的地给他们指派不同的角色,让他们最大限度地发挥特长。②现代教育技术应用能力。作为现代高职教育的教师应熟悉现代教育技术的特征,关注学习者的学习需求及特点,熟练掌握计算机应用技术、网络应用技术、无线通信手段,以全新的思维模式,优化整合教学资源,提高教育教学的质量。③课堂管理与有效教学能力。在课堂教学过程中教师除了有“教”的任务还有“管”的任务,主要包括调控人际关系,和谐教学环境,引导学生学习。要管理好课堂,高职教师首先需要了解高职学生的心理特点及学习现状,制订切实可行的课堂常规制度,其次,还需主动建立良好的师生互信关系,要改变自身的角色观念,以学生为主体,充分地信任学生,调动学生的主动性。新时代的教学强调教学相长而不是师道尊严,强调学生独立及批判性思维而不是师者无误,强调师生间的互动,而不是教师一言堂。

(4)教学评价能力。教师的教学评价能力主要包括对学生学习状况的评价和教师自我教学效果的评价。前者即对学生知识、技能掌握程度以及教学内容、教学设计、教学方法与手段适应性的判断,后者为教师及时了解与反思自己的教学设计、教学进程及教学成果提供重要的依据。

(5)实践操作能力。高职人才培养目标的定位决定了高职学生实践技能培养的重要性,也决定了高职教师必须要有过硬的实践操作能力。他们不仅需要有深厚的专业基础理论与基本知识，更重要的是他们需要具备职业岗位群所需要的组织管理与生产操作能力，善于将理论知识转化为实际应用，善于将工程设计转化为工艺流程。只有教师的本领过硬了，培养出来的学生才能满足经济社会发展的需求。

（6）素质教育能力。从高职教育的发展趋势来看，高职教学的目标不能单纯地针对职业岗位，而应扩展到学生的整个职业生涯，由原来培养职业技能扩展到提高学生的综合职业素质，这也决定了高职教师肩负的使命包含了安全意识教育、心理健康教育、职业生涯规划教育、就业与创业教育、审美与人文教育，应该将这些素质教育融入专业教育中，高职教师应具备这样的能力。

（7）技术应用能力。高职教育的特征决定了高职课程教学内容应根据产业结构调整的需要与时俱进。教师本人要能预测行业、企业对课程相关知识、技能需要的发展趋势，只有这样，才能够引导学生自我更新知识、提高技能，跟上形势发展的需要，满足企业对人才需求的变化。要实现这一目标，积极进行应用技术研究，参与企业项目设计研发是有效手段。只有进行科技研发活动、提高技术应用能力，教师才会不断探索相关技术领域的最新进展与趋势，才能够保持其课程教学内容的前沿性。

（8）联系行业、企业能力。高职教育的办学目标及其与地方经济紧密结合的特点决定了高职教育必须坚持开放办学、坚持校企合作、坚持走产学研结合的道路。这意味着从事高职教育的教师，其工作的范围不仅是教育教学、工作的场所，也不仅是学校、教室，还需要经常奔走于企业、行业间，与之紧密联系。

2. 能力要素具体指标设计范例

以“教学设计与研究能力”为例，其能力要素包括教师在专业教学过程中应当掌握的人才培养方案设计、课程体系构建、课程开发、课程设计、教学资源设计与开发、教学方案设计等能力，在教学实践过程中结合具体问题展开教学研究并解决问题的能力。此单元的能力标准，着重测评高职院校的教师能否依据行业标准、企业规范设计编订人才培养方案，开发教材等教学资源，编写教学计划、教案，管理教学资源，设计教学过程等方面的水平和对教学中出现的各种问题能够运用科学的理论和方法进行分析和研究，从而指导教学，提高教学实效的水平。部分要素的具体指标见表1–1。

表1–1 “教学设计与研究能力”能力要素部分制作指标说明

	能力要素	相关指标
人力培养方案设计	明确教学培养的需求，分析和解释行业标新高	①获取已确认的行业标准、国家职业标准，职业资格证书等相关信息； ②调研行业发展现状及趋势、企业人才结构、专业人才需求状况、毕业生面向的岗位群，职业能力及素质要求，相应的职业资格等； ③根据调研结果，结合专业发展现状及趋势，确定本专业定位及服务方向； ④根据毕业生主要就业去向和面向的岗位群，对岗位能力要求做出准确的描述； ⑤以行业企业发展及人才需求为依据，确定专业人才培养目标，并进行准确描述； ⑥对人才的知识结构、专业技能体系和职业素质要求进行分析、归纳和整理，形成专业人才培养规格，对具体要求进行详细描述，形成可操作性的规格体系； ⑦根据行业工作内容确定课程内容，形成公共平台与专业方向彼此联系、相互渗透、共享开放的课系，制定以能力为本位的人才培养方案
课程开发与设计	能力要素	相关指标
	结合行业标准开发专业课程，合理进行课程设计	①根据课程性质、内容、教学目标和现有条件，校企共同对课程进行详细、系统的设计，包括课程标准、考核标准、教学组织、教学手段和方法等； ②建立教学监控、校企联合评价、信息反馈、教学督导等机制，保障各教学环节顺利实施； ③从行业、教育、教学专家处获取评估反馈信息，以确保开发的专业课程和人才培养方案能满足行业需求
教学研究能力	能力要素	相关指标
	对教学实践中出现的具体问题创新性地研究、分析并解决	①对教学实践中所出现的具有研究价值的问题具备敏锐的觉察意识； ②以教学中涉及的学生、教材、教法等问题为研究对象，综合已有知识、信息和经验，创新性地从不同视角去研究问题，保证研究过程的系统性、全面性、科学性； ③以发现的有研究价值的现象及问题为对象申报各级教研课题； ④对教学中出现的各种问题运用科学的理论和方法进行分析和研究，指导教学，提高教学实效； ⑤理清所属学科发展的脉络及研究方向，紧跟学科发展的前沿，将学科中最前沿的知识充实到教学内容中，使选题与学科发展方向相一致； ⑥了解学生的心理特点及接受能力，遵循学生的认知规律，服务教学、提高教学质量，体现学生的需要

高职教师职业能力标准的确立可以为高职院校引进教师、确定教师资格及评鉴教师能力提供参考，同时能促进高职教师关注行业企业和社会经济的发展需求，转变教学理念，推动教学改革。

二、高职教师专业发展的特点

（一）专业自律：共同发展，专业分享

教师这一职业在专业发展上更容易陷入单打独斗的境地。而青年教师如果缺乏融入专业集体的自律态度，就易于造成其专业发展中缺少互动对话、分享以及反思，其专业发展中经常充斥着无力感、无意义感。教师专业共同体的建设是促进教师专业自律的有效途径，进而在促进其专业发展中发挥作用。

1. 自觉寻求专业发展中的资源共享

教师这一职业的专业发展比其他任何职业更明显的需要对话和分享。每位教师作为一个独立、独特的个体，都在其独有的学习和工作经历中形成了具有鲜明特色的知识及经验结构。同一门课程的教师，同一个专业研究方向的不同教师，其在教学内容设置、教学方式方法以及科研思路等方面的表现也不尽相同。多样性和差异性本身就是教师专业共同体中一种宝贵的——即使是执教同一学科的教师在教学内容的处理、教学方法的选择、教学情境的创设等许多方面也可以说尽显个人风采。可以说，教师专业共同体中成员的多样性和差异性本身就是一种重要的学习资源。专业共同体系中的资源互补，有利于青年教师完善其专业能力，促进专业反思。一种互信、互相开放式的交互主体性，促进教师之间的交流互助。这对于青年教师来说是宝贵的成长资源。专业共同体的深入发展会为青年教师的专业发展提供良好的资源平台，也会对青年教师的专业发展产生足够的吸引力，进而促进其自觉寻求更多的资源以满足其自身发展需求。

2. 专业知识结构深化和完善

受到建构主义理论的知识观和学习观影响，对话、协商和分享在个体知识学习和经验成长中扮演着极其重要的角色。青年教师能够通过

互助式的伙伴关系自觉进寻求支持与引导，深化和完善自己的专业知识结构。

3. 专业知识与经验分享

在教师专业共同体中，青年教师获得了与经验教师和专家型教师进行互动的机会。多种通道和互动方式促进了彼此分享各自的想法、观点和信念，进而丰富了青年教师的知识经验体系。教师专业共同体的建立会让青年教师在这种互惠互利的氛围中坚定其专业发展决心。

4. 促进教师进行专业反思

教师专业共同体可以通过对话让各种想法和观点进行自由地交流。对话可以让教师以更全面的视角来审视问题。通过对话，青年教师还可以对自己的观点进行反思，完善理解。教师专业共同体中丰富的对话使教师有机会对个人观点、信念和假设进行反思和修正，在持续的自我更新中形成一种自觉反思式的专业发展。

（二）道德自律：自我反思

教师工作是一种特殊的专业劳动，赫尔巴特很早就指出了教育教学活动中的教育性。没有任何一项社会活动能像教学这样和人的道德活动紧密相关。教师的道德自律是指教师能够严格按照职业道德要求，对自身职业形成良好的自我调控，并能自觉履行相应职责。教师的道德自律发起于具有他律特征的各项学校规章制度和社会诉求，形成于自身不断的教学生活中，完善于深入理解教育之后。道德自律一旦形成，就会成为教师自我行为的一种指导原则，影响着教师的教育教学活动和自我道德成长。在专业共同体的建设中应该注意给青年教师提供自我学习、自我锻炼的机会，使青年教师有机会通过与有经验同伴进行经验分享，不断自我反思进而将外在规约内化为自主诉求，构建道德自律。青年教师道德自律的形成有赖于青年教师能否正确地认识自我，以及自我与环境之间的关系；有赖于对自我责任，义务的正确认识；有赖于对自我优缺点，自我修养的正确认识。在专业共同体的框架下，青年教师通过不断地自我反思，以及直接经验和间接经验的获得逐步正确评价、发展自我，形成正确的道德自律。

第二章

理论阐释：高职教师专业发展的理念与取向

高职教师的专业发展应该遵循一定的理念，并确认发展的基本取向，只有方向正确，才能最终实现预期的发展目标。高职教师专业发展应依据一定的理论，结合实践，夯实高职教师自身的知识基础，进而在教学实践中实现与学生的共同成长。本章重点研究高职教师专业发展的理念与取向。

第一节　高职教师专业发展的理论依据

一、社会建构主义理论

维果斯基(Vygotsky)的社会建构主义理论(social constructivism)，又称社会文化理论，是大多数教师教育导师制研究的理论基础。

在社会建构主义理论的丰富内容中，联合活动(joint activity)和最近发展区(zone of proximal development, ZPD)两大概念可作为教师教育导师制的理论基础。维果茨基认为，大多数学习活动不是孤立获得的，而是在社会情境下通过与他人互动获得的。然而，这种互动需要发生在最近发展区才行。最近发展区被定义为"个体目前的日常行为与可集体生成的社会活动新形式之间的距离"。最近发展区有三个方面含义。第一，学习涉及多个人，不仅仅涉及一个人尝试单独构建学习，这突出了互动的对话本质，可以为师范生提供一个与其他能力较强的导师或同伴一起工作的机会，是非常有价值的。第二，个人在分享和构建知识方面具有主动作用。第三，学习参与者之间的互动，被认为是动态的和辩证的。最近发展区的概念说明在社会互动和交往情境下，导师可以为师范生个人学习作出贡献，不管导师是长辈还是同辈。这种合作学习，在教师教育导师制的指导行为中比比皆是。很多教师教育研究都发现长辈导师和同辈导师提供的支持都能促进师范生的认知发展，师范生通过社会互动和对话，有机会与长辈导师或同辈导师共同构建知识。从社会建构主义理论来看，知识必须通过师范生主动参与社会互动中才能构建出来。

总之，教师教育中的社会建构主义理论强调了职前教师与其合作教师(导师)之间的社会互动对于有效指导的重要性。

二、社会学习理论

在社会建构主义理论的基础之上，温格（Wenger）又进一步提出了社会学习理论（social learning），认为学习是一种社会现象，通过社会互动来分享激情、分享知识、分享特长。作为社会动物，人类自己才是学习的中心，学习这种实践活动必然导致人与人之间相互参与。因此，他的理论引入了三个重要概念：相互参与（mutual engagement）、共同事业（joint enterprise）、共享资源（shared repertoire）。这三个核心概念对社会学习理论至关重要。

具体到教师教育领域，首先，相互参与是导生指导关系，甚至是整个导师制的基础。导生双方积极对话才能相互参与，相互参与会涉及亲密关系，也会涉及权利和控制。这依赖于导师和师范生的性格、指导风格以及二者角色之间的平衡。有些师范生会将自己在实习期间遇到的挑战和困难，视为消极的东西。师范生对自己没有清晰的自我认识，会导致专业知识的学习比较肤浅，此时师范生与导师的友好沟通和对话参与对于克服这些挑战和困难就显得至关重要。

其次，共同事业指的是导生双方有共同的专业发展目标，即顺利完成教育实习工作。导生沟通是导师制完成共同目标的重要一步行动。导生的良好沟通能让师范生融入学校，自由选择课堂教学技能，能帮助师范生建立专业自信，拥有主观幸福感，推动持续不断的合作。

最后，共享资源指的是导师制和导师指导行为涉及一些坦率的、开诚布公的、共享的交流和对话，比如关于教学、测评等话题。有研究者认为，对师范生而言，真正有效的导师指导，不仅仅是一些简短的教学技术上的建议和情感支持，更是导师和师范生共享一些做法，共同行动。

三、定位理论

定位（positioning）作为一个概念，与一个人在社会关系系统中所处的地位有关。通过这些关系，个人能够在不同的互动过程中定位自己。定位理论描述了中小学导师、大学导师和实习师范生在彼此三项关系中的权力和地位的妥协和调整。这种定位深刻塑造了每个参与者的角色体验。换言之，定位理论提供了一种分析框架，使研究者能深入理解教师教育双导师制中的双导师和师范生三方如何理解他们各自的角色和责任，也能深入考察他们对“好教师”的理解。

何为“定位”？定位是这样一种行为，即在个人故事的话语建构中，将流动的“部分”或“角色”分配给说话者，使一个人的行为作为社会行为变得可以理解，并相对确定。当个体相互作用时，他们共同构建了一个故事情节，其中每个个体都扮演一个角色，他们通过一个对话过程使这些故事情节变得清晰。在故事中，说话者给自己定位，也被别人定位，每一次定位的转变都会带来理解和行动的改变。在故事情节中，演员扮演不同的角色，他们扮演的角色以及他们如何扮演这些角色揭示了事件的意义，并给出了自己和他人的定义。进一步而言，他们开启或关闭成长的机会，并塑造自我表达的方向和形式。

定位发生在特定的意义情境下和特定的道德秩序下。人们如何定位他人以及如何被定位，反映了他们对道德秩序的看法以及他们置身于道德秩序之中的地位。因此，发言者（校长、中小学导师、大学导师）给他们的互动带来不同的观点或发言权，他们履行不同的职责，承担不同的责任和义务，这反映了在权力和威信上的分配差异。地位上的改变带给他们与人相处的不同方式，并开启或限制了他们理解人际互动和人际关系的可能范围。

此外，定位可能或有意或无意，或考虑不周或深思熟虑。当有意定位时，或成功或失败，因为对自己的定位总是涉及对他人的定位，而对他人的定位又总是涉及对自己的定位。一个人尝试定位另一个人，结果可能会遇到强力抗拒。例如，一名实习师范生可能会拒绝被定位为依赖他人型或拖后腿型。还有，当一个人强迫另一个人在故事情节中扮演一个原本并不想选的角色时，此时的定位可能是被迫的。比如，一名师范生有时会感到自己在被迫模仿他的实习导师、被迫模仿导师与中小学学生的相处之道。

最后，定位不需要直接在场——大学导师可以给实习师范生定位，尽管大学导师很少去学校实地探访观察实习师范生。事实上，人不在场却为他人定位，这事经常发生。比如有些雄心勃勃的政策制定者公布学校考试成绩，并承诺对成绩下降的学校进行惩罚等。不在场的情况下，八卦和小道消息也是定位他人的工具。比如：一位大学导师告诉一位校长说，一名实习师范生教学能力优秀，培养潜力巨大，结果便给这名实习师范生开启了一个以前并不存在的学习机会——去参加一场重要的教学技能大赛了。

四、合作反思理论

反思性实践者(reflective practitioner)这一理论研究传统也为教师教育导师制提供了理论源泉。反思性实践(reflective practice)在教师教育中被认为越来越重要,研究者们一致认为教师通过不断反思自己的教学经验,从经验中学习。师范生在教学实习期间学会教学的各种授课活动,更多的就是通过反复探索、反复尝试、反复训练获得各种教学经验。

杜威是第一个认识到将反思与教师教育联系起来具有重要意义的教育学家(Dewey,1933)。在杜威基础上,舍恩提出了“反思性实践”这一术语,并将这一方法应用于教师教育(Schon,1983)。他认为,有两种反思对塑造教师的思维和实践起重要作用:对行动反思(即事后反思)与在行动中反思(即事中反思)。哈顿和史密斯总结了四种不同形式的反思:技术性反思、描述性反思、对话性反思和批判性反思。

理想情况下,师范生会使用上述一种或多种反思,导师在与师范生的各种互动过程中,也会使用各种指导策略,如对话、观察、讨论、备课或协作工作等来启发师范生反思。可见,在教师教育导师制中,知识构建的一个重要渠道便是导生一起合作,一起反思。与社会建构主义理论一脉相承,这种合作反思理论也是教师教育导师制的一个重要理论基础。

五、榜样学习理论

观察学习在教师教育领域同样重要,是教师教育必不可少的组成部分,是传承教师技能、师德伦理和社会主义核心价值观的重要方法。例如,最美教师、教书育人楷模、师德标兵等各级教师荣誉体系的建立,都是在鼓励职前和职后教师将这些优秀教师视为榜样。

此外,在师范生教育实习环节,或通过对优秀教师现场观课见习,或通过名师微课等多种多样的形式,师范生也在不断观察学习和行为模仿。甚至自己身边优秀的同学,都可以成为观察学习对象,这也是同伴导师制的理论基础。

六、五因素指导模型

澳大利亚教师教育研究者彼得·哈德森(Peter Hudson)为了告知导师，尤其是中小学合作导师在教学实习期间所需扮演的角色，以便使导师制更有效、指导目的更明确，于2010年开发了教师教育导师制的一个新模型——五因素指导模型(five factor mentoring model)，并在近期逐步完善为指导有效教学项目(mentoring for affective teaching program)。该模型专门针对中小学合作导师而开发，既是师范生教学实习期间导师制的实施实践模型，也是一个理论分析框架。

该理论认为，为对师范生进行有效指导，导师，尤其是中小学合作导师需具备和重点关注五大因素：个人属性(personal attribute)、体制要求(system requirements)、教育学知识(pedagogical knowledge)、榜样示范(modeling)以及反馈(feedback)。根据这五大因素，还进一步编制了相关问卷工具，被较多研究广泛用于教师教育导师制的现状调查，方便了解导师制实施现状、导师制存在的问题与不足以及导师指导质量情况，可为教师教育政策制定者提供参考建议，以采取进一步的行动来改善导师指导质量。

个人属性指中小学合作导师应向师范生展示恰当的、适切的人际交往技能；体制要求指中小学合作导师应表现出对国家教育政策、教育体制及教育要求的充分理解；教育学知识指中小学合作导师应从他们的教育学资源库中灵活应用有效知识和策略，帮助师范生授课；榜样示范指中小学合作导师应示范他们的想法和理念，并与师范生讨论共享，给予师范生足够的机会去实践；反馈指的是中小学合作导师进行观课后，应对师范生提供建设性的和积极的评判。

这五大因素对于师范生的教学实习具有重要意义，显著影响实习期间师范生的成长和发展。哈德森认为，若将中小学合作导师的角色细分到相应的五大因素中，便有可能加强导师指导过程，保障教师教育导师制的有效运行。

具体而言，首先，当导师指导涉及个人属性时，中小学合作导师在指导师范生时表现出出色的人际交往技能，如专注、鼓励、热情、负责、支持和自愿，这明显使导生双方关系更融洽，加强导生友好关系，导生都可以舒服地扮演彼此角色，从而促进导师制指导过程；体制要求有助于师范生更清楚地了解教育体制是如何运作的，当中小学合作导师向师范生告知国家和学校的教育政策和教育体制时，师范生会理解学校如何运作，并能够全程遵守这些政策和制度。

其次，教育学知识使师范生能够有效地授课，随着教育学知识被传授给师范生，便能扩大师范生的教育学知识储备，从而开展有效的课程和教学。除了这些教育学知识之外，榜样示范有助于师范生培养积极和专业的教师态度，中小学导师可以作为榜样和模范来示范良好行为和做法，师范生观察习得这些行为和做法，并将此融入课堂教学。

最后，反馈有助于进一步提高师范生在学校进行教学实习工作的表现，在师范生授课后，中小学合作导师的反馈能使师范生对自己的教学实践更有信心，会更加积极参与反思性教学，以提高现有教学水平。

七、整合指导理论

有研究者在梳理前人大量实证研究的基础上，总结出了职前教师教育导师制的 4 种指导取向（表 2–1），进而集 4 种指导取向之长，提出了自己的整合指导理论，该理论模如见图 2–1 所示。该理论认为教师指导在实践中不能完全局限于其中任何一种。相反，它需要借鉴来自不同方法的指导实践，因此应整合 4 种指导的优点。

表 2–1　职前教师教育导师制的 4 种指导取向在指导

	个人成长取向	情境学习取向	核心实践取向	批判性变革取向
指导活动的关注点	帮助师范生发现并解决他们的个人问题	导师依靠自己的经验和专长，使师范生融入学校文化和实践中	要求师范生参与观课、模仿和复现核心教学实践	致力于帮助师范生学会不走寻常路来教学
	支持师范生尝试他们的教学理念，而非强加导师自己的教学专长	要求师范生参与观课，并在导师授课后，要求师范生模仿并复现这堂课	支持师范生分解核心教学实践，以了解其每一个组成部分是如何工作的	与师范生共同思考，帮助师范生提出自己与他人在教学上的问题

续表

	个人成长取向	情境学习取向	核心实践取向	批判性变革取向
	与师范生建立关系，并关心他们的个人问题和需求	当导师与师范生互动时，导师指导及评价的关注点聚焦在教学的技术方面及流程方面	通过聚焦核心教学实践的基本原理，导师与师范生共同教学，支持师范生在不同环境下进行教学实践	让师范生接触不同的教学理念，并支持师范生为了社会工作的目的，来描述、解释和实施这些理念

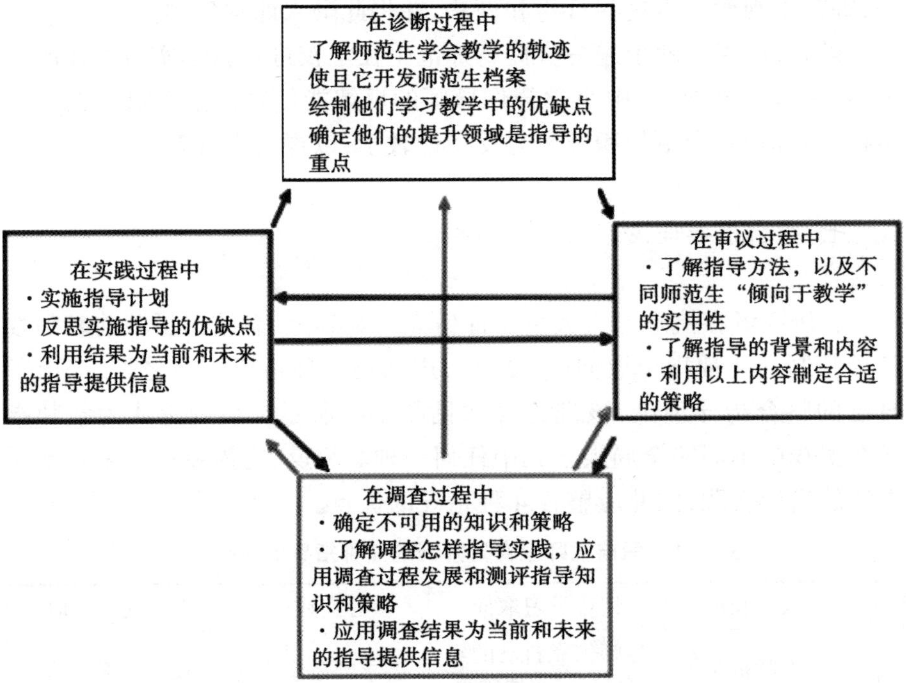

图 2-1　职前教师导师制的整合理论

职前教师教育导师制的 4 种指导取向分别为个人成长取向、情境学习取向、核心实践取向、批判性变革取向，4 种指导取向在指导的假设、关注点、实证证据以及挑战等方面均不相同。

八、整体指导理论模型

除了传统的一对一导师制这种二元指导模式（dyad mentoring model），研究者还考察了超越了传统的一对一导师制的其他创新形式的导师制，比如：一名合作导师带两名师范生的一对二导师制这种三元指导模式(triad mentoring model),包括三个角色的相互作用,即一对一传统导师制 + 同伴导师制。研究者尝试使用整体指导模型(holistic mentoring model)来解释这种三元指导模式。

教育情境下的导师指导过程比较复杂,包括三大要素:关系性成分、发展性成分、情境性成分。这三个成分既相互独立,又嵌套在一起,构成一个整体,如图 2-2 所示。

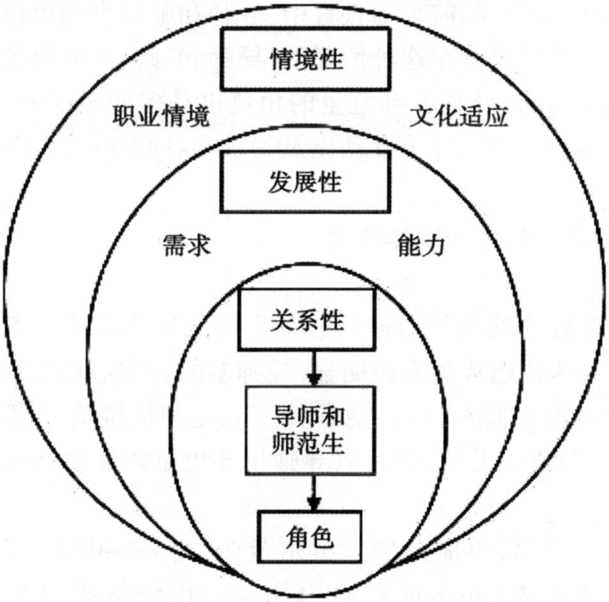

图 2-2 教师教育中的整体指导模型

如图 2-2 所示,关系性成分是导师指导的核心,导生之间建立起来的关系会直接影响导师制指导目标的达成。在职前教师教育中,导生之间建立起关系,这种关系是带有专业发展性质的,且在这之前导生彼此之间从未互动过。而且教师教育中的导生关系还依赖于实习时间和实习要求。

导生关系建立起来是为了专业发展或个人成长的,所以导师指导过程的发展性成分旨在帮助学徒实现他们的发展目标。因此,学徒的能力和需求会塑造师徒关系以及增强师徒互动。职前教师教育非常强调发展性成分,因为在实习期间学会教学是整个实习的核心任务。因此,教师教育导师制中的发展性成分常常关注师范生的需求以及必须完成的任务。

情境性成分将导师指导关系置于专业或职业情境之下。在职前教师教育中，学校、课堂及师范生所在年级等情境性因素都会影响导师指导关系。职前教师教育中的情境性因素聚焦在对学校文化环境的适应、对教师工作行为的融入以及在教室内的具体要求。

整体指导模型中的这三大成分是什么关系？如图 2-2 所示，关系性成分是导师指导过程的核心，关系性成分中的导生角色会影响发展性成分和情境性成分。在职前教师教育中，导师和师范生的角色是为了完成专业实习安置的要求。在这种情况下，导师和师范生的角色都可以预料得到。但也要明白，导师和师范生的角色也是多种多样的，这些角色相互联系，但又随着时间、导生互动以及关系本身的变化而变化。

九、职前职后指导连续体理论

上述所有理论均为针对职前教师提出的理论框架。随着职前与职后教师教育一体化趋势越来越明显，导师制的影响应该贯穿从职前到职后更广泛的阶段，师范生应该意识到不只是在职前有导师指导是必要的，从入职培训那一天起，职后有导师指导更是职业发展生涯中的一大幸事。

基于这一理念，伊丽莎白·威尔金斯（Elizabeth A. Wilkins）和珍妮·奥克拉辛斯基（Jeanne E. Okrasinski）围绕从职前准备到在职教学的连续体展开研究，并于 2015 年提出了职前职后指导连续体理论（inductioncontinuumtheory），如图 2-3 所示。

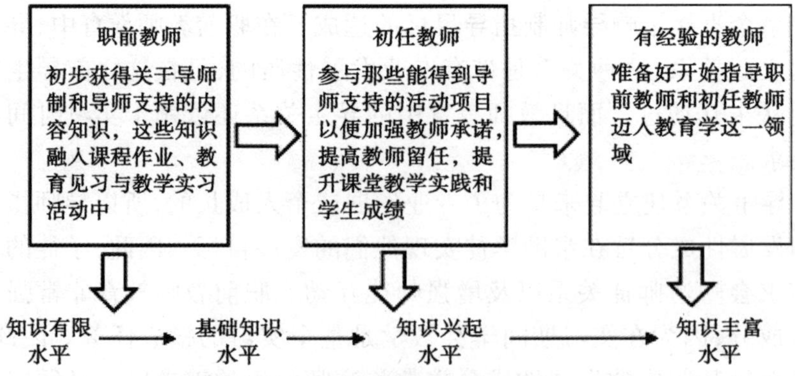

图 2-3　职前职后指导连续体理论

该理论根据教师对导师指导和导师制的理解水平、娴熟程度和经验层次，分为四个水平：知识有限水平、基础知识水平、知识兴趣水平、知识丰富水平。这四个水平可以测出教师对导师指导表现出的知识量，因此，可作为教师职业发展不同阶段的标志。

知识有限水平：职前教师对导师指导（induction/mentoring）这一概念缺乏认识，没有相关学术知识或学术语言。职前教师可能知道他们能获得或多或少的支持，但他们不知道这种支持叫“导师指导”。

基础知识水平：职前教师知道导师指导这一概念，并且有了一定的学术知识或学术语言。这些职前教师会寻求关于导师指导的更多信息，特别是他们寻找能获得的不同支持并找到加以利用的方式，从而将其作为他们教师教育项目的一部分。

知识兴趣水平：初任在职教师通过准确使用关于导师指导的相关学术知识或学术语言，来实现他们对概念的理解。这些初任教师重视导师指导和支持，在他们从职前教师过渡到入职阶段时，会利用并反思这些导师指导和支持。这些初任教师会有意识地关注增强教师承诺、提高教师留任率、加强课堂教学实践以及提升学生成绩等情况。

知识丰富水平：有经验的在职教师能够为职前教师和初任教师提供导师指导和支持，因此他们可根据自身已有经验来支持那些刚进入教师行业的新手的专业发展。

总之，在教师教育项目的早期阶段，我们尚不能期望师范生对导师指导都能充分理解，但是随着专业训练和教学实习工作开展得越来越深入，他们对导师指导的理解水平日益提高，具备了导师指导的知识和经验，并且能分析出哪些导师的支持可能对他们在教学领域的进步最有利，而且这种分析能力也会逐步提高。当这些师范生过渡到他们的第一份教职时，就会向给他们指定的导师和教研员寻求帮助，同时也顺利完成职业生涯规划。最后，在经过大约五年的课堂教学后，一名经验丰富的在职教师便诞生了，他们对导师指导有着丰富的知识和经验，并能够向到他们学校实习的师范生及刚入职的初任教师提供建议，由此便完成了导师指导的连续体，保障了职前职后教师发展一体化。

第二节　高职教师专业发展的理念

我们将教育理念的本质内涵界定为，教师在长期教育教学实践中，经过亲身体验和理性思考形成的有关教育本质、规律、价值等的根本性判断和观点。从教育实践中可知，教育理念的发展、创新，能够让人们站在新的角度审视现阶段的教育现象，重新把握和建构教育体系，从而实现教育教学活动的发展。教育理念的突破和更新，为教育改革的实施提供了先导条件。要实现高等教育的发展需要以先进的教育理念来进行指导。从宏观方面来说，教师应该具备以下教育理念来指引自身专业的发展。

一、终身教育理念

根据法国教育家保罗·郎格朗的观点：终身教育是完全意义上的教育，它包括了教育的所有方面，各项内容，从一个人出生的那一刻起一直到生命终结时为止的不间断的发展，包括了教育各发展阶段各个关头之间的有机联系。概括来说，终身教育是人们从出生到老年为止的一生中接受教育（包括家庭教育、学校教育和社会教育这三个方面）的全过程。

二、素质教育理念

素质教育是指促进学生德、智、体等全面和谐发展，塑造学生良好个性品质的教育。这是一种对人的世界观、人生观、价值观和审美观进行培养的教育。素质教育以人为本，把教育看成是培养人的活动，以促进学生的发展为本，尊重、关心、信任每一位学生。在素质教育过程中，要充分体现管理者、教育者和学生的主体意识。另外，终身教育也属于素质教育的范畴。

三、主体性教育理念

学生作为一个发展中的个体,需要在社会化和个性化的过程中不断展现自身的主体性素质。主体性教育要求将学生培养成能独立自主、积极创造地进行认识和实践的社会主体。主体性教育的核心内容包括以人为本和主体参与(是主体性教育最核心的理念)这两个方面。

四、创新教育理念

创新教育就是学校按一定的培养目标和规格,通过科学有效的教育手段和方法,培养学生创新意识、能力、精神和人格并使其能够适应知识经济需求的创新人才的教育。要注意的是,创新教育具有全体性,它不是精英教育,而要面向全体学生;创新能力的培养和发展,要建立在生理基础和知识基础之上,遵循一定的规律,而不是盲目地进行;创新思想往往需要营造民主、宽松、协调、合作的教育氛围;重视实践,在实践中勇于创新。

第三节　高职教师专业发展的基本取向

一、实践智慧取向

教师实践智慧的形成并不是一蹴而就的,而是一个渐进的累积过程,其提出的要求和条件较高,比如,教师在需要具有广博的学科专业知识和深厚的教育理论的同时,还要有强烈的自我意识和不懈的合作精神,在教育实践中“求知、反思、合作”,不断丰富自身的实践智慧,从而对自身的专业发展起到积极的促进作用。

（一）求知——教师实践智慧形成的基础

教师对理论知识和实践性知识的探求和掌握，就是所谓的“求知”。知识与智慧之间并不是等同的关系，但是，这并不妨碍知识与智慧紧密相连的关系。具体来说，知识是智慧的基础，智慧是知识的最高形式，这能够从“知而达智，智达高远”中将知识与智慧的关系充分表达出来。教师实践智慧的生成与各种知识的积累是有着不可分离的密切关系的。因此可以说，要想使实践智慧得到有效提升，教师需学习和掌握广博的科学文化知识、系统的学科专业知识、坚实的教学专业知识和实践性知识，其中情境性的实践知识的获得尤为重要。

教师首先对与学生、课堂、学校、社会环境、所教学科、儿童成长理论、学习和社会理论等相关的知识加以学习和掌握，因为这些理论知识只有被每位教师整合成为个人价值观和信念，才能成为教师实践行为的所有知识和洞察力的重要组成部分。从某种意义上来说，所谓的实践性知识是在特定的社会环境和教育实践环境的背景下，通过教师对自己教育教学经验的反思和提炼所形成的高度经验化、个人化的知识，是实际指导自己的教育教学行为的知识。

（二）反思——教师实践智慧形成的关键

反思所涉及的范围非常广泛，如果具体到教学实践中的反思，就是教师自觉地把自己的教学实践作为认识和研究的对象，对自己的教育理念、知识技能、教学行为等进行重新思考和总结，从而使对现状的超越得以顺利实现。实际上，教师反思是在实践经验的基础上所进行的反思，是对各种教育实践问题的追问，并通过这种内省和追问唤起自身发展的自我觉知。可以说，这是一个教师不断感知、辨别和顿悟的过程。通过对教学实践的重新审视，教师能够对自身在处理具体教学问题时的不足有一定的认识，由此，会对自己的行动抉择的合理性产生一定的质疑，并逐渐将自己的内部世界构建起来，在个体经验之上，实践智慧便生成了。

对于教师实践智慧的形成来说，教师自我实践经验的反思是起到关键影响的。从现代教育理论的角度上来说，自我反思能力是 21 世纪教师最重要的能力之一，教师只有自觉地把教学实践作为认识和研究的对象，主动从自己的亲身经验中获得感受和提高，才能对其教学活动起到积极的推动作用。

（三）合作——教师实践智慧形成的保证

教学活动中蕴含的关系是非常复杂的，比如，学生与客观世界、学生与教师、学生与社会等。这些关系的处理恰当与否，也能够在一定程度上彰显出教师实践智慧的水平。从本质上来说，教学活动就是一种群体合作性实践，是教师指导下学生积极参与学习实践，并在实践中内化知识与能力的交流过程，是人际交往、情景交融的过程。

日本学者佐藤学将学习看作“意义与关系”之重建的实践，并且提出把学习定义为构成客体世界（教育内容的世界）的意义的认知关系、同他者沟通的人际关系、同自身对峙的自我反思关系的三个维度上的主张。其对将这种学习的概念称为“三位一体论”，即“创造世界——实现世界的建构（认知的文化的实践）”“结交伙伴——人际关系的建构（社会的政治的实践）”与“自我探究——自我内关系的建构（伦理的实存的实践）”是非常倡导的。

需要强调的是，这些关系的处理和教师与他者（学生、同事、社会成员等）的合作是有着不可分割的密切联系的，因为只有在合作的基础上，才能开展教育对话，教育主体间的交流和互动才能得以实现，也才能使对教育的新理解更加深刻，从而达成更多的共识，集中更多人的智慧，最终使教育“大智慧”的生成得以保证。

二、专业发展取向

由于不同的假设和思想背景，教师专业发展的理智取向、反思取向和生态取向，对教师、专业、专业发展等关键问题上的理解也是不同的，同时，对教师专业发展的实践所产生的启示也有所差别。总的来说，要想使理想的教师专业发展得以实现，需要对以下几个方面加以注意。

首先，从根本上来说，教师专业发展是要在构筑专业活动的可靠“基础”这一目的的指引下进行的，需要强调的是，这个“基础”所包含的内容并不只有理智取向所倡导的“科学知识”，更多的是“获取”或

"学习"。

其次，理想的教师专业发展，是离不开教师自己的努力的，尽管向专家和研究文献学习是一个有效的途径，但是，教师自己主动地、积极地反思与探究，是构成教师专业发展途径的一个重要组成部分，是不能忽略的重要方面。

最后，相较于教师个人的努力来说，以合作为基础的专业发展，对专业的发展的有利影响存在着更甚的可能，大学教师与中小学教师的合作以及教师同事之间的合作基本上都属于这一范畴。

教师专业发展的三种取向，不仅仅是一种便于理解的权宜划分，在实践之中，某种完全按照上述某一种专业发展取向的做法是几乎不存在的。作为一个复杂的过程，"教师专业发展"包含着非常广泛的内容，比如，教师本人的知识（内容知识、教育知识等）与技能的变革，教师更基本的素质（如价值观、内在需要、兴趣及个人经验等）的变化，以及教师所处情境中组织架构、教师文化的变化对教师专业发展的影响都包含其中。

第三章

现实困境：高职教师专业发展的现状及存在问题

我国高职教师专业发展虽然得到了一定程度的提升，但是面临教学改革的推进，他们的素质与能力已经很难适应当前经济发展对高素质人才的需求。因此，当前高职教师专业发展面临着严峻的挑战。本章主要研究高职教师专业发展的现状及存在问题。

第一节　高职教师专业发展的现状

一、身份不明确

对高职教师进行职业与身份的确定，是提升教师教学水平、教学力量的一项重要前提。在我国当前的高校中，教师的身份存在明显不明确的情况。正是这一原因的存在，很多从事高职教育职业的教师处于十分尴尬的境地。尤其是随着全球化、国际化进程的而加快，高职教师的身份就变得更加模糊，一些专职的教师正处于无家可归的情况下，且这种身份不明与夹缝生存的境地也成为高职教师的一块心病。

除了大学，其他正在从事教学的教师也同样处于这样的境地，这些教师也逐渐缺乏自信，对教学工作的影响也逐渐减弱，在教学中很难发挥出真正的作用。在各级教师的心中或者学生心中，他们充当管理者的身份大过于教育者的身份。

这就是说，高职教师的群体虽然庞大，且有着特殊的教育意义，但是这一群体至今没有明确的身份，这就导致高职教师的成长空间、实践空间、社会空间、学术空间等受到了极大的阻力。从高职教师专业发展的角度来讲，他们身份的不明确会影响他们的价值取向、心理归属及专业水平，进而会影响他们的教学质量。

二、力量分散

如前所述，我国高职教师的规模非常庞大，但是整体效果却不尽如人意。这是因为，教师往往各自为政，力量非常分散，他们缺乏系统性的互动与交流沟通。这也是导致高职教师专业发展不足的一项重要原因。

无论是对于不同高校的教师而言，还是对于同一高校的教师而言，基本上都是自己承担自己的责任，这就是所谓的各自为战，他们彼此缺乏学术、教学等层面的沟通与合作。

随着“国培计划”的实施及其辐射带动，大学、独立的教育学院、教师进修学校、各地教研室、中小学一线之间逐渐实现了一定层次的合作与来往，但是就从活动开展的实质层面来说，他们仍旧缺乏深度的交流与合作，大多呈现的是“一锤子买卖”，彼此之间缺乏整体与互助意识。

这种状况带来的直接后果就是教师之间仅仅为了生存而恶性竞争，同时教师的资源开发、团队组建等不畅，教师教学循环重复，对学生而言所达到的实际效果不强。

三、以自我为中心

对于高职教师而言，他们的职责在于为学生提供全面的学习帮助与支持，也就是学习的引导者。这就要求高职教师应该具备较高的素质与能力，而要想达到这一点，首先必须明确自身的成长情况，对基础教育脉动能够及时地把握与了解，从而知道从什么层面帮助学生。

从很大程度上来说，教师是为学生的学习而存在的，对学生的学习、思考、研究等有着重要的意义。不得不说，高职教师首先就应该是一名出色的、合格的教育实践者与自我发展者。但是问题就存在于，很多教师并没有明确自身存在的价值与意义，心中也并未将学生当回事，无论是课堂教学，还是课下作报告，无论是作现场的指导，还是课下实践的参与，往往都未注重学生的学习情境，也并未对具体问题进行具体分析，习惯以自我为中心，这样强迫学生接受、仅凭己意的做法显然是欠妥的。

正是由于教师缺乏关心学生的情怀，一些教师很难受到学生的欢迎与支持。高校里的学生对课程的学习兴趣也不高，导致教学的效果非常差。

第二节　高职教师专业发展存在的问题与新要求

一、高职教师专业发展存在的问题

（一）高职院校教师的专业理念有待转变

从师生关系看，高职院校教师与学生之间的关系，还是比较融洽的，高达87.7%的教师表示，自己与学生的关系处理得比较好。只有3.5%的教师表示，与学生的关系基本没办法处理。从教师角色看，71.9%的教师表示，自己是学生有效学习的促进者、组织者、合作者、激励者。

从教师角色转换情况看，39.2%的教师表示，自己既是课程的开发者、创造者，也是学习者和研究者，46.8%的教师表示，自己有自主学习的意识，不同职称级别的教师，25.1%的时常会主动学习，另外28.1%的老师，表示很少会主动学习。

由此可知，高职院校教师的专业理念有待转变。专业理念对于高职院校教师专业发展产生着极其深刻的影响。先进的教学理念是教师队伍朝专业化方向发展的重要前提，但仅仅只有理念，如果无法将理念转化到实践当中，是没有意义的。因此，在专业理念中，教师的角色转换也是非常重要的。教师的学习意识直接决定了教师教学理念更替，教学角色转换的实践效果。

（二）高职院校教师的专业精神有待升华

首先，教师是集学识、素养于一身的特殊人群。高职院校教师作为高等学校教师的典型代表，是教师队伍中优秀的代表，所以更应该树立严谨的工作态度和求真务实的生活作风，给全社会起到带头示范作用。教书育人一直是教师职业的永恒话题，高职院校教师不仅要做到教书，让学生提高专业知识，学会生存技能，还应该发挥育人的社会职能，让学生在教师耳濡目染之下学会做人，掌握做人本领。

其次，高职院校教师需要提高自己进行广泛交际的能力，同时高等院校教师专业发展不应该限制于个人的专业发展，而应该协调教师、学校、学生、家长等广泛的社会人物，将这些广泛的社会资源整合在一起，共同推动高职院校教师专业发展。

二、高职教师专业发展的新要求

习近平总书记先后对教师提出了诸多希望和要求，如四有好老师、四个引路人等，这些重要论述，传承了中华民族几千年来尊师重教的优良传统，诠释了新时代好老师的内涵要义，也体现了党和国家对教师地位和教师职业的重视。教育部、财政部决定联合实施职业院校教师素质提高计划(2021—2025年)等,适应新时代教育背景、教育对象、教育目标和任务等新变化,对教师队伍建设提出了新要求。

(一)加强师德师风建设,坚持以德育人

教育部等7部门印发的《关于加强和改进新时代师德师风建设的意见》指出,检验学校一切工作的根本标准要落实在立德树人上,而评价教师队伍素质的第一标准是师德师风。

一是坚持职业认同。教师是最伟大的职业,我们每一个教师都要珍惜这份荣誉,工作中要严格要求自己,生活中要做好学生的榜样,学习中要不断提高完善自己。高职院校要实施师德师风建设工程,健全师德师风建设长效机制,把严格的制度规定和日常教育督导结合起来,突出全员全方位全过程师德养成。

二是坚持思想铸魂。要用习近平新时代中国特色社会主义思想武装教师头脑,增进对中国特色社会主义的政治认同、思想认同、理论认同、情感认同。

三是坚持价值导向。学高为师,身正为范,教师要作学生的表率,在教学全过程和校园文化建设方面融入社会主义核心价值,使全体师生形成价值思想共识和思想追求。

四是坚持党建引领。要树立典型,充分发挥教师党支部和党员的先锋模范作用,使教师党支部成为师德师风建设的重要平台。充分发挥党员教师的带头作用,把党员教师打造成为践行高尚师德的重要力量。

五是突出课堂育德。要在教育教学中不断提升师德素养,充分引导教师以德施教、以德立身、以德育人和以德立学。不断树立教师典型,发掘优秀教师,发挥优秀教师的带头示范作用,用实际案例剖析师德内涵。不断增强教师的志气、骨气、底气,为全面建设教育强国不辱使命、不负重托。

(二)提升理论实践素养,实现以文化人

打造一支专兼结合、技艺高超的双师型教师队伍,在高职院校实施教师素质提升工程。

一是深化"三教改革"。要通过开展课程实施能力提升、信息技术

应用能力提升、1+X 证书制度种子教师培训、公共基础课教学能力提升、访学研修等措施，提升内涵建设。

二是对接新标准更新知识技能。充分对接新专业目录和内涵，符合教学改革需要，掌握专业教学标准、职业标准等必修知识，使高职教师成为复合型技术技能人才。

三是提升专业实践能力。出台双师型教师认定标准，以专业来划分专业教师所需掌握的企业实践和能力标准。鼓励专业教师定期到企业进行实践，实践的时间应符合国家要求。要将教师实践纳入双师型教师认定中，制定认定标准。同时也要充分引导教师获得更多相关行业的职业技能证书，实时掌握企业行业技能技术发展的最新情况。

四是提升科研工作能力。要为教师提供良好的科研环境，鼓励其积极跟进行业发展，不断开展技术研发工作，提升自身的研发水平。同时，要建立相关访学制度，鼓励教师积极到各大高校和企事业单位走访，打造集研发和服务行业企业于一身的高素质教师队伍。

五是加强教学团队建设。古人云：团结就是力量。高职院校要充分重视团队建设，制定相关认定标准，积极引进专业（群）学科带头人、青年骨干教师等，同时也要引导教师做好个人职业规划，促进教师成长。每个高素质团队中都要重点培养几名基础扎实、业务能力优秀的领军人物。要积极探索组建高水平的教学创新团队，以模块化教学进行教师分工协作。对于高层次人才可采用直接考核的方式进行招聘，同时建立自主聘任兼职教师制度，使企业的高技能人才和职业院校的教师充分流动起来。大力引进企业行业的一流人才，充实兼职教师库。

六是提高教师专业素养。要认真落实《国家职业教育改革实施方案》的相关要求，在对专业教师的招聘条件上，要求原则上具有 3 年以上企业工作经历并具有高职以上学历，对特殊高技能人才可以适当放宽要求，不再从应届毕业生中招聘。加强“双师型”教师队伍建设，每年安排至少 1 个月的企业或实训基地的实训，并且要求教师进行 5 年一周期的全员轮岗。组建高水平的教师创新团队，采用模块化教学，使教师充分分工协作，同时给予专业骨干教师外出研修访学机会。鼓励企业工程技术人员、高技能人才和职业院校教师双向流动。

（三）强化技术技能提升，做到以技服人

大力提高高职教师的技术技能，开展以培训为主的有针对性的提升。

一是加大培训力度。针对发展需要和岗前适应的需要，制定培训计划，广泛组织在岗培训、脱产培训、岗前培训等项目，同时积极组织技能竞赛、岗位练兵等活动，对于高技能人才和紧缺人才，还要有目的地进行境外培训。

二是加强基础能力建设。强化实训基地建设，推进培训资源的共享共建，充分利用网络平台等先进培训方式，加强师资力量建设。同时重视培训教材的选用，采用自主开发和采购相结合的方式规范教材管理。

三是创新技能培训内容。重视综合性培训的开展，在基础技能培训的基础上，创新培训项目，将职业规范、工匠精神、法律意识等内容融入其中，贯穿于培训的全过程。

四是强身健体。高职教师是“双师型”教师，既要开展理论教学又要到车间、工地开展实训教学，没有健康的身体就无法持续保证教育工作的质量。要加强身体素质锻炼，掌握必要的健康知识，强健体魄，身心健康，培养积极、乐观的态度和奋勇拼搏、坚持不懈等优良品质。

（四）创新教师评价机制，做到全员育人

克服唯学历、唯资历、唯论文、唯奖项倾向，把“四有”好老师标准作为评价的核心内容。实行思想政治素质和业务能力双重考核，探索开展专业课教师技术技能和教学能力分级考核；持续推进教师系列职称分类评审改革，探索建立以代表性成果和实际教学工作量为主要内容的评价方式；建立多元化考评指标体系，引入社会第三方专业评估机构开展教师评价；建立以业绩贡献和能力水平为导向的绩效工资动态调整机制，实现多劳多得，优绩优酬。开展课程思政，挖掘专业课程中的思政元素，守好一段渠、种好责任田，把全员育人作为教师考核的重要指标。

第三节　高职教师专业发展的影响因素与动力机制

一、高职教师专业发展的影响因素

（一）影响高职教师教学专业的资本性因素

1. 专业情境

行动的制约性因素较为多样，其中最基本的、最主要的客观制约因素就是时空。行动是在一定情境中的行动，对行动情境的构成要素以及各要素对行动的影响进行分析，应始于对行动者所处时空的认识。“空间和时间的经验在很大程度上是潜意识的。我们之所以有空间感是因为我们能够移动，而我们之所以有时间感则是因为我们像生物体一样会经历反复出现的紧张感和放松感”。

（1）时间

安东尼·吉登斯倾向于将行动者的时间看作是事件从过去到现在的流动，并将时间划分为可逆时间和不可逆时间两种类型。对于行动者个人来说，个体生命的历时过程不可逆。行动者在时间中的行动是行动者以身体为基础的历时经验过程，身体的衰老不可逆。可逆时间有两个表现，一是日常体验的延续，二是制度长时段。安东尼·吉登斯对行动时间的划分，以行动者自身为参照，分为内外两个维度。首先，行动者个体自身所具有的时间具有不可逆性。其次，行动者之外的时间流是可逆的、循环的，具体表现在行动者体验的日常生活习惯和长期存在的社会制度结构。

安东尼·吉登斯认为三种时间的差别，恰好反映了时间、行动与制度间的关系。个体生命时间，日常经验绵延和制度的长期存在是彼此互为结构、互为前提与结果。在这个统一的时间关联中，日常经验的绵延即是制度长时段的具体表现和产生制度，反之日常行动的制度化才是一个日常经验的绵延。人类自身的存在则是另外两个时间绵延存在的条件。行动在时间上的绵延意味着行动者的行动经验对日常经验的建构，进而对制度再生产。行动者们共同知识经验形成制度，经由日常经验影响具体行动者。三种时间性彼此共构、互为前提与结果。

对课堂教学中时间构成的研究主要关注互动行为方式和时间分配上，对课堂教学的空间构成则从广义的课堂物理环境和狭义的课堂教学参与者人际空间形态。对于课堂教学中的时空关系研究，很少有从师生的个人经验的角度进行研究。教师与学生在课堂场域中进行互动，在“教”与“学”的过程中共同建构意义，体验教学生活。师生在课堂场域中的面对面交流，在时间流动的节奏感中体验教学，使课堂这个物理场所成为承载师生共同经验和感受的“地方”。课堂中的桌椅、装饰可以被师生用来塑造“地方”的工具，因此在课堂情境中，“人”的能动性尤为重要。从另外一个方面来说，课堂座位布局作为空间存在的先决状态，会对师生人际互动产生障碍，但是这种影响在行动者的眼中不具有决定性影响力。

从教学主体的角度，再次深入对课堂教学中时空关系进行思考，我们发现行动者的行动—结构，结构—行动之间有一个行动者的选择，这本身就是行动者之所以为行动者的第一条件能动性。例如，某一个教研室的教师，在对其课程教学进行决策时，对既有教学文化、制度、惯习不论是互动协商后的拒绝、接受，或者改良，这都是行动者能动性决策。教师行动后的反思则进一步建构了教师的日常经验，进而对制度的时间延续产生影响。

（2）空间

安东尼·吉登斯认为行动者所在空间具有三个向度，分别是：共同在场、区域和形体空间。共同在场来自互动环境中行动者对他者存在的意识，表现面对面的互动。而共同在场则形成社会活动的区域化，往往具有物理性符号作为区域的界限标志。形体作为某一物质的形式，使形体与他者及物理世界建立联系，是在场的感官依托。“如果我们寻找基本的空间组织原理，那么我们将发现两类事实，即人类身体的姿势和结构，以及人与人之间的关系”。

在空间中有两个概念需要引起我们的注意，“宽敞”与“拥挤”。“宽敞”与空间相关，“拥挤”则与人口密度相关，二者表达两种对立的感受。空间充裕并不意味着“宽敞”，较高的人口密度也不一定意味着“拥挤”。空间上的“宽敞”与空间中的行动者在多大程度上有能力实现活动自由的感觉有关。“拥挤”的感受较多来自“人”，人可以对自由进行限制，而物本身不会。物通常会被用来当作控制人自由度的工具。无论是空间中的行动者感受到的是“宽敞”还是“拥挤”，这都意味着行动者在空间中经验了某些东西。共同在场的互动形成关系，在关系中收获感受、经验、知识，当我们将这一切以一种场域化的方式赋予符号表达出来，那么这个空间会成为承载行动者所有体验的“地方”。

（3）内容

“行动”是社会学中的一个重要概念，马克斯·韦伯认为整个社会学研究就是理解人们社会行动并对其行动的原因进行探究的一门科学。社会学家对于“行动”经历了一个长时间的认识过程。从马克斯·韦伯对“行动”的定义和分类开始，经由许茨、帕森斯等学者的研究，对于行动的概念越来越清晰完善。一个“行动”通常具有行动者、行动意图和情境。

吉登斯则进一步对行动的意外性结果和行动与结构之间的互构性进行了深入研究，另一方面阿吉里斯则从行动者的能动性角度将行动理论划分为“信奉理论”和“使用理论”两个维度。为了进一步完善对于“行动”的理解，我们将“行动”和“行为”“活动”作一个比较分析。“行动”和“行为”在实际研究工作中由于二者都可以明显地被研究者所观察到，因此对二者进行区分是非常必要的。

“行为”对应单词为“behavior”，基本意思是举止行动，指受思想支配，通过指向他人而表现出来的活动。“行为”作为一个心理学名词通常指人在内外刺激下的反应。“行为”作为一个社会学名词是指在一定的条件下，不同的人所表现出来的生活方式，在内外环境因素的某种刺激下所做出的能动反应。从上述文字中我们可以看出“行为”一般是指可以被研究者观察到的人的行为举止，心理学通常将其用来描述刺激后的反应。“行动”对应词汇为“action”，虽然其也是可以被研究者直接观察到的，但作为一个社会学研究中常用的学术词汇其概念中包含了行动主体的主观意图和意义，也包含了行动主体外显的表现和内在心理活动，因此研究者可以对“行动”的理由和意图进行追问。

从“行动”的内涵来看，“行动”表现为一种在某种意图的驱动下，为达到特定目标而表现出来的连续行为状态，因此“行动”是在时间上的“行动”，也必须具有“行动”的时间。从具体过程来看，“行动”结果的不确定性也使其自身具有多方关联的特点，这种关联性更加具体，也使得“行动”具有连续性和综合性,形成“行动环”。“活动”之于“行动”相较于“行为”和“行动”更好区分一些。在学校中,教师和学生主要进行的便是教学活动。“活动”一词更加表现出了师生在教学过程中的客观表现方式,在这个词汇中我们无法从中建构研究的侧重点。无论是宣称教学活动是以学生为中心,教师为中心或者教材为中心的理念都是教学活动。对于本研究来说,教师是教学行动的主体,对于行动主体的彰显能够使研究更加聚焦。

马克斯·韦伯认为整个社会学研究就是理解人们社会行动并对其行动的原因进行探究的一门科学。社会学家对于“行动”经历了一个长时间的认识过程。从马克斯·韦伯对“行动”的定义和分类开始,经由许茨、帕森斯等学者的研究,对于行动的概念越来越清晰完善。对一个“行动”的分析一般始于行动者决策,包括行动的情境和行动意图的分析,对行动过程中的互动、协商的分析,对行动后的反思,行动的意外后果的分析。

微观方法的假设中包含了对于行动进行研究的内容性假设。日常活动构成了人们社会活动的基础,对教育的研究也应该从对日常活动的观察入手。日常活动中总是存在某种程度的自由,行动者的行动方式必然会受到背景因素的影响,因此意义对于行动者来说具有个人化特征,这也意味着行动者对其经验的反思是对行动意义进行分析必要环节(在此基础上我们可以这样发问:一堂课中教师要做什么,有哪些重要方面,这样和学生互动的理由是什么)。在日常生活中,行动通常是在与他人的互动中完成的,行动者在互动中对自己和他人的行动赋予意义,并做出解释(教师行动前,必须对学生的行为做出解释,获得意义后才能做出行动)。对行动的分析包括对意义的解释,共同的理解和解释是通过意义的互动来实现。

互动和协商都是构成获得意义的持续性手段,而行动者对过去经验的反思则形成了行动的知识性基础。“反思性是行动和知识固有的属性,人们对反思性的讨论和探索伴随着知识发展的历程,同样也是行动者行动过程的历史性说明”。反思不仅仅是行动的固有属性,同时也是行动的内容和经验内容。因此,行动是行动者依据反思的经验,在进行的活动中通过互动理解意义,做出决策的一个持续性过程。行动的阶段性经验又是通过行动者的反思构成行动的下一个意义基础。

2. 社会行动方式

每一个人在日常生活中都必须有能力行动，既有能力互动，还有能力理解行动的意义。在社会学发展的过程中，人的社会行动一直受到社会学家的关注，随着社会学研究的不断发展，对于行动的研究也在不断地发展。布赖恩·特纳（Bryan S.Turner，2003）将社会学家对于行动的研究分为两种取向，一些理论家将对行动者主观意义的理解作为出发点的理论取向。另外一些则从行为的具体实行、实施方式出发来对行动进行理解，形成实践取向。当然从各个社会学家对于行动的具体理论来看，这种区分显得有些生硬，因为从具体的社会学家的研究来看，对于行动的关注都来源于具体的研究问题或者主题。每一个理论视角的进入都会对某一类主题有较为突出的贡献，而对另外一类主题则显得薄弱。对于行动的研究从主观理论分类到行动与结构的结合再到对行动主体的理性选择的关注，每一个理论的提出都是在对之前理论的批判和继承的过程中建立起来。

马克斯·韦伯将个体作为行动的载体，认为个体的行动能够成为社会行动需要有两个必要条件，一是具有主观意义；二是指向他人并发生意义关联。韦伯将社会行动分为：传统式行动；情感式行动；价值理性式行动；目的理性式行动。对传统习惯的反应形成传统式行动，对情感刺激的反应形成情感式行动。价值理性式行动表现为对价值的追求。目的理性式行动则是行动者在对行动的目的、手段和结果之间的关系进行衡量后的理性行动。

从韦伯对于社会行动必要条件的论述上可以发现，社会学对于行动的关注更多地集中于目的理性式行动。这样，前一个行动的后果可能成为后一个行动的条件，并借此形成了行动间的意义脉络，有助于对行动者的行动的主观意义进行理解。

塔尔科特·帕森斯对韦伯的行动理论进行了扬弃。帕森斯继承了韦伯关于行动是具有意志性和目标趋向性，但是他在对于社会行动的分析上放弃了韦伯分类方式而采用他自己提出的“单位行动”作为分析的重点。在《社会行动的结构》一书中认为，行动的逻辑包括四个要素：行动者、目标、情境和价值规范。其中情境是指行动的发生的情境具有行动者可控和不可控两种表现形式。在塔尔科特·帕森斯的行动理论中，行动都与主观目的相关，这些行动中的自主意志使得行动中情境的可控因素(手段)和不可控因素(条件)得以区分开来,而价值规范作为行动者的主观要素对行动目标达成起到调节作用。在此由于社会共同价值规范使得行动者的自主意志行动与社会秩序紧密相连。

詹姆斯·S.·科尔曼(James S.Coleman)的理性选择理论中认为行动者都是具有利益偏好的理性人,行动是基于行动者、资源、利益三个构成要素的基础上实现的。科尔曼在其《社会理论的基础》一书中明确指出其理性行动理论中的各种行动都是有目的的行动。其行动理论逻辑中,最大限度地实现个人利益是行动的唯一行动原则。在此原则下,行动者通过对资源控制权的交换或赠予来获取利益。

尤尔根·哈贝马斯(Jugen Habermas)的行动理论关注人在沟通行动中对他人动机和意向的了解,偏向实践取向。在哈贝马斯的理论中,权力、劳动和语言三个要素相互作用并存在于社会文化生活中,其中语言是起到中介作用,劳动为目的合理性行动。权力由于意识形态的介入而形成,使人类的行动中表现出一种系统扭曲的沟通方式。

结构与行动成为一个不可分割的整体,是安东尼·吉登斯解决结构行动二元对立的理论尝试。以行动主体为核心,其行动存在于一定的时空情境中,结构既是行动的资源又是行动的动力。行动主体所掌握的资源通过系统和制度形成权力,对于权力的掌握会导致行动而不是意图。行动的意外性结果也构成了行动可能进行的新的条件。结构化理论为教育研究提供了新的理论视角,教师作为行动者,在教学活动中对于结构在教学行动中所产生的影响应该有更加充分的认识。

从以上对行动含义认识的理论发展脉络的梳理来看,行动的概念是从行动的意图中得出,对行动类型的描述也应该从意图中的逻辑推演出行动的一般性特征。行动本身具备的能动性、意图性、制约性和合理化,分别指向了行动者在行动中的行动能力、行动条件、行动依据和行动后反思。在课堂教学中,教师作为行动者具有行动能力,依据行动条件和制约性因素来进行教学决策,以互动、协商的方式行动,并在行动合理化的驱动下反思。这是一个师生间的互动意义共构的持续循环历程。

行动者也是行动理论所关注的核心所在,行动是行动者的行动。无论是行动分类,行动者对于行动的设计,以及行动者的利益偏好等,基本上都以行动者作为出发点,对行动者自身与其他要素之间的关系的行动理论进行论述。安东尼·吉登斯将行动者置于三种时段中,分别是日常生活流、个体生命时段和社会制度的绵延中。“日常生活流是行动者存活的基本形式，行动者的社会定位首先是同日常生活的活动联系在一起”。教师作为行动者，理应在日常教学生活的活动中对其行动进行考察，这是教师作为行动者存在的必然形式。

3. 其他因素

在社会学发展的过程中，对行动的研究也在不断地发展。以对行动进行研究的逻辑脉络来对影响行动的因素进行分析是一个比较可取的路径。马克思·韦伯对行动的剖析奠定了研究的逻辑基础。

马克思·韦伯对社会行动的分析命名中体现了对社会行动产生影响的几个因素，其中包括价值、目的、传统和情感。目的指对环境和他人的期待，价值指有意识地对特定行为的信念，可以归为行动者的观念。传统则指惯习，而习惯的发展则为制度或者文化。教师的身份、教学策略是通过与他们有重要意义的他人互动中建构起来的，教师与同事间的关系和互动成为教学工作文化的基础。安迪·哈格里夫斯（Andy Hargreaves，1975）认为教师文化具有内容和形式两个方面的内容。教师文化的内容包括被特定教学共同体所拥有：真实的个人态度、价值观、信念、惯习、期待和行为方式。

通过不同角度的区分，教师文化在内容上还分为：学业基础文化、专业发展文化和科目文化。教师工作中的文化是由教师与其文化成员间的关系模式作为基础形成，并在互动中不断践行、传递、重新定义文化的内容和形式。安迪·哈格里夫斯（Andy Hargreaves）提出教师文化的四种表现形式：个人隔绝（独立性）、小团体、合作和结构性（受框架性因素决定）。

阿尔弗雷德·许茨则从马克思·韦伯的行动指向他人出发，推进了行动研究的发展。阿尔弗雷德·许茨认为马克思·韦伯只关注了行动的主观意义，并没有对主观意义和客观意义之间的关系进行全面考虑。阿尔弗雷德·许茨在《社会世界的意义建构》中对如何对行动中主客观意义的综合考量进行了论述。阿尔弗雷德·许茨认为生活世界的结构体现了在与特定社会场景的制度化联系中，人们之间可以互相理解，使行动具有意义。日常生活情境中，无论是作为情景化的经验还是类型化后的知识，都与行动构成关联性结构。

皮埃尔·布迪厄认为权威是行动的条件，教学的行动借由文化专断和制度化的学校教育强制实行为宰制阶级利益的行动。尤尔根·哈贝马斯认为除了基本旨趣外，人的沟通行动受到三种主观旨趣的影响：技术旨趣、实践旨趣和解放的旨趣。安东尼·吉登斯认为行动是一个连续的动态过程，日常世界中的经验通过反思形成知识，成为下一个行动的依据。兰德尔·柯林斯（Randall Collins）认为互动仪式的分析应该对个体所赋予的情感和意义符号进行研究，互动仪式、共同关注和情感能量，主体间的行动需要有情感能量作为仪式性的内在连带。

从主要社会学家对行动的关注中我们能够归纳出对社会行动产生影响的相关因素：知识（经验：日常经验和类型化经验）、情感（情绪）、制度（法定和专业）、文化（惯习）、权威（权力）、观念（信念或者旨趣）。

法国社会学家皮埃尔·布迪厄在其著作《再生产：一种教育系统理论的要点》中对教育中的符号暴力进行了论述。国内学者谭光鼎和王丽云也使用了相同的概念表述。从皮埃尔·布迪厄对围绕这一概念进行的论述中，不难发现，其概念内容涉及教育的中宏观层面，即教育的学校及社会层面的论述。由于目前国际上对于教育一词的使用比较宽泛，其中也存在多种对应的词汇，因此有必要对教学的词义进行理解，进一步明确教学在本研究中的概念。

在我国"教学"一词的含义较为稳定。从"斅"字开始，教学活动就被认为是一种教与学不可分离的统一活动。《学记》中对于"教学相长"则将教学活动描述为教与学的双向活动。从以上中文中对于教学一词的词源解释来看，"教学"是以教为主体，教师根据教育教学目标，通过传授知识以促进学生整体发展为预期的教与学相统一的过程，是包含在"教育"概念之中。

在实践中常用来指称教育教学活动的专业词汇常有四个，分别是：education，pedagogy，instruction 和 teaching。通过权威辞典中对于几个词汇意义、词源和用法对比的解释，这四个词汇在用法和概念范畴上有所不同。Education 通常是指在学校中的教学和学习的整体过程，也指某一学科领域的教学活动，概念覆盖面较为宽广，我国学者一般将其对应为汉语的"教育"。pedagogy 一词来自希腊语 pedagogue 通常指在孩子上下学途中带路的人。法国和德国学者经常使用 pedagogy 来指教学、教授和教与学，也指教育。《朗文当代辞典》解释为对教学的实践或者教学的研究，《牛津英汉双解大词典》则认为该词指对某一教学方法或者教学实践的研究，也指某一学科或理论的概念，因此 pedagogy 在教学层面侧重方法论。研究者也通过《柯林斯大辞典》对 pedagogy 的概念进行比对，发现 pedagogy 一般指对于教学原则和方法理论的研究。instruction 的原义主要表达命令和信息的传达，在教育领域中，该词较多地用来表达讲授、指导等概念。研究者认为《朗文大辞典》的用法说明中对于 teach 和 instruct 的对比分析具有较高的参考价值。teach 是一个常用词，用来表示帮助某一个人或者某群人来学会某事。instruct 较为正式，指向某一个人或者某群人传授知识，却不能肯定是否有收效。《朗文当代辞典》中则认为 instruct 用于指某一技能或者学科的教授，带有指示，传达的意思。另外的几个与教学有关的词汇中“learn”指学和教的统一；teach 则侧重于教师通过语言和展示而进行的活动，也指教师在帮助学生学习的一项工作。teaching 和 learning 通常共同出现来表达教学活动中的“教”与“学”的两个方面的有机结合。从上述论述可以发现，教学是被包含于教育之中的一个概念，常用来指称教师的实际教学工作，并与学生的学密切相关。

教学和育人是一个有机的综合的活动过程体，那么其中育人的目标则较为抽象，其指向教育的终极发展预期。教学活动作为学校中指向学生学习和发展的一个社会性行为，其各个阶段的目标都指向这个终极目标，但并不一定会在教学活动中完全达成。教师在教学活动中，对教学目标的达成过程中所采取的教学行动，该目标以完成某一阶段教学内容为目标，并指向终极教育目的。教师作为教育教学活动中的能动者，首先是具有行动能力的行动者，对于教学目标有清楚的认识且一切行动指向教育的终极目的。教师是在教学互动中通过教学行动来达成教学目标或者趋近教育目的。教师的教学行动的直接指向是学生的学习效果，以及阶段性的育人目标。

（二）高职教师教学的影响因素分析

教师的每一个专业行动，都受到一些因素的影响。这些因素可能是教师所持教学理念，也可能是教师在与他人讨论、交流后获得的经验，或者是以一些政策、制度文本或者专业教学惯习。教师的教学行动所面临的现实情境主要涉及来自实践、观念以及框架性因素三个维度相关因素的影响。这三个方面相互渗透、相互影响。

1. 观念因素

教师对自己在教学上的定位是有自信和自我认同的。在他看来大学生和中学生都一样,其实都是学生,都需要教师的引导。每个老师各有手段,但是督促学生学习是一样的。

教师的自信和自我认同,主要来自学生。他特别看重学生在他课堂上的体验和收获。他自己却不太在意那个评价。因为学生对于教师的教学是否认同,教师是可以感受得到。

如果学生对教师授课有意见的话,一般都能看出来,需要去当面沟通的。

教师在某种程度上是能够感觉到学生对于他教学的评价比较好,而事实上学生无论是在日常教学活动中,还是在学校层面组织的评教活动中对教师的教学评价很高。

教师重视学生对于所学知识的真正理解,不要停留在空泛的讲解上。提高学生的参与度,要给学生布置任务,在课堂上和学生对话,语言能够学以致用。

让学生自己愿意学、主动学,轻松、有趣地学习也是很多大学教师所主张的学习方式。通过各种策略来调动学生的学习积极性和兴趣。特别是对于知识基础薄弱、学习习惯不好的学生更需要一些教学上的策略。

当学生在课间主动和老师进行探讨时,老师们会比较耐心地去解答,并在下一节上课时就这个问题和全体同学交流,明显能看出来教师对这种主动学习态度的支持,并鼓励大家"有问题可以随时来找我探讨,学习不是你们在那里坐着一直听"。

2. 教学情境因素

教学方式的差异。教师在进入大学从教的适应过程中形成教学风格转变。大学生自我意识非常强,而且大学生的学习观也与中学生差别很大。大学生思想成熟很多,自我意识更强。大学教学对教师自身业务能力要求也在不断地提高,只有扎实的语言基本功是不够的,还需要有更新的教学理念、知识传授方法、课堂管理方法,因此大学工作让很多教师很难轻易体验到工作的"成就感"。

教学节奏的差异。"教学节奏"这一概念来自段义孚(Yi-fuyuan)

在《空间与地方：经验的视角》一书中对于时间与空间关系的探讨。段义孚认为，时间在人类的观念中是一种流动，而空间则是这种流动的暂停，当时间流暂停的空间被人赋予意义后，空间成为“地方”。安东尼·吉登斯对于行动者所在时间的论述中认为，时间可以分为个体生命流动的不可逆时间，制度长时段和日常经验则成为可逆的时间。教师个体的生命时间是延续的，教师日常教学活动的发生以及对教学做出规定的制度则都是在时间流上的暂停，教师日复一日在教室中按照制度规定从事教学工作，这就构成时间上的教学节奏。而教学时间或者教学节奏上的“快”与“慢”是一种主观上的时间体验。在课堂教学中，师生共同主体的理念提醒我们，课堂中的时间体验者，不仅仅有教师，还有学生。教师和学生在学习中节奏的统一是理想状态，而两种节奏体验的差异性则是普遍存在的。教师对学生学习节奏所抱有的信念和学生学习节奏使然状态形成教学行动的潜势。大学教师的教学节奏和学生的学习节奏也会有很大的差异。这个差异要比中学的大，且明显。大学教师在课堂上的教学节奏，时间把控要比中学难。教师的“教时”和学生的“学时”间的差异要比中学更加明显。多数教师认为原因就是上大学后，学生的学习观念发生了很大的变化，对待学习这件事上的态度和中学生大不一样。中学生还是有升学考试的压力，学生会在学习上更加愿意配合老师，去学习知识。大学生就没有那么大的压力，而且刚刚从一个高压状态解放出来，再回到中学那个状态是他们不愿意做的事。

空间因素。秧田式的座位空间布局对践行新的课堂教学理念有很大的制约作用。从国家到学校，再到学院的教学改革文件都大力倡导以学生为主体，让学生在真实交际中学习语言，可是秧田式的空间布局明显是为了监控学生学习，而且学生的互动对象基本上都是面向教师。

3. 教学实践因素

教师间交流更多的是在集体备课，大家每学期开始将教学大纲、教案、教学进度定下来，剩下的就是在每学期 6~10 次的备课中沟通一下具体的操作经验。这些教学实际经验比较依赖情境，真正的还是教师在课堂上面对具体情境的教学操作。

虽然是集体备课，教材、大纲是固定的，但是很多具体的东西还是需要在课上即兴完成的。

课堂上的教学不可能完全按照教师事先准备的方向走。

现在学生的学习态度和方式通常会使得教师有很大的困惑,现在学生学习的功利态度,让人无奈。现在大学生注重考级。但是有时候确实让人感觉无奈。他们上课也不捣乱,就是不怎么听,在那里自学考级的东西。

针对学生课堂上的状态,很多教师经常会从学生学习的角度来对课堂做出一些设计,他始终认为老师对学生在课堂上的学习状态是有很大影响力的,要想办法调动学生的学习状态。

从教师们的话语中明显能感受到对学生的学习状态是有一个"理想"样态,一旦学生的真实状态和他们的期待吻合时,会获得成就感。这样的体验会加深他们对学习应然状态所持有的观念,并付诸教学实践。

同事间就教学问题的交流,多数关注某一授课活动安排,某个知识点教授方式。对学生学习的"问题状态"也有讨论,集中于教学手段和方法层面。对于学生学习的讨论集中在对近届学生的比较,能够达成的共识是学生水平、学习态度等越来越不好。

办公室内老师的交流是很具体的,大多是针对某一节课中的一个活动怎么安排,或者有某个知识点不确定等,有时候碰到一个问题,办公室老师就会问:这个题目怎么做之类的,也会讨论。

二、高职教师专业发展的动力机制

根据高职教师专业发展价值取向及动力机制基本原则,结合对各项因素属性及作用的分析,提出以下构建策略。

(一)创新政策执行机制,提升高职教师专业发展政策效益

如何让政策落地生根并开花结果,在促进教师专业发展中能够切实产生应有的效益,除了政策内容上更加科学与合理外,还应向执行过程要效益。

一要构建协作机制,优化政策执行环境。良好的执行环境是教师专业发展政策顺利推行的前提条件,但由于教师专业发展涉及教育、人事、财政、企业等多个领域与部门,相关政策执行过程中往往出现执行主体因局部利益而导致政策偏离、政策缺损或政策敷衍等问题,因此应

尽快创建新的协作机制，使各方在政策实施中实现协同配合，积极创造出适宜的政策执行环境和条件。

二要完善"监督—服务机制"，加强政策执行过程督导。以监督维持规范，以服务提供帮助，教育政策的执行过程需要常态化监督和专业化服务，教师专业发展政策也不例外，以防止过程失控问题发生，确保政策执行主体行为的方向性和有效性，而这一环节正是目前我国教育政策执行过程中的薄弱之处，这种状况亟待改观。

三要健全评估机制，推进政策执行的科学化。政策评估是对政策执行过程和效果的全面检验，可为政策修正提供客观依据，但长期以来由于我国教育政策评估主要是由行政部门"自评自判"，评估的功能和价值未能充分显现。因此，对高职教师专业发展政策的评估，应引入社会第三方专业机构参与，以更完善的机制和更科学的方法呈现更客观、更翔实的结果，以促进政策实现良性动态运行。

（二）重塑高职教师专业发展主体意识，激发可持续性内生动力

重塑高职教师专业发展主体意识，实现自主、自由的专业发展，可从内外两方面因素着手。

一方面，研究因素体系中教师维度因素占有三分之一席位，并且其中部分因素具有较高中心度，充分发挥这些个体条件性因素的作用，对于重塑教师主体意识，激发其内生动力，实现真正的专业发展具有重要意义。

另一方面，从前文分析中可以看到，教师维度的这些因素除教育背景外，均属于结果性因素，意味着其作用的发挥受制于原因性因素，而政策法规、经费投入、教学评价等这些原因性因素对于教师主体来说均属于外部因素。所以说高职教师主体意识的重塑，离不开外部因素的参与。

第四章

教育模式：高职教师专业发展的创新模式

高职教师专业发展不是一个自然的成长过程，而是一个连续不断的过程，其除了通过教师个人的努力，还需要其他教育措施给予高职教师发展相应的保障。而构建有效的、创新的高职教师专业发展模式显得非常必要，其是高职教师专业成长的关键。另外，随着时代的发展，教育不断变革，高职教师专业发展模式也发生了改变。本章就从职前、入职、职后三大层面来论述高职教师专业发展的创新模式。

第一节　强化高职教师职前教育

一、高职教师职前教育的取向

（一）实践取向

自20世纪80年代起，人们就意识到，教师职业的专业性最终体现在其专业实践之中，脱离实践的做法只会使教师教育的路越走越窄。只有经过高质量的教育实践洗礼的师范生，才可能在教育教学工作的价值观和方法上表现出专业性，才可能在高深的教育理论和日常教学间建立联系。具备实践性知识和教学实践能力已经成为教师专业素质中极其重要的一部分。可以说，“回归实践”已经成为国际教师教育的潮流。

有学者指出，现代高职教师培养的重要环节就在于师范生的教育教学实践。而对于师范生们来说，在实习阶段，他们可以增强实践性知识，逐步形成职业品性、职业情感、职业态度。因此，这一阶段是他们作为准教师入职的重要和必备阶段，是教师教育中至关重要的环节。

（二）实习发展取向

在历经了几十年的教师教育改革后，高职教师的教育实习应从“行为主义”理念下的“示范模仿型实习模式”转向“认知心理学”理念下的“交互自省型实习模式”。在这种模式中，实习教师和实习指导教师之间由被动关系转向交互关系，在这种关系中教师通过自身的反思来实现专业成长。在美国形成、发展并趋向成熟的这种实习模式也对法国、加拿大等发达国家的教师教育和教育实习产生了较大的影响。

二、高职教师职前教育的问题

（一）实习工作趋于“表面化、走过场”

教育专业师范生的实习阶段本就是教师培养培训的实质阶段。但在实际的教育实习过程中，实习准教师们由于“非生非师、亦生亦师、半生半师”的尴尬角色定位，且教育实习在课程设置中仍然处于较为“弱势”的地位，导致在教育实践中，高校的教师和师范生们对目前学校的实际现状无所适从，来自所在学校的指导教师和师范生们关系也呈现出机械化、模式化的特点。教育实习阶段本应是高校和所在学校之间深度交流的重要阶段，但二者之间的合作呈现出一种表面化、走过场的状态。

（二）实习工作随意性大，缺乏正规化和系统化

我们首先能够了解到，师范生对实习过程和实习效果是充满期待的。并且，师范生会主观上认为自己对实习有所准备，但由于实际经验的欠缺，实际上准备并不充分。

美国的一项有关教师教育实习的调查研究指出：“大部分学生在参加实习课或教学实习活动时的心情都是紧张与激动参半，这很正常。这能帮助你（指实习生）意识到并非只有你总是在热情、激动、崩溃和焦虑之间摇摆不停。你可能会心慌意乱、夜寐不安、食欲缺乏，甚至这些感觉交互出现。每个人在开始一项结果难料的新体验时，复杂的心情总会如影随形。尽管如此，在开始之前，还是有一些方法可以帮助你缓解不安情绪，进而提高成功的机会。”

总的来说，教学实习课对于每个参与者来说都将是一次获益匪浅的积极体验。目前，准教师实习工作的随机、随意性仍然很大，缺乏正规性和系统性。所以，准教师的实习工作应该逐步正规化、系统化，以满足实习教师的需求，让他们对这个职业建立更加良好的认知和认同。

(三)实习工作的指导性有待加强

教师实习工作效率提升项目中的教师不仅指准教师们,还包括参与指导一线教师们。也就是说,对于实习工作的指导,不仅是针对师范生们和即将踏入工作岗位的准教师们,还要对参与实习指导的一线的教师们进行“怎样对实习教师进行实习指导”方面的指导和培训。下面针对师范生们和即将踏入工作岗位的准教师们进行分析。

对师范生的实习指导应该从准备开始实习阶段开始,一直持续到实习的最后阶段。指导的内容包括这个过程中的方方面面。就拿实习之前的培训和指导来说,如果不对教育专业的师范生进行实习前的培训和指导,当师范生真正进入实习场域后,会出现角色定位模糊、实习目标不清晰、实习任务不明确、实习效果不明显等问题。就会“往往一片茫然、毫无准备地进入教育真实情境中。不少师范生会因此提出‘我究竟是谁?’‘我该做什么?’‘我能做什么?’‘我怎么去做’的疑问”。因此,在实习前就应该进行有针对性的培训和指导,并且这个指导过程应该一直持续到实习结束之后。要提升教师教育实习的质量,对师范生这个准教师群体进行指导

总的来说,在教师教育实习的过程中,涉及的主要人员都应该各自明确自己的职责、分工和具体任务等,尤其是实习教师和实习指导老师。在教师培养培训模式中,高校的教育专业应该和实践基地联手,制定、编写指南、细则等,并由各自的主管单位纳入各自的考核评价体系之中。

三、高职教师职前教育的价值追求

(一)以实习教师能力的提升促进高校的人才培养质量

教师实习工作效率提升项目的一个核心价值追求就是提升实习教师的教育实践知识和实践能力。实践方面作为教育专业师范生素质的一个重要方面,它的提升无疑会大大提高师范生们的整体素质,使得师范生们在走上工作岗位后更容易获得工作单位的肯定及其他利益相关共同体的认可,从而也就提升了高校的人才培养质量。

（二）以实习指导教师能力的提升促进所在学校的发展

教师实习工作效率提升项目中受益的另外一方就是来自一线的实习指导教师们。指导实习教师的过程，会促进实习指导教师们积极反思、总结自身的经验，有助于他们将自身隐性的教育经验性知识向显性的教育理论性知识转变。实习指导教师作为教师队伍的中坚力量，这样一种经验的升华和能力的提升会直接推动所在学校的发展。

（三）以教师教育实习工作长效机制的建立保障实习工作的高效开展

教师实习工作效率提升项目的探索和实施无疑是开发了一种高校和实践基地之间的教师教育实习的长效机制，这种长效机制的建立会从根本上保障实习工作的高效开展。

四、高职教师职前培养培训模式建构的基本步骤

一般高校鉴于自身实践与应用型人才培养的教育取向与特点，都会有自己的实训基地。除了校内建设的实训、实践基地外，更多的也会寻求与外部企业的合作。高校的教育专业往往也都有固定的学校作为其教育师范生的实践基地。而教育机构，为了自身专业人才的持续供给，为了教育质量的提高，也会积极寻求或乐于接受与职业院校的联合。在教师培养培训体系构建过程中，合作的高校与实习学校双方有可能之前就是联合关系，彼此相对“熟悉”，也可能是基于发展需要“刚刚接触”，彼此相对“陌生”。但无论是哪一种关系，也不可能在实现教师培养培训模式的构建中一蹴而就。

教师培养培训模式是要求高校与实习学校之间实现非常深度的合作与融合，因此建构一体化的建构过程需要一步一步、有计划地循序渐进地进行。

卡根（kagan）提出的高校教育学院和中小学校之间合作的六阶段，这六个阶段具体是指：

第一，形成阶段。在这个阶段，来自高校和中小学实践的人员开始意识到教学实践中出现的问题，并通过合作这一途径来对这些问题进行

回应。那些与问题直接相关或者受到直接影响的人们被吸收到合作中来，开始讨论一些理论。

第二，概念化阶段。该阶段的特征是界定合作的任务和具体目标。在合作团体中，各位成员们界定自身在解决实际问题中所承担的任务和担负的角色、责任。

第三，发展阶段。在这个阶段，合作的任务不再只停留在理论层面，而开始向实践层面转向。团体成员开始进行活动的调整，改组行政管理组织，提供政府政策参考，建立正式的传播系统等。

第四，实施阶段。实施阶段是实现合作、达成合作目标的关键阶段。在这个阶段，团体内所有成员都为了目标的实现而努力。

第五，评价阶段。这一阶段包括对合作进程的评估。在贯彻的各个阶段和各个水平上都要进行评估，最后进行综合。

第六，结束或者改进阶段。这个阶段是对前面五个阶段的总结，团体成员要回顾整个过程，找出问题和不足，然后着手改进计划的制定，进入改进阶段。

需要注意的是，卡根提出的这六个阶段并不是线性的、戛然而止的，而是一个循环往复、更好地提升教育教学质量的螺旋式上升过程。

本书在进行教师培养培训模式构建的过程中，借鉴上述相关理论，摸索出了循序渐进、按梯度上升的三个阶段：找问题，共选项目；寻契机，共同进步；互融合，共谋发展。

（一）第一阶段：找问题，共选项目

这一阶段是处在一体化模式构建的初始阶段。可以说，由于合作基础薄弱，可以从小问题入手进行项目的遴选与确定。根据教师培养培训体系的特点，高校可以追踪调查进入学校工作的毕业生的后续职业适应；学校可以总结发现教师入职后的职业发展情况。通过追踪"校"毕业生在实际工作中的情况，发现问题，共选项目。

很多初任教师有时纵有一身本领，却缺乏实践教学的技能、方法和能力。高校的专任教师们可以据此反思自身的课堂教学，高校教育专业可以据此调整自己的课程体系。可以说，怎样提升师范生的实践应用能力既是高校非常关心的问题，也是教师队伍建设层面亟待解决的问题。实习学校的领导们也非常希望这些师范生在入职后能尽快适应，尽快提

升，尽快解决这些遇到的问题。

（二）第二阶段，寻契机，共同进步

在有了第一阶段通过问题转化成项目合作的基础上，高校与实习学校双方寻找合适的契机，继续更加深入地合作与融合，共同进步。

当前，教师队伍存在的一个大问题就是人才严重流失。而放弃教师这一职业的根本原因在于职业认同度不高。怎样进行高校与实习学校一体化的教师职业认同培养培训，正是当前需要思考的问题。通过教师培养培训，加强加固教师对自身职业的职业认同度，才能有效防止教师队伍人才的流失。比如，在高校教育专业的师范生们入学之初，就请一线教师进驻学校，分享做一名教师的职业幸福，提升师范生们对这个职业的兴趣和认同，帮助师范生们建立职业学习和规划的意识，强化指导师范生的学习与成才目标规划。这样可以让这些师范生们、未来的准教师们，有强烈的意愿、幸福的憧憬和合理的规划去成长为一名优秀的教师。

（三）第三阶段，互融合，共谋发展

在上述两个阶段完成后，高校和实习学校之间的文化冲突会趋于和谐与融合。在此基础上，可以通过共建双导师制等方式实现更加深入的互相融合，共谋发展。

双导师制并不是一个新鲜的事物，而是由来已久。教师培养培训模式实行的双导师制既符合一般意义上双导师制的做法，也具备自身的特点。也就是说，在教师培养培训模式中，以高校这一方的理论专家为理论学习导师，以实习学校这一方的骨干教师为实践教学导师。就职前培养来说，每一位师范生都配有理论和实践导师各一人。

高校的师范生们从入学开始就选择一名专任教师作为职业指导导师，选择一名骨干教师建立师徒关系，均对自己进行个性化的指导。一线教师在选择骨干教师为自己的“师父”，进行师徒结对的同时，也可以选择高校的一名教师作为自己的专业发展教师，对自己的职业发展进行跟进指导。

在教师培养培训体系中，这种双导师制有其自身的特点和创新之处：高校的导师在师范生毕业后会继续追踪指导，实践导师不会等到实习，在师范生入学之初便会提前渗透。

在教师培养培训体系中，师范生的毕业并不意味着高校对他们培养工作的结束，而是一个新的起点，是他们职业发展支持的开端。在教育专业认证标准中，有着非常重要但又容易被忽视的一项内容就是“持续支持”。这一点要求高校教育专业对“毕业生进行跟踪指导服务，了解毕业生专业发展需求，为毕业生提供持续学习的机会和平台”。

五、高职教师职前培养培训模式建构的经验做法

高职教师职前培养培训模式实践探索的过程中，高校与实习学校双方都在彼此配合、彼此融入的过程中总结出了一些有效的经验做法，具体的经验做法如下。

（一）来自高校的管理与教学经验

1. 突出实践取向，强化实践育人

（1）实践教学贯穿师范生培养的全过程

首先通过实践教学贯穿师范生在校学习全过程的方式突出实践育人取向。以实习教学为例，教育专业学生实践教学包括职业认知实习、岗位认知实习和顶岗实习三个环节。

（2）校内实训仿真化、职场化

教育专业校内实训基地具有较高的职场情境和职场氛围，由高校与实习学校共同编制校内实训教学方案，共同开发一系列仿真性、真实性的岗位任务训练项目，让学生在完成实训任务过程中掌握教师职业技能。

（3）引导学生积极参加社会实践

高校和实习学校共同设计学生社会实践内容，让学生利用每个寒暑假去参加社会实践活动。通过社区服务、职场调查等社会实践活动，培养学生的职业意识、职业态度和职业精神。

2. 深化培养方式改革，推行任务驱动项目导向课程

（1）培养方式改革制度化

制定《教育专业课程教学模式改革意见》，以课程教学模式改革为突破口，推动人才培养方式改革。

（2）大力推行任务驱动、项目导向课程改革

将相关课程的学习内容分解、设计为一系列与实训相结合的任务，以任务驱动来达成学习的良好效果，实现项目导向的课程改革。比如《儿童文学应用与实践课程》，将学习内容设计为一系列儿童教育情景剧任务，每周布置一次实训任务，在下一次教学活动前，在教师指导下，由学生通过小组学习、自主学习方式完成任务，培养学生独立解决问题的能力。

（3）精心设计学生技能竞赛活动

高校和实习学校紧密合作，开展教育专业学生语言技能达标竞赛、声乐技能达标竞赛、舞蹈技能达标竞赛、钢琴技能达标竞赛、美术技能达标竞赛等技能竞赛项目，学生通过竞赛提高说、唱、跳、画等专业技能。

3. 加强项目管理、经费管理

高校高度重视教师培养培训项目的建设与管理，为保证项目能够按照专业建设发展方案执行，采取了以下三方面举措。

（1）健全项目建设组织机构

一些学校成立了“高校提升专业服务产业发展能力”项目和“高校和实习学校一体化教师培养培训”项目建设领导小组，成立了由主管校长督办、相应职能部门组成的项目建设管理督查组和项目资金使用管理组。

（2）建立配套规章制度

学校制订并出台了项目建设相关的管理办法，对从落实任务分解、组织实施到过程监控及项目验收的全过程进行规范管理。实行项目责任人负责制，学校相关管理职能部门进行过程监控和进度跟踪，对项目建设如期按进度完成起到了监督和控制作用。

（3）规范资金管理

学校制订并出台了“项目专项资金使用暂行规定”，对项目建设资

金的使用从开支范围到报销程序、从项目招标到合同管理等均进行了规范管理。

（二）来自实习学校的管理与培训经验

来自实习学校主要经验是充分利用和高校合作后的专业引领，让教师培训在许多方面都更有高度、更加规范化。

1. 给予有专业引领的“纵向式”同伴互助

20 世纪末，国外学者们在检验、反思一系列校内、校外的培训效果时，通过研究发现，并非在资金充足的保证下，通过培训者不断完善和改进培训内容，再通过教师的认真参与和学习，这些培训就会起到相应的改进教师教育教学行为、改善和提升教育效果的作用。

例如，美国的一项实验研究的结果就出乎人们的意料：教师在接受培训后，能将学习到的新知识转化到自身教育教学实践中的比例不足 20%。这项研究继续将参与一个为期三个月的在职培训课程的教师分成两组。

第一组教师不只是参加培训课程，而且会被引领着在校内进行同伴间的互助指导。

第二组则只是进行了课程的学习。

将两组教师进行比较研究后发现，在日常教育教学中能有效运用课程中学到的技能方面，第一组教师的比例达到了 75%，远远高于第二组教师的 15%。

此外，还有相当一部分的研究也证实了类似的结论。例如，同事间的互助指导要比单元式的工作坊效果明显。再比如，教师间的互助观摩和指导能够促进教师的专业发展等。因此，在高校和实习学校一体化教师培养培训项目的进程中要对教师给予有专业引领的“纵向式”同伴互助。

2. 联合进行案例教学，最大化发挥其作用

众所周知，教师培养和培训中的一个难点就是理论和实践的脱节。因此，教育实习十分重要。除实习外，案例教学是有效连接理论和实践的桥梁。

案例教学法由来已久。早在古希腊、古罗马时代，著名哲学家、教育家苏格拉底所采用的“问答法”就是一种案例教学的雏形。而苏格拉底的学生，同样为希腊著名哲学家的柏拉图将这些问答整理为书中的例子，这些例子就可以看作是案例的雏形。案例教学有许多的优势。例如，案例教学克服了传统的、单一的知识讲授的弊端，能够帮助教师理解案例中蕴含的教育知识和原理。也正因为此，案例教学法反映的学习观是反对只满足于理论知识灌输的被动式学习，而突出实践能力本位。案例教学法的主要目的在于让学习者能够运用自身所学的教育理论知识去解决实际教育教学过程中遇到的问题。

在教师的培养培训中，案例教学法是经常被采用的教学方法之一。但在真正的教师培养培训中，案例教学的优势并未发挥到极致。从教师培养的职前教育来说，采用案例教学法的过程中，教师自身缺乏对案例“身临其境”的体验，却要让师范生们根据传递的这种“想象中的体验”去“想象和获得自身的体验”，而这会让案例的效果大打折扣。

从教师培训的职后教育来说，采用案例教学法的过程中，虽然体验是鲜活的、丰富的，但教师们往往只是就着案例说案例，结果依然停留在案例的本身，没有理论上的高度，致使案例的效果就像听说了一个引起自身共鸣的故事一样，也使案例的效果大打折扣。也就是说，案例教学法同时需要理论的提升和行动的跟进才能取得较为理想的效果。但在高校和实习学校一体化教师培养培训模式中，通过高校理论型教师和实习学校层面经验丰富的骨干教师的结合，可以使得案例教学既有实践层面深层次的体验，又可以从案例中收获一定的理论。因此，在高校和实习学校一体化教师培养培训模式中，要充分利用案例教学法，并通过合理的人员配置、有效的资源利用、适宜的共同体建构来使得案例教学法的作用得到最大化发挥。

第二节 完善高职教师入职教育

一、教师入职培训

培训是一种有组织的、正式的学习活动，是继续教育的重要组成部分，是终身学习的一种有效途径。教师入职培训是有计划、有目标地组织教师参加与教育教学工作相关的学习活动，是一种教师教育过程。教师培训旨在改进和发展教师的专业知识、专业技能、专业态度和工作行为，从而挖掘和发挥教师的工作潜能，使教师适应教育改革和发展的需要，最终实现学校组织发展和个体专业发展的双重目标。根据教师培训的概念，教师培训即指有目的、有计划地组织教师参与的教育学习活动。教师培训是目前一线教师的一种重要学习方式。作为教师继续教育的重要组成部分，是促进教师专业发展、加强师资队伍建设的重要途径。

早期的教师教育只包含职前培养的阶段。随着社会发展速度越来越快，职前培养的内容已经不足以贯穿教师们的整个职业生涯。在职的教师们急需在岗位中继续根据社会的发展和教育的发展提升自身。于是，教师继续教育、在职培训等事务才应运而生。在新中国成立的初期，随着教育事业的逐步恢复，就出现了师资不足的情况，急需补充人才进入教师队伍。为了解决这一难题，教育部提出通过开展师资短期培训来补充师资力量，这是教师在职培训在我国发展的雏形。我国教育部在 1977 年下发的《关于加强中小学在职教师培训工作的意见》中首次使用了教师培训的概念。

二、高职教师入职培训的内容

《实习教师指导手册》指出入职教师包括五大项内容："提前了解""积极沟通""示范引领""指导反馈""及时总结"五大项内容。

(一)提前了解

了解自己将要指导的实习教师，不仅帮助实习教师们提前认识自己的指导教师，同时实习指导教师也借此机会提前认识和熟悉自己接下来将要指导的实习教师。实习指导教师作为指导者，对于双方互留联系方式等其他沟通途径的建立应该更加积极和主动。

了解实习指导工作的具体目标、内容和任务。在"实习工作任务说明会"上，实习教师们更好地了解实习工作的具体目标、内容和任务，并据此制定自身详细的教育实习指导工作计划。相对应的，实习指导教师在业务层面领导组织的相关说明会议中也要明确自己的实习指导岗位职责，明确实习指导工作的具体目标、内容和任务，并不简简单单就是传统意义上认为的安排实习教师帮助班级做做环境创设等工作，双方都做到“有准备”，才能互惠互利，彼此有较大的收获。了解实习工作的其他注意事项和方法技巧。通过开展“实习指导工作动员会议及注意事项说明会”等方式，向实习指导教师们明确在指导过程中需要严肃注意的其他问题。

（二）积极沟通

积极沟通不仅是实习教师们融入高职学校这个新场域，并与新场域中的实习指导教师、实习学校领导、在职教师与家长等人物建立良好关系的有效途径，积极沟通还是指导教师有效完成指导的一个关键。通过沟通，指导教师能够了解到自己需要指导的这位实习教师目前的能力和水平，以及其自身的想法、需求等。这样有利于双方协商，共同制定一个实习的总体计划。

同时，沟通能力在《教师专业标准（试行）》等文件中被反复强调。沟通能力是教师能力中非常重要的一个方面，实习指导教师们要在日常的工作中展示自己积极沟通的一面，如与自己学生的积极沟通、和学生家长的积极沟通、和同事之间的积极沟通、和领导之间的积极沟通等。当然，最重要的是和实习教师之间的积极沟通，让实习教师们感知沟通的重要性。这样也非常有利于准教师们提升沟通这项基本技能。

（三）示范引领

既然要求实习教师们通过在学校这个实习场域中认真观察分分秒秒发生的事情，以提升实践知识的获得和实践能力，因此，实习指导教师们就要进行示范引领。这种示范和引领同样要把握住自身所在学校一日活动各个流程的开展，集中教育教学和游戏等活动的组织等，同时还要注意，对实习教师的这种专业引领要有计划性并体现专业水准。

（四）指导反馈

实习指导教师要对实习教师的各项工作进行积极的反馈和指导。最好的做法是首先明晰实习教师们在实习工作阶段规定的相关任务，如组织五大领域集中教育活动等。然后针对这些任务对实习教师进行指导，并在其完成后反馈并再次指导，形成一个实践知识和能力提升的螺旋式循环上升系统。

（五）及时总结

实习指导教师和实习教师们一样需要及时地反思与总结。通过高校和实践基地共同开展“欢送仪式”“总结大会”等形式的总结仪式和工作会议，实习指导教师首先要对自身的实习指导工作进行认真梳理、反思与总结，还要引导实习教师回顾整个实习过程，帮助实习教师梳理自己的收获。

三、高职教师入职培训的“三大需求”

高职教师入职培训体系模式构建必须符合以下几个需求，并实现这几个需求之间的有机统一。

（一）从需求主体来说

高职教师入职培养培训模式的需求主体包括高校、入职学校和其他利益相关共同体。从需求主体来分析，高职教师入职培养培训模式的构建，一是要符合并满足高职院校自身的发展需求，包括高职院校专任教师的工作、学习与发展需求，高职院校教育专业课程设置改革的需求，高职院校提升人才培养质量的需求，高职院校教育专业提升专业培养质量、提升专业品牌知名度、提升就业率的需求。二是要符合入职学校发展的需求，尤其是新教师专业发展需求、教师队伍建设需求。其他还包括入职学校教育质量提升与发展的需求。三是要符合社会或者当地对教育人才的需求。

（二）从教师教育转变趋势来说

现在我国的教师培养和培训不再由师范院校单独承担，而是呈现出一种多元开放的格局。这种多元开放体现出了以下三个转变：

第一个转变，从教师总体上的供求关系来说，已经逐步从数量满足向结构调整转变。

第二个转变，对教师的学历要求方面，已经从学历达标向学历提升转变。

第三个转变，对教师素质的要求已经从单一的技能型人才向研究型、专家型教师转变。

以上这三个转变主要针对中小学教师，但这些转变趋势对不同阶段的教师同样适用，这三大转变带来的需求也是教师入职培养培训模式应当追求的。

（三）实现机构一体化

造成职前和职后教育分化、孤立、各说各话的根本原因在于，就目前我国教师教育来说，职前教育机构和职后教育机构是分立的，而这种分立是造成职前、职后脱节的主要原因之一。师范院校、高校等负责职前教育部分，地区性教育学院和教师进修学校负责职后培训。为了扭转这种局面，必须以政府为牵动，实现这些机构的一体化。这里的一体化并非指高校和教育学院、进修学校、入职学校的完全合并，而是必须达成一种深度的联合状态。

（1）管理体制一体化。在这个问题上，有学者建议，要建立以高校为本位的教师职前教育和教师职后培训一体化的管理体制。类似于上述的机构一体化，对于两个机构，要实现管理体制完全的一体化也是不太现实的。但是最起码最基础性的要求是要达成在教师培养培训和专业化发展支持方面的一体化，例如一体化的教师成长档案建立等。这样才能使两者能够协调配合、紧密合作。

（2）师资队伍一体化。师资队伍一体化是指为合理配置和有效利用资源，高校师资和教育学院、教师进修学校师资及其入职学校的实践层面师资互相分享的方式。

（3）课程内容一体化。根据高职教师专业发展的整体进程合理设置各个阶段的课程，实现课程内容上的一体化，让高职教师的成长和专业化更加高效，不走弯路。

四、高职教师入职培训的策略

（一）增强保障性

1. 平等、信任的文化建设

有效的高职教师入职培养培训模式，首先要建设平等、信任、分享的合作文化氛围。只有信任、平等文化的建设，才能促使双方真正实现坦诚相待、真诚分享，才能实现资源利用的最大化。在高职教师入职培养培训模式中，只有所有成员互相信任、互相尊重，每位参与成员感受到自己被信任、被尊重，才能确保每个人真诚地奉献自身的经验和智慧，在工作的过程中才能感受到身心的愉悦。否则，成员将不乐意或拒绝分享，而使得高职教师入职培养培训模式的作用被大大抑制，事倍功半，达不到预期的效果。

2. 各项保障机制建立

要进行持续的、长期的合作，还要充分考虑到高职院校和入职学校属于不同的管理体制，分别要面临不同的具体情况，因此，需要建立必要的保障机制，以确保在不可预期的问题出现时，合作能够继续进行。在这些保障机制的作用下，高职院校和入职学校联手才能打造出不断研究与学习的氛围，不仅加强了高职院校教育专业师范生和经验丰富的骨干教师之间的联系和交流，也加强了一线教师与学术人员之间的联系与交流，使两个分别的场域和场域连接之间都形成一种开放的、不断吸收与学习的共同体。

3. 领导者的核心领导力提升

卓越的领导力是一个项目是否能够成功实施的关键。在高职教师入职培养培训模式中，启动构建双方合作关系的人往往都是高职院校和入职学校的核心领导人。领导者必须具备卓越的领导力，了解并熟悉双方在教师培养培训方面存在的基本问题。同时具有高效的决策力，能够提出合作的可行方案和遇到问题时的合理解决方案；还应具备良好的组织力，在合作方案实施的过程中，不断通过良好的组织，促进高校和入职学校之间合作关系不断趋于成熟，使两个组织部门不断发展出凝聚力。

鉴于卓越的领导力在高职教师入职培养培训模式建构中的重要作用，核心领导者们还应该具备先进的教育理念、迎难而上的勇气和决心、坚韧不拔的优良品质等。卓越的领导者自身还必须首先坚信并秉持互信、互惠、互利、平等的合作原则，并渗透给教师们和参与者们，这样才能促成高校和入职学校之间持续的、深入地合作，才能最终形成高职教师入职培养培训模式。

（二）提升可行性

“C-K”与“C-G-K”的最大区别就是政府层面参与的程度小。这虽然会使模式的构建和落实难度加大，但也因为没有过多的外部条件操控，会使模式的构建和实践更加灵活。可以达成共识的一点是，高职教师入职培养培训虽然是一个涵盖方方面面内容的庞大系统，但在一体化模式的建构中需要从“胡子眉毛一把抓”转向“以项目为抓手”的各个击破；需要从小处着眼，以项目（或者课题、问题）为抓手，进行专业实践共同体的建构。这样才能在无过多强制性措施的条件下，最大限度提升可行性。

1. 大目标下的小任务分解

第一个有效提升灵活性和可行性的方法是将高职教师入职培养培训模式的大目标分解成具体的小任务。这些小任务可以体现为以下的形式：

（1）明确主题

在实践的过程中，抓住契机，从具体问题、任务、需求入手，明确项目主题。例如，可以先根据合作双方的实际情况，选择一个亟待解决的问题作为近期的目标，从而明确主题。

（2）人员选拔与动员

鉴于以上三个方面的阻力，在高职院校和入职学校之间进行

"校·园"一体化模式的探索与实践，就首先要进行动员工作。只有来自高职院校的专业教师和来自入职学校的一线领导、教师态度上认可，行动上才会积极参与。

（3）专业共同体建构

专业共同体的建构就是在高职院校与入职学校的小团队组建。每个具体的主题可能会在人员的需求上有所不同和侧重。因此，当主题明确后，首先根据主题的需求选择进入专业共同体的成员。其次，根据实际过程中的动员情况，最终确定可被纳入专业共同体的人员，实现专业共同体的建构。

（4）方案制定

主题和人员确定后，就可以着手进行方案的制定，并依据方案逐步实施，以尽快解决现实中遇到的问题。当然，制定的方案并不是一成不变的，会根据实施的反馈进一步调整，反复进行方案的敲定。

例如，在制定高职院校与入职学校双主体人才培养方案后，首先通过校内外专家论证，然后再选择教育专业的某一个班级进行试点工作。在试点班级，学校和教育机构都以主体身份进入"订单班"学生的培养过程，由双方共同承担教学任务、共同进行考核评价。在试点的基础上，学校继续修订高校与入职学校双主体培养方案，并长期开展。

2. 大基础上的小步骤突破

教育部教育司原司长王定华在《启动实施师范类专业认证，夯实新时代高素质教师培养基石》一文中谈到教师培养问题时指出，高职教师队伍的培养，要"在重大的历史交汇时期，发扬成绩、直面问题、突破瓶颈、砥砺前行"，才是正确的选择。

为了提升可行性，就应该是一个大基础上的小步骤突破。即在现有的成果基础上，实现一小步、一小步的突破，通过"实践—反思—再实践—再反思"的样态，逐步地、螺旋式地提升。具体做法包括四点：一是发扬成绩，即总结现有基础；二是直面问题，以问题为抓手确立下一个具体的解决方案；三是突破瓶颈，即通过方案实施，实现小步骤的突破；四是砥砺前行，即延续这种做法，并通过不断反思和不断改进，追求更大的突破和提升。

3. 大集体下的各岗位体验

在高职教师入职培养培训模式中，高职院校的领导和专业教师、一线教师、教育的师范生等人员同在一个大集体中。大集体下的各岗位体验指高校教师走下讲台，走进工作岗位；高职院校学生走出教室，进入讲台，这种岗位体验、情景教学引发的思考会深刻影响高校的教育教学改革，加快学生职业成长步伐。

（三）促进深入性

1. 知己知彼策略运用

高职教师入职培养培训模式中，高职院校与入职学校双方要从割裂到衔接再到融合，需要双方充分了解和熟悉彼此。只有经过充分的熟悉和深入的把握，双方才能真正做到“你中有我、我中有你”的融合。要做到深入熟悉，有两个方面的具体做法：一是高职院校的专业教师通过在入职学校的挂职、驻园、开展培训和教研等形式充分理解和体验教师教育教学的现状及其具体的专业发展需求；二是入职学校的骨干力量走进高职院校进行交流甚至任课，通过与高职教师的交流和对师范生学习现状的把握，清晰掌握高职教师的具体从业要求，有助于加强在职教育的规范性。

2. 反思性经验生成

在高职教师入职培养培训模式中，要及时反思，总结经验。以某一段时间为节点，如每个学期末，引领教师重新回顾整体目标，总结在这个合作的过程中，哪些内容在教育实践的改进中发挥了重要的作用。通过对合作经验的回顾与讨论，可以帮助高职教师充分认识到合作的作用、自身参与的价值。这样，有利于高职教师持续积极参与合作，参与高职教师入职培养培训的相关项目，并通过贡献自己的智慧获得自身的专业发展。

第三节　发展高职教师职后教育

一、高职教师专业化发展中职后教育的意义

（一）高职教师的专业化发展需要开展职后教育

我们知道高职教育教学工作是一项兼理论性、知识性、实践性和经验性于一体的工作，这就决定高职教育教学能力提高是一个相当长、需要不断学习、不断接受教育的过程，这就要求教师注重专业化发展，不断学习，否则在教育过程中可能出现教学素养跟不上时代发展的步伐的情况。因此，高职教师应坚持不断学习、不断接受教育，职后教育是高职教师进入教师岗位一段时间后对其进行的继续教育，它并不是对少数不合格教师才有价值和意义，而是一种达标、合格教育，对每一位高职教师来说都具有重要的意义，它是高职教师专业化发展的需要。

（二）高职教师教育改革需要开展职后教育

近年来国家越来越重视教育改革的实施，教师作为国家教育改革的重要实施者，其本身素质的高低会直接影响教育改革实施的效果。因此，近年来我国也十分重视教育改革，意在通过改革教师教育来不断发展师资力量，推动教育改革的实施。高职教师教育改革在实施的过程中，除了要求不断提高高职教师的各项素养、更新高职教师教育观念，还十分重视高职教师的继续教育，即通过职后教育来提高高职教师的各项素养，使其能跟得上时代发展的步伐。

二、高职教师专业化发展中职后教育的策略

从高职教师个体的专业化发展需求看，职后教育不仅要满足他们的学历教育需求，更要满足以新理念、新知识、新技能为主要内容的业务

提高需求；不仅需要帮助他们更新知识与观念、提高技能与能力，还需要增强其科研、创新的意识与能力。具体来看，在专业化发展进程中，开展高职教师职后教育可从以下几方面入手。

（一）完善高职教师继续教育制度

继续教育是面向学校教学以后所有社会成员特别是成人的教学活动，是终身学习系统的主要组成部分。它是教学安排依据社会和大众需要展开的使受教学者更新知识、进步创新能力和个人素质、进步社会成员受教学水平为意图的教学活动。教师以教书育人为本，这一职责不仅要求教师要有丰富的知识和德行修养，而且要求教师要紧随时代发展的步伐，具备先进的文化素养。因而，教师必须时时更新自己的知识，不断充实和补充职业发展最新成果，这是教师完成自己的使命、获得专业发展的必然要求，也是教师职业化的重要内容。因此，在当前深化教育改革、提高教育质量的背景下，如何有效地组织与实施教师继续教育，促进教师专业发展，提升教师综合素质，进而提高教育质量，是我国教育改革过程中一个亟待解决的问题。近年来，我国已经越来越重视对教师的继续教育，但要想真正推动教师继续教育，还需要不断完善教师继续教育制度。

（二）开展多种形式的高职教师职后教育活动

从我国教师职后教育的情况来看，长期以来教师参与的职后教育活动都是统一制定的、单一式教育活动，但事实上，教师职后教育的需求各不相同，这些教育活动不可能满足不同层次教师的需求，这就要求根据他们的不同情况为其提供多元化的职后教育活动，以满足他们多样化的需求。面对“多样化”的培训诉求，教师职后教育组织者可按照具体培训对象的需求，研发项目、定制课程、设计活动；教学内容、教学方法和组织形式，要以工作需要为导向，为教师提供学校教学改革发展中所需要的内容，服务于学员专业生涯的持续发展，为他们的素质提升提供“增值”服务。

具体来看，在实践过程中，应从校园实践情况入手，依据教师职业岗位的实践需求和教师队伍的实践情况及各类人员的改变等特点，进行不一样层次的教学和培育，在训练内容上做到“缺什么提高什么，需要什么学习什么”，学以致用、学用联系。例如，对农村教师和城市教师培训的内容和形式就不应该“一刀切”，而是要根据各自的特点和面对主要的问题进行有针对性地选择和设计。在时间安排上，许多农村中小学教师在暑期有夏锄的任务，所以尽量在寒假多安排一些内容。

三、发挥导师制作用，推进高职教师职后培训

（一）导师制与双导师制

随着经济发展，社会对人才的需求逐渐转向专业能力较强的专业型人才，不但要具备科研能力与创新能力，还要有一定的实践能力。因此，既需要理论学习又需要实践体验，以此对专业型人才的培养提出了更高要求，进而推动双导师制引入高等教育领域，并得到重视与发展。

双导师制一般指的是高校校内导师与一线企业、医院、中小学等校外导师共同指导本科生或研究生。但在学术界和政策实践层面，对双导师制定义中导师数量的解读尚存争议。一种理解即是政策中规定的两位导师，另一种理解则认为双导师制不仅指数量上的两位导师，也可以依据具体情况和具体情况扩展形成数量不等的导师组负责制。例如，在英国巴斯高校教育学院，实习师范生的导师分为两组四位：一组是学科教学教师，包括巴斯高校的学科教学法导师和实习学校的学科指导教师，这两位导师共同负责实习生的学科教学工作；另一组是教育与专业学习教师，包括巴斯高校的教育与专业导师和实习学校的教育专业指导教师，这两种导师共同负责实习生的教育与专业学习课程。这两组四位导师彼此协作，共同对实习生负责。

也正因为对双导师制的理解不统一，才导致双导师制实施起来因地制宜、因校制宜，可谓百花齐放、百家争鸣。借鉴双导师制在不同专业领域、不同高校的具体做法，总结一套长效的实施机制，确保双导师制有效推行，这便是本书的研究目的。

（二）教师教育导师制的具体模式

双导师制最常用的模式是一名学生配两名导师：一名校内导师，负责指导学生的理论知识，又称“学术导师”或“专业导师”；一名校外导师，负责指导学生的教学实践，又称为“实践导师”或“职业导师”。尽管较多研究者已达成共识，职前教师培养应广泛吸纳和聘请中小学优秀骨干教师作为师资主体之一，但在政府、高校和小学“三位一体”协同培养小学教师的改革指导框架下，突出实践导向，改革实习实践教学的旧模式，对导师制甚至双导师制的具体模式进行细分与厘清，也是一项有意义的挑战。

高职教师教育导师制没有一个全球通用、全国一致的统一模式，各国、各省、各校也是因地制宜、因校制宜、因材施教。导师制的模式种类多样，并不是单一的，从不同视角可分为许多不同模式。

1. 单导师与双导师、三导师

根据导师数量多少，我们简单地可把导师制分为单导师制、双导师制与三导师制，甚至多导师制。传统的导师制是一对一的单导师制，由该领域中经验丰富的教师为师范生提供指导。教师教育领域的双导师制，一般指的是高校导师与中小学合作导师协同合作培养职前教师。除了高校导师、中小学合作导师之外，若再进一步将辅导员、班主任、中小学校长、各级教育行政部门的教研员及相关专家，甚至高校导师所在课题组内的博士研究生助研或助教等角色逐一纳入导师制，便形成了三导师以及多导师制的情境。

2. 全程一贯导师制与实习期导师制

根据导师指导活动集中在师范生培养的某一培养环节还是培养全过程，可分为实习期导师制和全程一贯导师制。教师教育领域传统的导师制一般指实习期等教育实践环节的指导活动，而随着卓越教师培养计划的全面实施，为贯彻政策要求，贯穿实习前、中、后全部培养环节的全过程导师制，越来越深入人心。

3. 一对一导师制、一对二导师制、同伴导师制与团体导师制

一对一导师制是传统的导师制模式，一位导师配一位师范生。随着导师制研究与实践的不断深入，导师身份和角色也不断发生变化，出现了较多导师制变式，比如一位导师带两位师范生的一对二导师制。师范生及其同学也能彼此互相指导、互相帮助的同伴导师制。多位导师指导多名师范生一起完成指导任务，或言之，一组导师指导一群师范生便构成一个指导团体。

4. 专家导师制与同伴导师制

传统的导师制一般是指由经验丰富、德艺双馨的专家承担导师角色和职责指导。但也有例外，导师制并不总是需要高超的技术专长才能成功。在许多情况下，导师的个人素质会产生很大的不同。成为一个好的倾听者至关重要，能够鼓励和创造机会来实现隐藏的天赋，并希望帮助人们发展和成功。此时，一个善于倾听并提供帮助的好同学通常也会被邀请成为导师，形成同伴导师制，甚至师范生彼此之间相互指导。详见本章同伴导师制部分。

5. 正式导师制与非正式导师制

根据是否有意设计导师制，可分为正式导师制与非正式导师制。非正式导师制可以被看作是一种自发地、非正式地、随机地建立起来的关系，没有任何计划、结构或管理。比如，基于特殊兴趣和共同目标，在专业和个人方面建立合作的师徒关系。导师和学徒之间的讨论往往超越专业问题，更倾向于分享当前的个人问题和兴趣。与之相反，正式导师制涉及一些正式的行政结构，以最大限度地发挥其干预力量，从而提高教育环境中的教学效果。一般正式导师制具有明确的设计意图、具体的时间表，会进行导师匹配或导师指导技能培训，来促进建立和维持富有成效的指导关系。比如，职前教师教育领域中常见的实习期导师制。

在每种模式中，导师指导、导师反馈以及师范生的反思性实践，对于学科教学技能训练都具有重要作用。值得注意的是，对导师制的这些二分法、三分法甚至多分法，有可能会使曾经连贯、连续的教师教育实践彼此脱节。但笔者认为，从知识生产的角度而言，这些对导师制模式的细分，在理论上对于深入理解导师制的概念仍是有益的。

第五章

合作反思：高职教师专业发展的优化路径

反思性实践在高职教师专业发展中被认为越来越重要，很多学者一致认为教师通过不断反思自己的教学经验，从经验中学习。教师在教学实习期间学会教学的各种授课活动，更多的就是通过反复探索、反复尝试、反复训练获得各种教学经验。在高职教师专业发展中，知识构建的一个重要渠道便是教师与教师之间一起合作，一起反思。本章就从实训基地构建、教学反思、教师发展共同体、科学研究与行动研究极大层面来探讨高职教师专业发展的优化路径。

第一节　积极构建教师实训基地

一、实训基地科学建设遵循的基本规律

实训基地建设承担着社会需求、企业需求、教育需求和政府的愿望等诉求，有自身发展的需求，因此，实训基地建设除了遵循自身的建设发展规律之外，还必须遵循教育规律、经济和人口发展的规律以及自身规律等不同规律。

（一）实训基地建设要遵循教育规律

实训基地说到底是培养人才的场所，因此实训基地的建设和使用必须遵循教育规律和职业教育的规律。所谓教育规律，是指教育现象同其他社会现象或教育现象内部各构成要素之间的固有矛盾，或彼此之间的内在联系。从总的规律层面看，教育规律包括了教育与生产力之间的相互关系、教育与社会经济制度之间的相互关系、教育与人口控制之间的相互关系、教育与社会文化之间的相互关系，教育与部门不同构成要素之间的关系等。

1. 实训基地建设应该遵循基本教育规律

所谓基本教育规律，是相对于职业教育规律而言的。[①] 我们讲的基本教育规律，指的是教育现象内部固有的关系，而实训基地建设必须遵循这些基本教育规律。

第一，实训基地遵循育人规律。教育是指按照一定的要求，有目的、有计划、有组织地向受教育者传授知识和技能、培养思想品德、发展智力和体力的活动。实训基地是为职业教育服务的，因此实训基地必须遵循育人规律，按照社会人才的需求来培养技能人才。

① 朱其训．实训基地科学建设论[M].徐州：中国矿业大学出版社，2011：25.

第二,实训基地遵循人的成长规律。实训基地多是为职业院校在校生培训服务的,职业院校在校生正处在成长阶段,这些学生有着年轻人的一切成长特征,因此,实训基地的建设和使用必须遵循人的成长规律,对受教育者加以引导,使之善化,使之不断发展。

第三,实训基地还必须遵循教育的升学规律。我们国家的人才使用有一个独特性,那就是“文凭论”,不少企业聘用员工时仍先看文凭。实训基地的教育还必须为学生获得某些文凭服务,这是一种社会对职业教育的制约。

2. 实训基地建设应该遵循职业教育规律

所谓职业教育规律,是指职业教育现象内部各构成要素之间及与一定时期社会经济发展之间的内在联系。[①] 遵循职业教育规律,就是遵循职业教育结构、功能和发展等规律。

第一,实训基地遵循职业教育的结构规律。所谓结构规律,是指揭示实训基地教育要素之间的关系及其组合形式、结构形式的关系。实训基地建设是政府主导、企业以及经济发展需求、职业院校使用的构成形式,这三种构成形式结合的目的就是为了完成职业培养的任务。实训基地的结构规律是较为独特的规律,是实训基地建设中必须遵循的重要规律。

第二,实训基地遵循职业教育的功能规律。“以就业为导向、以服务为宗旨”是职业教育培养人才的方针也是其功能规律。实训基地培养有技能的职业人,必须以职业需求和保证就业为导向,必须以服务经济发展为要求,“就业服务”是实训基地育人的主要功能。

第三,实训基地遵循职业教育的发展规律。职业教育实训基地的发展规律指描述实训基地从一种状态向另一种状态转变的规律,职业教育实训基地发展规律的核心问题是从纯教育的形式向工学结合、校企合作的方式发展。实训基地不仅仅只是为了培养学生的技能,而且是为了在培养学生技能中实现工学结合和校企合作,让学生学到以后工作中的真本领,并从实训中获得一定的经济收入。

① 朱其训．实训基地科学建设论[M].徐州：中国矿业大学出版社，2011：25.

（二）实训基地建设要遵循经济和人口发展的规律

经济的发展与人口是紧密相关的，我国实施的是计划生育政策，即人为地有计划地调节人口生产数量以提高人口素质，使人口的再生产与物质资料的再生产相适应，以保证劳动者充分就业。

1. 实训基地建设要注意遵循人口增长规律

人口增长有其自身的特点：人的生存必需消费各种物质资料，人口数量和质量如果有问题，没有速效的补救措施；人口的增长多是以家庭为单位进行的；人口的生存周期大大高于人口的生育周期；人口再生产有惯性；人口再生产在计划生育条件下有规律性。实训基地建设要注意人口增长的规律性，从而更好地为人们提供培训服务。

第一，实训基地建设为教育分流服务。中国作为发展中国家，把所有人口都培养成受过高等教育的理论研究工作者是不现实的，经济建设需要技能人才，教育必须实现科学分流，使高等教育与职业教育各在其位，培养不同层次的人才。而实训基地建设就是要为分流到职业教育的人口服务，使他们成为掌握技能的人才。

第二，实训基地建设为就业服务。就业因区域不同而有其自身的规律，实训基地建设要为区域人口的就业服务，让分流出来的人学到技能和本领，从而能够就业，能够体面地生存和生活。

第三，实训基地建设为提升人口素质服务。职业院校的学生多是中考、高考的落榜生（中职更为明显），他们普遍有灰暗的心理。要帮助他们从考试失败的阴影中走出来，培养成为社会所需要的技能人才，实训基地的教育形式功莫大焉。实训基地的教育和培训不仅要教会受训者技能，还要教会受训者做人。

2. 实训基地建设要遵循区域经济发展规律

经济发展有全局性规律，也有区域性规律。中国古话“一方水土养一方人家”和“靠山吃山，靠海吃海”讲的就是一种区域经济的特点。这些经济特点就可以形成区域经济发展的规律，成为实训教育必须遵循的规律。

第一，区域经济中主导产业的引导规律。区域经济的主导产业是区域经济发展的龙头,引领着区域经济的发展走向。职业教育的培训基地正是在主导产业导引下建立和发展的,并且为区域经济发展不断调整自己的专业方向。

第二,经济收入规律。由于发达和欠发达地区有所不同,所以经济收入直接或间接地影响着就业方向。“外来妹”一词就是描述人们向往经济收入较高的地区、向往经济较为发达地区的人口流动现象。实训基地既要为当地就业者培训服务,也要为外来就业者培训服务。

第三,风俗习惯规律。由于区域不同、民族各异,不同区域有不同的风俗习惯。实训基地的建设要注意不同区域的风俗习惯,以培养区域习惯用得上的技能人才。

(三)实训基地建设要遵循自身的规律

实训基地的建设使用和发展有其自身的规律,这些规律是实训基地得以发展的保障。实训基地的主建单位、主管单位必须熟悉这些规律,运用好这些规律,按规律办事,以保证实训基地科学发展。

1. 实训基地的学用统一规律

职业教育的工学结合、校企合作、顶岗实习等方式都是为了学用统一,为了让学生熟练地掌握一门技术。“学用统一”是实训基地培养人才的根本规律。

第一,工学结合的规律。工学结合也是近几年从实践中总结出来的一条可以遵循的并促进人才科学培养的规律及原则。工,就是工作;学,就是学习。工学结合就是在工作中学,在学习中操作,使工作学习结合在一起。这样做的好处,是使学生在学习中掌握工作需要的技能,在工作中又学到技能和操作技巧,并把技能理论用到实践中,同时还有部分收入,解决实践学习中的经济需求。

第二,用学一致的规律。用学一致源自“学用”结合。在实训基地学习,首先是把所学的知识和技能用到实际操作中,当然这种“用”也是一种学,但主要内容是用,是用所学的理论知识和传授的技能,操作完成一个项目或一个课题,“用学一致”也是职业院校实训基地培养人才的基本途径。

第三,校企一体的规律。在一般院校中只提校企合作,“校企一体”

作为校企合作的目标是2009年才提出来的。校企一体可以从三个层面来理解，首先是学校办工厂，前校后企，实现一体；其次是企业办校、校企一体；最后是实训基地企业化管理，使学校与实训基地融为一体。校企一体是一种方向和理想，真正全部实现校企一体仍需要相当长的时间，需要实践的检验。

2. 实训基地的技能培训规律

实训基地是面向社会、面向人人的教育场所，技能培训应是实训基地的“天职”。技能培训受企业发展和就训者喜好的制约，因此遵循企业需求和引导就训者实训方向成为实训基地的重要任务。

第一，技能为核心的培训规律。实训基地的培训是培养受训者技能的，技能第一，技能为中心应是实训基地教育的特色。无论是社会人员培训还是在校生的培训都应以培训技能为核心。国家大力推行学历证书及职业资格证书“双证书”制度实行“先培训、后就业”“先培训、后上岗”的规定，这都是按技能培训规律提出的要求。

第二，奇招绝技的发掘和延续规律。所谓奇招绝技，是指少数人掌握的不易被大多数人学习掌握的特别技能。这些奇招绝技是祖传或师承下来的，实训基地应该遵循技能发掘发展的原则，注意奇招绝技的传承和训练，总结出奇招绝技的延续规律。

第三，科学进行技能鉴定的规律。所谓技能鉴定，是指对受训者或社会掌握技能的人员进行技术能力考核的确定工作。技能鉴定是对受鉴定者一种技能的确认，对他们的再进步和就业有较大的帮助。技能鉴定具有考核性，对受技能鉴定者可以考核和确认；技能鉴定具有引导性，即可以对某项或多项技能进行推广或扩大影响；技能鉴定具有鼓励性，即对受鉴定者的某项技能予以认可认同并加以确认，从而鼓励受训者和其他人继续努力；技能鉴定具有规范性，即可以对技能培训方向和每个人的技能水平加以规范。

3. 实训基地的市场性规律

所谓市场性，是指实训基地应依据市场经济条件下经济发展的规律而设计和建设，并用市场化管理方式对实训基地加以规范和管理。市场是实训基地发展的导向，这个市场除了经济的大市场之外，还有受训者市场、企业市场、就业市场等。

第一,就业市场规律。就业市场规律指就业过程中技能人才与企业和受训者之间的内在联系。这种规律反映了企业的就业技能导向,受训人员的技能水平和悟性、实训基地的培养能力等关系。就业市场规律是实训基地内在的首要规律。对于受训者来讲,到实训基地学习就是为了学本事,找个饭碗。企业应该提前设立需求岗位,以使实训基地有的放矢地培养人才。

第二,改善民生的原则。所谓民生,是指百姓的生活、生存和生计。加强职业教育,搞好实训基地的技能培训,就是促进就业,就是解决民生。实训基地表面上是培养技能,实质是在解决就业这第一大民生问题。

第三,风险规律。所谓风险,是指实训基地的建设和使用时存在着“无米下锅”的危险,这种危险在公共实训基地表现得更为明显。假如没有人去基地实训,也就没有人去搞鉴定培训,那么,实训基地就不会有效益。因此,实训基地存在着不可用风险、不好用风险,不可维持的风险,这是实训基地科学发展中应该注意的。

二、实训基地的科学建设

所谓科学建设,是指对正在建设的实训基地要科学筹划,具有战略的眼光,跟上企业发展的需求和职业教育发展的实际情况来设置实训基地的专业(工种)方向;对于已经建好并已使用的实训基地要加强内涵建设,要科学管理,及时调整专业(工种)以及实训内容和方法,使之跟上经济发展方式转变和产业结构调整的要求,提升培训的质量和实用度。

(一)科学筹划,合理使用

科学筹划包括了建设和使用中的科学筹谋和规划。由于公共实训基地存在“开工”不足的事实,我们必须尽快找出原因,及时调整管理结构或专业设置结构,使实训基地正常运转。由于学校所有的实训基地多数还是“消耗型”的使用模式,必须尽快搞好企业化的管理,使学校的实训基地发挥更大的作用。

1. 科学管理

所谓科学管理，是指用合理、实际、先进的方式管理实训基地。实训基地是根据区域经济发展的要求，并力求满足受训者学习技能、实现就业的愿望而建设和管理的。

第一，专业（工种）设立要科学。对于公共实训基地来讲，它既要满足企业、学校的人才培养需求，又要满足社会培训和鉴定的需要，因此，要不要建、建什么样的实训基地是科学建设的第一步。在完成建设的第一步之后，对于设立什么样的专业（工种），设哪些专业（工种），以及人们对专业（工种）的需求要有科学的预测。专业（工种）培训之后要有科学的总结，总结之后还要进行科学的调整。实训基地的专业（工种）设置不是一成不变的，它要根据人们对专业（工种）的需求进行科学、及时的调整。公共实训基地要尽量按“综合”的方式建设和设置，以求尽量满足不同专业（工种）的需要。学校所有的实训基地，要根据自己所设的专业情况，设置自己实训所需求的专业（工种），并力求对社会开放。对于企业设置或校企合作设置的专业（工种），在满足该企业需求的同时，争取对其他学校和企业开放，追求专业（工种）设置效益的最大化。

第二，与区域经济结合要紧密。实训基地的建设和使用一定要紧密结合区域经济，紧密结合社会实情。紧密结合区域经济至少要做到三点。一是紧密结合区域经济的需求，满足区域经济对技能和技能人才的需求。二是紧密结合区域经济的调整。区域经济发展方式和产业结构调整急需新型技能人才，实训基地的培训要尽快满足这种调整之后的需求。三是紧密结合区域经济的未来走向。由于职业教育与企业发展有时并不同步，职业教育有一定的滞后性，因此，实训基地的领导者要具有前瞻性的眼光，跟上区域经济未来的发展走向，及时做好培养新型人才的准备和有目的地为未来培养人才。

第三，实训基地的管理要实现产业化。产业化管理公共实训基地是实训基地科学发展的必由之路。政府出资金建设实训基地，可以作为股份投入，实行股份制的企业管理方式，推动公共实训基地的科学运转。公共实训基地不能成为设备闲置基地，也不能成为新的国有资产“大锅饭”。实训基地产业化管理首先要确立服务与盈利统一的原则。实训基地既要服务受训者，服务企业，又要理直气壮地核算成本。实训基地产业化其次要坚持把实训基地建成企业的原则，这点对公共实训基地尤为重要。把实训基地建成一个企业,这个企业必然会按企业方式去经营,而不会按照事业单位去管理。实训基地产业化再次要坚持经营的原则。所谓经营,就是要按照企业的模式去“运转”实训基地。经营实训基地是学校所有实训基地的建设方向。

2. 科学使用

建设理想的、设备较为先进的实训基地只是完成了实训基地建设的第一步,关键在于如何使用实训基地,发挥实训基地应有的功能作用,使实训基地成为培训技能人才的基地。

第一,科学安排实训时间。作为公共实训基地,既要按企业管理的方式安排受训者实训,又要给学校以及社会受训者一定的实训时间,以保证受训者学到一门技能。科学安排时间,让实训基地有创收的时间,又让实训基地有公益训练的时间。作为学校的实训基地,首先要保证教学任务的完成,其次要保证学生有时间训练,最后还要考虑如何使实训基地成为企业的生产基地。

第二,科学安排实训内容。实训内容是根据课程计划安排的,有些课程是用课题或项目形式完成的,要根据实训基地的实际情况,安排好实训的具体内容。实训内容首先要按教学任务去完成。实训的教学内容是一个系统,具有时间长、周期长、反复练习的特点。实训内容要按实训目的进行安排。实训目的有方向性目的和具体的实训目的,实训内容要为完成实训目的而设计。实训内容要突出实训的重点以及难点。实训内容：一是,实训准备诸如机器设备的准备、实训材料的准备等；二是,实训人员的对号以及对实训人员的实训要求,诸如教学要求安全要求等；三是,实训老师的示范,实训指导老师要按规程、按计划、按要求进行示范；四是,个别受训者的实际操作,老师指导和纠正；五是,所有受训者的实际操作；六是,老师的实训总结。具体技能训练是十分细致的,以车工技能训练为例,必须按照车工训练的程序逐步推进。要了解车削的基本知识,进行车削实践,包括诸如车外圆柱面,车内圆柱面,车内外圆锥面,表面修饰和车成形面,螺纹加工,车片心工种,车削复杂工种,车床的调整及故障排除等。要做到前后有序,先易后难,环环相扣,逐步推进。

第三,科学安排运作模式。以程序化运作模式(也叫单元训练法)为例,实训教学可以分为八个阶段。

第一阶段：导向教学。导向教学包括实训准备、导向教育、布置任务和开始教学四项内容。实训准备要有明确的责任教师，教师必须依据教学大纲制订教学实训计划，按单元内容准备训练作业，落实好助理实训教师，落实好实训场地、设备、器材、各种工具、消耗材料、需用图纸、安全防护、卫生等准备工作；作为学生在老师的指导下作好心理准备，保持良好的身体状态，要预习相关实训专业（工种）的知识。导向教育要在实训课程开始前进行动员，讲清实训课的目标和要求，动员时要注意提出要求；做到有序实训、安全实训，规范教和学。布置任务指分组布置任务，要指定组长。小组一般不宜超过7人；每一个受训者都必须从指导教师那儿拿到一份实训计划和训练任务书（作业），训练任务书包括了当天单元训练任务，训练的具体内容、方法和步骤（工艺流程），所需的设备、材料、工具和图样，训练进度和时间安排，操作规范和要求以及评分标准等。开始教学指组织学生按时进入实训场地，清点人数，领用和清点设备、工具，导入新的训练课等。

第二阶段：讲解要领。讲解要领指的是指导教师要把当天或本单位（课题）实训的内容、步骤（工艺流程）向学生们讲解，对单元中的重点、难点环节和技术、技能方面的细节问题以及理论依据，必须讲明、讲清、讲透。要讲清哪些必须这样做，哪些必须那样做，为什么必须这样做，为什么必须那样做，必须注意哪些问题等。在讲解中，要讲明设备、仪器、工具、图样的基本知识和选择，讲明这些工具等的使用方法；在讲解中还应讲明训练的基本要求和标准规范，训练进度和消耗材料的限额；在讲解中还要讲明安全文明操作及操作规程，讲明可能发生的故障和防止的方法；在讲解中还要讲明认真的必要性和刻苦训练的作风及方法；在讲解中还要讲明自己理论指导实践的亲身体验。在讲解中要采取现代的教育技术和运用现代教学手段，以追求实训教学的讲解效果。

第三阶段：示范演练。示范演练是实训教学的第一步，也是实训教学中极为重要的一步，它是以“直接知觉”为主的直观教学方法。指导老师通过实训教学的示范演练，让受训者身临其境，通过示范获得难得的感性知识，加深对该门实训课基本技能的理解。从实训教学实践来看，如果在实训教学中，指导老师只动嘴，不动手操作示范，受训者一般很难理解和掌握操作要领。示范演练是一种实实在在地感知技能的方法，通过直观的示范演练，受训者增长了观察问题、分析问题、理论联系实际的能力，开启了模仿的第一步。示范演练是教育学生“应知”“应会”

的有机结合，从何入手，到如何深入，再到如何处理细节，真正引导受训者理论联系实际，知识融入技能，学会技能操作。指导老师作示范演练，嘴必须讲清，手必须准确无误、规范和熟练。在示范中必须对一些环节进行简明的讲解，即边演示，边讲解。讲解演示中，要讲清动作的特点和关键，对关键环节和容易出错之处应多次强调，反复演示，重点演练。

第四阶段：训练指导。训练和指导是实训过程的重中之重，是受训者在看过老师演示之后，由理论到实践，由听、看到理解和做的阶段，是以实际训练培养受训者从“应知”进入“应会”的关键阶段，也是培养学生技能技巧的最主要的教学方法。训练指导要求每一个受训者根据布置的作业和任务，按照操作步骤和工艺流程，一步步地操作，反复地训练，在反复训练中实现强化。要求实训者在学中练、练中学，使技能、技巧与老师传授的理论和知识、演示的示范效果有机地融为一体。在训练指导这一过程中，要注意发挥学生的积极主动精神，要把学生推到主导地位，形成以学生训练为中心，以能力为本位的教学训练过程。指导老师必须紧跟实训中的受训者，保持现场的巡回指导和及时的检查，检查的内容包括受训者的操作姿势、操作方法、操作规程、操作安全和实训的成果质量，及时帮助学生解决实训中的实际问题。当受训者遇到共性难题或共性有价值问题时，老师可以分析、归纳、总结，并让受训者参与以求找到解决办法，使有价值的问题得以升华。

第五阶段：考核评分。考核评分是指受训者在教师指导下，依照课程、项目、课题的训练步骤和规范，完成一天或一个单元的实训内容之后而进行的检查、评分。评分一般由受训者就自己操作训练或“课题”情况做出简要的陈述，再由指导教师按照实训标准检查审定，实事求是地写出对该受训者一个单元或一天的受训情况和完成结果情况，写出简评并给出成绩，把简评和成绩记在受训者的实训手册上。待整个实训内容全部完成之后，受训者是否达标，要由指导老师以及助理指导老师进行综合成绩评定或者按实训要求进行考试评定。综合成绩的评定一般以实训小组为单位进行。程序是受训者先就自己整体实训过程的情况作简要陈述，讲出难点和技能掌握的重点，由小组成员予以评分，评出每人的综合成绩，再由指导老师和助理指导老师就学生的实训态度、成果和对重点难点的理解，对实训情况给出综合实训成绩以及评语。考试成绩评定，可以采取工件制作、口试、笔试相结合的方法。记分一般按百分制计算：90 ~ 100 分为优秀，80 ~ 89 分为良好，70 ~ 79 分为中等，

60 ~ 69 分为及格,60 分以下为不合格(不及格)。

第六阶段:清理现场。清理现场指对训练的场地、设备仪器以及工具等在每天训练结束时进行整理、归位,摆放整齐,并打扫好卫生;对于实训者个人,做到衣帽整齐、关水、断电、关窗、锁门。清理现场环节中最为重要的是在实训工作结束后,对借来的工具、仪器要按时归还,对损坏的工具仪器要说明登记并作相关处理。指导老师要对水、电、门、窗等做最后的检查,防止有遗漏。

第七阶段:分析小结。一天实训结束要有分析和小结,一个单元完成后也要有分析和小结,一个课题完成后也必须有分析和小结。分析是一种回顾,查找成功和失败的不同原因,找出带有规律性的东西,对有价值的技能体验、操作中的不同体悟进行分析和研究,这能够为以后的实训提供借鉴。分析小结由受训者个人先进行,写出自己的收获以及体会,在小组会上发表自己的体会和看法,指导老师再作归纳总结,分析整个实训过程中的教、学、成果质量、问题、体会等。

第八阶段:结束训练。所谓结束训练,是指实训基地和相关实训单位对受训者从课题训练安排到结束之后的小结进行全面总结,对“项目”或“课题”教学的成绩和不足加以归纳,对受训者在受训过程中的反映和经验进行概括,对指导教师的工作进行评估,让实训有始有终,找出实训的不足,使实训教学与企业结合得更为紧密,为以后实训基地人才培养找出更为科学的道路。

第四,科学安排“大师工作室”。大师工作室是近几年让有特别专长的技能人才有一个工作和科研的环境而设置的,一般都安排在实训基地。作为公共实训基地,要尽量吸收技能名流来基地工作,以培养更多的绝活人才;作为学校实训基地,更要吸引有技能专长的人才到学校建立工作室,一方面让专长人才继续搞好绝活的技能研究,一方面可以带动部分学生学习专长,还有一方面可以激励同学的创业精神。

第五,科学安排各类技能大赛。近几年,技能大赛已成为技能人才展示技能的亮丽平台。从国家层面看,有教育部主办的技能大赛以及人力资源和社会保障部主办的技能大赛;从基层层面看,有学校和地级市主办的技能大赛;从行业层面看,有行业举办的技能大赛等。应该说,这些技能大赛对于促进受训者学技能起到了一定的推动作用,但对于推动企业技术进步的作用有多大,仍需要分析。由于教学、培训是有规律可循的教学环节,因此科学安排好技能大赛已成为实训基地的重要任务。安排各类技能大赛要注意设备等物资的可行性。所谓物质可行，是指实训基地的设备、大赛所需的物品，整个教学安排都要为大赛做好准备。安排各类技能大赛要注意人员的可行性。机械调试师、物资保障人员要到位，参赛的受训者要有参赛的意愿和技能准备。对于职业院校来讲，大赛的推动作用是明显的，投入也是很大的，因此，参加技能大赛人、财、物的安排都应体现科学的原则。

3. 校企结合

实训基地建设和使用必须注意校企结合。校企结合的核心在于实训基地用企业化管理的方式把实训基地办成产业化的基地，鼓励职业院校进行前校后厂的试验，强化实训基地的企业化管理。对于公共实训基地的建设，一定要注意使政府、行业、学校三方共同确定实训基地的建设方案，为共享共赢实现科学管理和科学建设打下基础。

第一，资源共享，成本分摊。资源共享指在设备、师资、技术等方面的共享，采用开放的实训方式，既对协作各方“开放”，也对其他职业院校、企业和社会人“开放”。当然这种“开放”需要一定的成本，可以对共享单位和个人收取适当费用，收费标准以实训基地使用成本计算。为了在共享中合理收费，必须严格各方面的管理，诸如严格教学管理、严格设备管理、严格工具管理、严格材料管理、严格受训者管理、严格财务管理，等等。一句话，用企业化管理的方式管理实训基地，使协作各方和协作者之外的各方也能获益。企业化管理方式的核心在于“经营”实训基地，实现成本核算，成本分摊、利益共享。

第二，企业主导。企业主导即以企业为主组织生产和实训的一种模式。企业主导以企业自办实训基地的形式，对合作院校的师生进行“职业”培训，也有学校提供场地和管理，企业或行业提供设备、师资和技术，以企业为主组织生产和学生实训的方式，还有企业通过公共实训基地对受训者进行培训的方式。企业主导的实训主要由企业亲自培训、订单式培训和企业设备投入的培训构成。从实训基地建设和管理的几种形式分析看，企业主导的实训方式应是最为理想的方式，因此，企业主导原则是最为科学的原则。

第三，前校后厂。前校后厂是近几年实训基地建设中新总结出来的建设模式。前校后厂一般要以区域经济产业链为框架，使“后厂”成为产业链中的一节链条，既直接参与区域经济建设，又为区域经济的发展培养技能人才。学校自建工厂，有利于学生直接参与生产性实训，有利于学校工厂的创收，有利于企业与学校的真实合作，有利于实训基地的科学建设。前校后厂还有利于设备生产化、环境真实化、管理企业化、教师技师化、学生员工化。

（二）科学训练，规范课程

职业教育不同于升学教育，职业教育的课堂正从传统的课堂中走出来，设在了工厂车间、服务场所和田间地头，尤其是设在了实训车间。实训车间已成为职业教育的主要“课堂”，必须注意科学训练、科学地规范课程。

1. 职业院校学生思维方式的科学认定

心理学认为人的思维方式主要有两种，一种是形象思维为主的思维方式，另一种是逻辑思维为主的思维方式。所谓形象思维，是指从普通教育系列分离出来，对逻辑思维较为迟钝，而对形象思维较为敏感的受教育个体的思维方式。这个思维方式是通过实践由感性阶段再到理性阶段，最终又返回实践的思维过程，符合职业教育学生对数、理、化以及外语等书面知识迟钝，但对动手知识喜好的特点。形象思维原意称艺术思维，是人们在艺术欣赏和艺术创作过程中所进行的主要的思维活动和思维方式，我们采用形象思维新的含义，为的是便于对职业教育学生思维特征的理解。在实际生活中，形象思维和逻辑思维不是对立的而是相互交叉和相辅相成的。职业院校的学生是以形象思维为主的学生；升入大学的学生是以逻辑思维为主的学生。实训基地建设和管理一定要注意学生的思维方式，注意学生特点，因材施教，从而达到培养技能人才的效果。

第一，鼓励和尊重受训者。实训基地培养的技能人才，多是因“应试”而“失败”的学生，在“应试”的压力下，出现了一些值得重视的心理偏向，诸如自卑心理、破坏性心理、玩世不恭心理等。要针对这些特征做好疏导工作，要给学生以鼓励、肯定、表扬、尊重、理解、激励等，在实际教育中通过技能培训，使受训者掌握一门甚至几门技能，从而形成自信、自立、自强、自爱的健康心理，成为受社会欢迎的有用人才。

第二，提倡一专多能。职业教育是一种就业教育，就业必须有一门拿手的技能，在掌握了一门拿手技能之后，还必须注意多项能力的培养，诸如会驾驶、会计算机、会专业（工种）方面的英语、会生活水电常识及维修、懂法律、懂管理等。一专，是必备的，是实训基地教育必须达到的；多能，是应该具有的，便于受训者在以后的工作生活中得心应手，活得更精彩。

第三，提倡创新创造。创新说到底也是创造。我们已经分析过，职业教育多是以形象思维为主的学生，这些学生善动手，实训基地要利用学生善动手的特点，鼓励他们创造。另外，在安排教学中，要注意安排创新的课程，创造学生创新的条件，使学生成为创新型技能人才。

2. 科学指导实训基地的建设和使用

科学指导有学校实训基地上级的指导，有同级职能部门的指导。实训基地建设尤其是公共实训基地的建设使用，相关部门必须科学指导。

第一，职能部门和实训基地上级部门的科学指导。从原劳动和社会保障部（2008 年改为人力资源和社会保障部）办公厅《关于开展高技能人才公共实训基地建设试点工作的指导意见》中我们可以看到政府的指导力度。统一规划和指导全国公共实训基地建设工作。公共实训基地原则上依托中心城市建设，可以集中建在一个地点，也可以根据本地区产业分布和培训资源分布特点进行布局。积极争取当地政府的重视，争取财政、发展改革等有关部门的支持，从高技能人才专项工作经费、城市教育费附加、企业职工教育统筹经费以及国家职业教育基础设施建设专项经费等资金中筹措公共实训基地建设资金。将公共实训基地的建设、运行和维护纳入地方财政预算管理，人员工资应争取由当地政府财政全额拨款。同时，积极探索就业再就业资金、失业保险基金在促进就业方面发挥更大的作用。并提出要"加强公共实训基地与企业的合作"。应该说，中央政府对公共实训基地建设的指导力度是很大的，有些规范是到位的。但地方政府的职能部门存在缺位现象。政府职能部门缺位，说明了指导的缺失，必须由上级职能部门规范以及实训基地的管理部门去积极争取。

第二，科学地争取指导。中国特色的实训基地建设，确定了实训基地管理部门必须主动争取指导，这对国外实训基地来讲是天方夜谭，而在国内却非常正常。那么多的驻京办事处，"跑部钱进"的潜规则都说明了争取指导的现实存在的必要性。实训基地的管理部门以及职业院校应主动争取上级相关职能部门的领导和引导。把被动接受领导转为主动寻求领导，关系到实训基地的科学、协调发展。主管实训基地的职能部门“手”中不仅掌握着实训基地建设的人、财、物，而且掌握着可以改变实训基地命运的“政策”。争取指导远远不是指导的问题，一位职业教育专家在一次报告中讲职业院校要做好“两手拉”和“两手抓”。所谓两手拉，是指一手拉政府，另一手拉市场。拉政府，争取领导，运用好这一特殊“资产”；拉市场，用市场方式管理实训基地，为市场培养人才，争取更大的效益。“两手抓”，一手抓实训基地的科学建设，一手抓实训基地的改革，抓建设、抓改革都离不开上级职能部门的指导和领导。

第三，灵活地运用上级指导等规划。“灵活”既指争取指导中的灵活，“跑部钱进”讲的就是灵活的规则；灵活也包括了实训基地使用和管理中的灵活。不少公共实训基地“开工”不足，有市场原因，也有灵活机动原则运用不够的原因。市场经济由市场调节便造成了某些专业（工种）的时兴时衰，有些新兴专业实训基地又缺少师资，因此，实训基地怎样设置专业（工种），怎样培训市场需求的技能人才等，需要实训基地运用灵活机动原则。同时，要在争取领导的指导中，用好、用足政策。用好、用足政策本身就是灵活机动原则的体现。

3. 科学规范实训课程

实训基地的课程规范不完全等同于职业院校的课程要求，也不完全等同于社会培训的要求。实训基地的课程规范必须遵循自身的规律和自身课程设置的原则，诸如理论够用的原则、设置综合课程的原则、理论与实践相融合的原则、重在技能的原则等。

第一，理论够用的原则。所谓理论够用，是指实训学习中，只对与实训相关的理论进行学习和掌握，其他基础理论以及某些专业理论已经在以往的学习中学习过，不再安排学习。理论够用指在实训过程中和掌握技能之后的工作中，所学的理论能够用得上，对掌握技能有帮助。不再重复设置一些对专业（工种）技能掌握没有任何帮助的基础文化理论，只设置对掌握技能有帮助的文化基础理论和相关的专业基础理论。理论够用是职业院校在多年教育实践中总结出来的经验原则，理论够用没有明文规定，是约定俗成的。

第二，设置综合课程的原则。综合课程实际上是技能培训课程，这种培训课程设置又应该以过关为原则。综合课程的设置要考虑到职业鉴定的考核要求，对受训者有针对性地训练，灵活地掌握受训者情况，保证受训者顺利通过等级考核。在等级考核结束之后，还必须带领受训者转入企业需求的学习，这种学习必须与企业沟通，实行岗位技能培训，让受训者在老师和师傅的带领和指导下，把所学的技能、知识与企业岗位需求结合起来，以达到用人部门对技能人才使用的要求。综合课程的后半部分设置是必需的，这在以往课程安排中不全面，有的培训部门（包括职业院校）认为技能鉴定合格拿到等级证书就是实训基地课程的结束，使受训者远没有达到用人单位的用人要求。

第三，理论与实践相融合的原则。所谓融合，是指理论与实践合成一体。理论与实践的融合是实训教学的最根本方法。理论与实践的融合除了理论与专业技能融合之外，还包括了理论与学习能力、工作能力、交往能力的融合。一是理论与专业技能的融合，这是实训教育的主要融合方面。专业技能指专业技术能力。受训者把所学的专业基础理论、技术操作理论运用到专业技能实训的实际操作中，按照理论规范的步骤、理论标明的操作要求、理论标明的技能操作效果以及理论标明的操作注意事项，按步骤进行实际操作。操作进入实施过程与理论描述和要求还是有区别的，这就要求受训者使理论与技能操作融合起来完成自己的操作课题。二是理论与受训者学习能力的融合。学习能力说到底是受训者选择学习方法的能力。受训者选择学习方法的能力来自理论的指导和对现实的总结，要使受训者对所学的专业信息进行收集，并让受训者对各种技能信息进行评价，再让受训者用理论与实践相结合的方法规划学习技能的计划和目的。三是理论与受训者工作能力相融合。这里的"工作"指在培训过程中做好和做完某项课程的过程以及获得预计的成果。要培养受训者独立完成"工作"的能力，培养受训者独立完成一项"工作"的组织能力，培养受训者在"工作"过程中学习和掌握新技术的能力。四是理论与受训者交往能力的融合。受训者交往能力指社会交往的能力。受训者的交往能力指在"工作"过程中与师父、同事、企业等人和物的交往水平。要在融合中提高技能应用水平，养成接受被否定的耐力，要在融合中提升协作水平，在融合的"工作"中学会坚持并维护自己的正确意见。

第四，重在技能的原则。温家宝指出：职业教育的"根本目的是让人学会技能和本领"。在实训基地建设中广大教师要深切明白这句话的深刻含义，并转变以往的教育方式和教育手段，转到保证让受训者学会技能方面来。坚持重在技能要有明确和稳固的专业(工种)思想。受训者要学什么样的技能,一般需要选择专业(工种),确定专业(工种)之后,才能够走出学习技能的第一步。重在技能要有先进的培训基础,要有场地、设备、原材料、师资等培训条件,以保证学习技能目标的实现。重在技能要有清晰的职业理念。实训是为了技能的掌握,掌握技能是为了寻找一个合适的职业,职业理念在选择专业(工种)时就应该明确。当然,重技能是说明技能在实训中的重要性,不是说一个受训者掌握了技能就完成了培训任务,其中还要有品德等做人的东西作保证,需要具有一定的市场意识、质量意识、安全意识、群体意识、环境意识、社会意识、经济意识、管理意识、创新意识、法律意识等。

三、实训基地建设对提升教师实践能力的影响

所谓教师的实践能力,即教师对实践能力和知识的掌握和了解,是教育技能的一项重要内容,能够将教师的综合素质与能力体现出来,也能够彰显高职教师在教育活动中的职业教育能力。在高等职业教育中,高职教师是进行教育的主体,因此教师需要具备超强的实践能力,这对于高职教育的开展非常重要。学校也应该采取多种方法提升教师的实践能力,其中实训基地建设就是非常有效的一项措施。

(一)高职院校青年教师专业实践能力存在的问题

在高职院校中,青年教师不仅仅承担教学的任务,还应该不断努力提升学生的专业技能,这就给高职教师提出了更高要求。但是,从我国目前教师队伍的综合素质与能力来说,未能达到高职教育改革的目标,一些年轻教师很少深入一线,缺乏教学经验,对所教授的课程掌握不扎实,未能够将企业的实际操作与课堂知识结合起来。在授课时,高职教师未能恰当地穿插企业经营的实际案例,使工作实践环节与课堂学习相脱离,高职教师主要源自高校毕业生,很少有来自企业的教师,从企业到学校兼职的教师数量很少,行业企业与高职院校之间还未建构紧密的联系,因此高职教师还很少积累企业管理与生产现场的一些经验,也很少得到职业岗位的最新技术。由于受到各种内外条件的限制,高职教师很少有机会深入一线企业开展实践,还不能独立胜任工程项目的开发工

作。高职教师队伍存在年龄结构、专职教师与兼职教师比例不合理、职称结构、专业结构不合理等层面的问题，使现有教师实践能力还未达到目标要求，青年教师普遍缺乏实践经验，因此成为制约我国高职教育健康发展的制约因素之一。

（二）实训基地引入高职的必要性

高等职业教育的存在和发展主要是因为它具有与其他类别教育不一样的目标和任务，高职教育的任务就是为社会培养有技术、实践能力强、适应性好的职业劳动者，如果想要高等职业教育的这一优势显现出来，首先要做的是强化实训基地建设，这是由实训基地的自身特点所决定的，它所特有的功能使得它在高等职业教育中具有战略性地位。

实训基地是实现高职教育目标完成的一大保障重镇，它使高职教育培养技能复合型、高素质紧缺人才的目标成为可能，通过校内外实训基地的许多训练内容，可以培养并强化高等院校青年教师的专业实践技能，从表面看来，实训基地为教师提供了一个良好的参加社会实践的平台，但是实际上，高专院校的校内教学计划和安排根本无法同工厂企业的生产规划合拍，教师在企业内接受实践训练，所做的不过是些辅助性的临时工作，实际工作内容基本上参与不进去。另外，涉及一些核心技术问题，企业不可能泄露，这毕竟关系到企业的切身利益，因此，实训基地的建设，应该是在高职院校内部，通过建设生产性的实训基地，有专业化的实训中心，独立的管理机构，通过工学结合的形式，实现对外服务和生产实习的共同目的。坚持“校内生产性实训基地要以专业水平和特色为基础，使青年教师的实践能力得到提升”的原则，结合专业特点和优势，在建设生产性实训基地的过程中，勇于创新，大胆探索，找出一条有利于提升青年教师专业实践能力的路子。

（三）实训基地提升青年教师能力的策略

1. 加强基地师资队伍建设，提高实训指导水平

实训基地若想发挥作用，关键在于有一个水平比较高的实践型教师团队，教师所具有的娴熟动手操作能力和丰富的教学实践经验，直接关

系到学生实践技能的提升和教师实训指导水平的提高，我们要强化实训基地的师资队伍建设，通过多种方式，坚持高技能与高学历并重，引进与培养相结合的原则，制定有实践能力和素质的专兼职相结合的专业教师团队建设规划。一是对专业教师开展不同内容和形式的实践技能培训，要求一切专业青年教师，一年中至少有两个月在企业实践和工作，深入了解本行业、本专业的国内外的新变化、新理论；真正地参与到企业的生产和技术改造中去，学习新技术，掌握新工艺，丰富实践经验，把生产技术切实掌握好，提升自己的实训指导水平和专业素质。二是从企业中选聘兼职教师，采取与企业合作的方式，将企业中的能工巧匠、有丰富实践经验的管理人员、技师、工程师吸引到学校，在接受一定的教学业务培训后，与学校课程及教学业务结合起来，开展实训教学。

2. 注重实训教材的编写，使基地教学更有成效

在培养实践型实训青年教师、建立实训基地同时，需要编写符合成人认知结构的、具有岗位实用性、针对性的教材，这需要实训教师深入到企业中，同企业的技术人员和管理人员一起，对照实训内容的目标和特点，参考职业岗位的要求，遵循高技能人才培养规律和特点进行编写；要制定并建立起与实训教学相符合的课程体系，研究并借鉴校外的实训课程，将国内外最新的工艺、技术和知识，在新的课程体系和教材中很好地呈现出来，使学生在专业技术的实训方面有所比较借鉴，使学生的工作技能和智力技能协调发展，进一步提升基地的育人成效。

3. 实际生产案例的实训练习，有助于激发教师的创新潜能

在实践活动的整个过程中，教师能够有机会了解到市场上企业对人才的最新要求，遵循职业性、实践性、应用性的原则，对教材内容、课程设置及教学计划进行及时调整，教师有了生产性实训基地的实践经验之后，把其中成功的案例应用到课堂教学中，那么教师便可以娴熟地在课堂上进行以案例教学为载体的新型教学，这将极大地推动课程改革步伐，推进高等职业学校实施课程改革的进程和力度。

4. 采取“引进来，走出去”的模式，对实训基地实行对外开放

采取“引进来，走出去”的模式，首先，鼓励并要求一部分青年教师在一定的时间段内脱离教学岗位，到企业、行业挂职，根据企业的实际

需求，有针对性地参加管理、服务和生产活动。与此同时，各系可以聘请企业内部优秀的技术人员做兼职教师，从生产一线走向教学一线，与自己专业相关的专家建立联系，并聘请他们担任名誉主任，对教学工作进行具体指导；其次，把学校现有的实验室打造成校内的职业技能培训与产学相结合的实验实训基地，使实践教学基地的功能多样化，对外进行技术服务和技术培训，对内供学生进行实践教学的训练；再者，加强与企业互利共赢的合作，在校外建立一批具有较强的培训能力、较高的管理水平，设施条件比较好的顶岗实习基地，将学校和企业这两个截然不同的教育资源和教育环境好好地利用起来，形成产与学二者相结合的人才培养机制；最后，在条件允许的情况下，将企业引入到学校，在校内建成实训基地，更好地将学校资源利用起来，使育人质量大大提高。

第二节　促进高职教师的教学反思

一、教师的反思性特征

正如许茨在《社会世界的意义建构》中认为，如果行动只是朝向行动对象，这是没有意义的行动。只有在反思中将行动所获得的知识转变为经验，行动才会变得有意义。反思性不仅仅是一种属性，而且还是行动的内容。反思不论是个人层面还是行动的模式化层面，都是对已经发生的事件进行检视的过程和结果。对于教师的专业能力，一般有两种认知倾向和争论。到底教师是作为“技术熟练者”还是“反思性实践者”的身份存在于教学专业活动中。对教师专业属性的明确定义以及相对应的专业角色的定位，对教师专业发展有重要意义。

教师专业发展一直是教学研究中的关注点，但是从相关的研究具体内容来看，研究的侧重点基本上都在探讨教师某种教学素养和能力的养成。教师的自我反思是教师作为专业教学人员所应该具备的一项重要能力。教师通过对从不同教学情境中所获得的经验进行反思，可以有效地促进教师的自我发展。有效的专业反思需要教师深入理解反思性教学的实际内涵，对于语言教师来说，反思应该是有一系列的批判性思维活动所构成的循环，并不断地通过反思来指导教学实践，这样有助于教师成为自身教学活动的评估者。与教师的反思性教学能力发展息息相关的，就涉及教师对于教学现场的实践经验的学习以及对各种资源的利用能力发展。行动学习是指教师在教学行动中通过对教学现场的理解并结合自身经验而进行决策的能力，与教师专业能力发展息息相关。行动学习作为教师现场式学习的一种有效途径，可以有效促进教师的多维专业能力发展，提高教师的批判性教学反思能力。教师的教学事件无论是其实际的教学决策还是反思能力，都与教师对于与教学相关的资源进行利用有关。教师与各种教学相关资源之间的关系，被很多研究者认为是一种互动式的关系方式，教师既利用已有资源进行教学，同时也是教学资源的创造者。这种互动式的教师与资源之间的联系方式对教师在教学实践中的能力发展，特别是教学设计能力有重要的影响。从概念表面上看，这种理念与吉登斯的结构化理论有了呼应，但似乎还是有将资源作为独立于教师之外的某种客观性的存在，并特别关注教师与这种客观资源之间的互动关系模式。也有研究者将教师自身作为资源来对教师与教学资源之间的关系进行深入理解，并在更加注重教师教学能动性的角度来对外语教师专业发展进行研究。随着作为重要的国际信息载体，已成为各个为非母语国家的教育战略重点。以自身为资源体现了教师注重自主专业意识、教学、科研、实践等方面的自主反思、自我规划、自我评估的专业发展模式。

对于沟通行动在教学活动中的作用，有学者认为交往行动有助于多元共生教学思维模式的形成，并促进新型教学方式。也有研究者认为权力的赋予有助于加强对教师个体层面的关注，有助于教师在教学行动中生成专业认同，形成专业共同体，促进教学行动和教师专业发展。

在教学活动中，行动者并非只有教师，但是教学活动中教师的主导作用及其教学权力决定了教师是教学行动中的行动者。以教师作为出发点来对教学行动及其相关要素之间的关系进行实证研究，并尝试理解教师的教学行动，对于教学研究有重要的实践意义。王乐（2002）通过课堂观察和课后采访的方式对 3 位外语教师的课后反思情况进行了调查。结果显示，目前外语教师的教育理论与行动理论之间还存在较大脱节，教育理论的掌握如果没有行动理论的支撑，则会大大影响教学效果。当然，该研究并不是一个规范的质性研究，其研究结果的有效性值得商榷,但是该研究为我们提供了一个从行动来对教学进行研究的视角。教师的教学行动引导学生的学习行动,进而形成互动。而教师作为行动主体所拥有的符号资源,以及作为行动者的利益偏向,目的理性行动都是教师教学权力的来源以及教学行动可利用的资源。从社会属性来看,课堂教学中的社会行为可分为控制与服从、对抗与磋商、竞争与合作三个大类。有效的教学行动策略对于教学活动的有效性起到重要的作用,虽然我国课程改革在教学上已经取得了一定的成就,但是教师的教学习性对于教学行动策略有着重要的影响,教学习性是教师在理解课改,并生成教学时间行动的内在依据。在我国教学改革的不断推进过程中,仅仅注重形式上的教学行动改革是远远不够的,要改变教师的已有教学习性,并使教师的教学主体自觉性不断发展,需要我们对教师的教学观念和价值观进行深入的研究和探索。

教育教学改革的成败关键在于教师的教育教学理念,因此教师的专业发展应该注重从教育教学理念的形成和发展的角度进行探讨。教师教学理念的形成,在很多研究者看来与其知识有一定关系,但是却和工作中的同事、同伴的影响关系更加密切。因此有研究者认为除了注重对教师自身的反思性教学能力以外,从教师团体的角度来对教师在与同事协作过程中的专业发展进行研究,也具有一定的实践意义。作为教师队伍中特点鲜明,规模庞大的群体,同伴互助更有利于这个教师群体间的协作与反思。由于多方面的原因,教师中女性教师的数量比例一直较高。女性教师数量较多虽然在教学工作中是一个较为普遍的现象。这个现象的形成原因较为复杂,因此我们更应该将研究关注点投入到对这一特殊群体在现实情境中的专业发展上,而不是仅仅去讨论其形成原因。女教师的多重社会角色需要我们对其职业生涯发展的影响因素进行进一步的人类学、社会心理学方面的探讨,有助于我们深入了解女教师群体的专业发展和职业规划特点,并对其职业处境投入人文关怀。女教师的多重社会角色决定其职业规划和个人应对在其专业发展中所产生的重要影响,客观公正的教师专业发展管理和政策制定有赖于对这部分群体的深入研究。除了教师群体中的性别因素外,教师专业发展方面的研究也对新手教师这一群体的研究投入了较多的关注。新手教师作为教学一线的新生力量,带着新时代的教学观、教学价值观等新观念进入到教师群体中,在很大程度上对大学教师的专业发展、提高教学质量、推进教学改革起着相对重要的影响。

二、高职教师进行教学反思的意义

高职教师进行教学反思，是以教学活动为对象，对教学中的教学方法、策略、手段、效果等进行全面审视、全面回顾和重新认识的过程。通过教学反思，高职教师能够产生新的更合理的教学方案与实践活动。

高职教学反思的本质在于实现理想与实践之间的对话，它是理想自我与现实自我进行沟通的桥梁。这里的“反思”是一种内省活动或者独处放松时自己的冥想，是需要高职教师认真努力进行的有目的、有系统的深刻批判与反省，与一般的反思有一定的区别。教学伴随着整个教学活动的始终，对整个教学活动进行监视，对自身的教学经验进行分析和总结。

高职教师对在校学生的影响主要为学术影响，教师在教学中表现出来的认真、严谨、实事求是的学术态度，能够在潜移默化中影响学生。因此，高职教师有必要加深自己的学术知识，提高自身的人格修养。学术知识更多地表现为理论的总结和专业知识修养，但教学要求高职教师具有将自己所知教给学生的教学能力。高职教师只有在经验中学习，培植反思意识，适时更新教学观念，发现、解决问题，打破陈规，才能逐渐使自己成长为一名优秀的老师。

另外，高职教师专业成长是一个持续不断的过程，高职教师要不断地观察、反思、自我审视，以促进自身的不断发展。实践表明，每位教师的教学都会不可避免地存在与教育教学目标错位的现象，教师通过认真思考教育问题，能够更好地完成教学目标。

随着高等教育的发展和教育改革的不断深入，教师经常会面对一些新的教育思想、手段与方法等“新事物”。这要求高职教师不断更新自己的知识结构，调整情感和意志，掌握反思、研究教学的能力，形成对教学工作有帮助的理论、新观念和思想等，给自己一次认识教学经历的机会，不断提高自身的教学水平。

三、高职教师教学反思的主要特点和内容

（一）高职教师教学反思的主要特点

高职教师的教学反思在目标上直接着眼于教学行为的改变，而不是为了获得某一知识。从根本上说，高职教学反思关注的是在实践中运用知识，形成教学反思能力，改善教学行为。

高职教师教学反思的内容，要实现陈述性知识与程序性知识、现有知识和探索出来的新知识、理论与实践的结合。同时，它不仅仅关注所倡导的理论，更重视理论的实施及行为的结果。

高职教师教学反思形成方式多为实践性的，需要在实践中不断地练习以形成较高的反思能力。对于高职教师来说，要重视对教学技能的反思和教学策略的反思，从而不断促进教学质量的提高。

（二）高职教师教学反思的主要内容

第一，对教学观念的反思。高职教师要提高教学水平，使教学更富针对性，需要进行系统理论学习，反思教学观念，促进教育观念的深层次更新与转变，以利于更好地教学。

第二，对教学设计的反思。在这一反思中，高职教师要检查自己的思路，及时调整自身存在的不适当观念和行为。教学设计要因人、因材施教，尊重学生，建立民主、和谐的师生关系，营造良好的学习环境等。

第三，对教学过程、自身教学行为的反思。高职教师进行的各项反思内容，最终都需要通过具体的教学过程来实现。因此，高职教师要重视对教学过程、行为的反思，找出其中的优缺点，以使教学获得更理性的改善，使整个教学过程有序地进行。

第四，对教学反馈的反思。这要求高职教师采取不同途径对教学活动中学生学习各方面的情况进行信息收集和反馈，在此基础上开展分析研究。

四、加强高职教师教学反思，促进其终身发展

高职教师的教学反思主要是其在教育教学过程中所遇到的难题和困难，这些难题可大可小，通过教师的自我反思能顺利解决这些难题，提高教学效率。教师作为教学反思的主体，反思的成效主要是由教师在教学反思中的积极性和主动性决定。其次，作为一名高职教师，其具有多学科的知识，因而进行教学反思的同时要注重不同学科间的相互联系，采用多种方式进行教学反思，如教师互相评价、组织专家学习、写教学日记等，提高高职教师的综合素质和专业能力。

此外，高职教师的自我反思很难做到深刻且全面，要加强同事之间的对话和交流，认真听取来自他人的意见，以便对自己所出现的问题有更全面、更深刻地了解，真正将教学反思作为提高专业发展的重要途径。教师在反思的过程中，不断更新自己的知识，结合最新的教育政策，加强学习各方面的知识，掌握多学科的知识，从而为全科教学打下坚实的知识基础。因此，作为教师自身要有主动进行教学反思的心向，这样才能加快其专业化发展的速度，提升其专业化发展的质量。

高职教师在进行教学反思的过程，也是一个贯彻终身学习理念的过程。教师作为知识的传授者，首先自己要有渊博的知识，而教师对掌握的知识有更高要求，即需要多门不同学科的知识，因此教师更需要通过不断学习，掌握更多的知识，只有这样才能承担得起全科教师的责任。当今社会的飞速发展，使得知识更新的速度不断加快，教师要与时俱进，紧跟知识更新的速度，通过各种形式，如参加网上学习等，不断扩充自己的知识体系，学会将新知识与课堂教学联系起来，提高学生参与课堂的积极性，在提高教学效率的同时，促进自身专业化的发展。

第三节　构建高职教师专业发展共同体

一、共同体与教师专业发展共同体

（一）共同体

“教师专业发展共同体”的内涵可以追溯到“共同体”理论。“共同体”是一个来自社会学领域的概念，一般表示生活在一个地区的有组织的社会群体或者拥有共同生活目标的人组织的社会群体。其概念最早由德国著名社会学家斐迪南·滕尼斯于 1887 年提出，指通过自然的方式建立起来的一种社会联系或者一种共同的生活方式，但这种联系或者生活方式往往是基于一定情感基础且具有排他性。斐迪南·滕尼斯认为，共同体应强调人与人之间的密切联系、共同的精神意识以及对“共同体”这种组织形式的归属感与认同感。随着“共同体”概念受到美国社会学领域的广泛关注，其逐渐被应用到教育领域。

（二）教师专业发展共同体

教师专业发展共同体是由一群愿景相同，信念一致，拥有共同目标和追求的教师、专家学者，在现代教育理念的指导下，以平等姿态参与组成的研究型、学习型组织。它不同于一般的行政管理架构，鼓励一种源于教师内部的相互学习、相互协作、相互支持、共同成长。依托名师工作室构建的教师专业发展共同体，由名师领衔，以工作室为共同体的载体，为成员提供了共同的平台、共同的愿景和共同的语境。在共同体内部，所有成员受到和谐良好文化氛围的感染，共同研究、共同实践、共同反思，相互交流、合作共享，为实现共同的教育目标、信念目标而努力。

二、高职教师专业发展共同体的构建策略

（一）基于名师工作室的高职教师专业发展共同体构建策略研究

2019 年出台的《国家职业教育改革实施方案》明确指出高职院校必须多措并举打造“双师型”教师队伍，到 2022 年“双师型”教师比例要达到专业课教师总数的一半以上。各职业院校要加强产教融合，探索组建高水平结构化教师教学创新团队，团队中教师根据各自特长分工协作进行模块化教学[①]。高职院校设立名师工作室，并基于名师工作室构建高职教师专业发展共同体，无疑是提升教师队伍整体素质、培养“双师型”教师队伍、打造结构化教学创新团队的有效方式。

1. 高职院校名师工作室

高职院校名师工作室是指在教育相关部门的组织指导下，用名师本人姓名及其所具备的教育教学特色命名挂牌并聘请名师担任领衔人，汇聚同一或相近专业的一线教师及行业企业的技术技能大师、能工巧匠、产业教授，主要围绕人才培养、教学改革、教师发展、校企合作、技能大赛等主题进行一系列产教研活动的研究型、学习型和实践型组织[②]。设立高职院校名师工作室，旨在以名师为“领头羊”，以认知情感为纽带，以合作共享为基础，搭建促进名师提升自我及中青年教师专业成长的平台，从而提高名师在本专业领域的影响力，提升中青年骨干教师的教学科研能力和社会服务能力，打造一支在高职教育领域内“拿得出、叫得响”的高水平结构化教学创新团队。

2. 基于名师工作室的高职教师专业发展共同体构建价值

（1）精进课堂教学能力，提升实践技能水平

近年来，高职教育作为我国首创的教育类型，其发展备受国家关注。

---

① 国务院．关于印发国家职业教育改革实施方案的通知[EB/OL].（2019-01-24）[2019-02-13].http：//www.gov.cn/zhengce/content/2019-02/13/content_5365341.html.

② 陈兆芳．名师工作室引领下高职教师发展共同体的构建[J].高等职业教育（天津职业大学学报），2016（1）：8-10.

国家出台了一系列鼓励性政策和指导性文件，促进高职院校更新办学理念，激励教师持续提升业务水平。高职院校的教师唯有不断夯实专业技能，才能拥有高屋建瓴的视野，最终成长为本领域的行家里手。在名师工作室，共同体成员在名师的引领下参加各类教学活动和社会服务活动，在活动中相互交流促进，分享资源经验。在个体中汇集群体的智慧，使得中青年骨干教师在教学能力和实践技能表现方面更加成熟，新手教师快速成长。在传统管理体制下，教师的集体备课及共同参与社会服务活动存在诸多限制，如学校、学科和专业的界限等，而高职名师工作室教师发展共同体则打破了这些界限，实现了跨学校、跨学科、跨专业的合作。无论是集体备课还是共同参与社会服务项目，共同体成员可以相互陪伴、相互扶持、共同进步，在教学研讨或社会服务活动中各抒己见、集思广益、博采众长，实现观点的碰撞、头脑的风暴，最终达到提升教学实践能力、培养高素质技术技能人才的目标。

（2）创新研修方式，增强教研实效

传统的高职教师研修方式多为"自我研修"，即通过自主学习、自主探究完成研修任务。这种"闭门造车"的研修方式不仅效率低下且效果不佳。而高职名师工作室教师发展共同体则创新了高职教师的研修方式，推动高职教师由"自我研修"走上"协同研修"之路，大大提高了教研的实效[①]。名师围绕"现代学徒制""'1+X'证书试点""课程思政改革""基于工作过程的课程开发"等职教热点问题主持教研课题，并带动共同体成员共同从事教学研究。共同体成员围绕课题在教学实践中探索并形成独特见解，在分享讨论环节交换意见，得出共同的研修成果，再将研修成果运用到教学实践中，最后根据实践情况再次完善。在这一过程中，经过共同体成员的共同努力，教研实效得到强化，也促进了共同体成员由经验型教师逐渐向研究型、专家型教师的转变。

（3）创设良好氛围，促成相互分享

在传统的学校组织形式下，高职教师之间往往缺乏交流，老教师即便拥有丰富的教学实践经验也难以发挥价值和余热，而刚刚走上工作岗位的新手教师则需要从头开始慢慢摸索、积累经验，从走上岗位到发挥价值又需要经历漫长的时间过程。作为研究型、学习型和实践型组织，

① 郭利军，朱行舟．基于名师工作室的教师专业发展共同体建构的实践研究[J]．决策探索（下），2020（1）：59-60.

名师工作室组织教师参与教研和社会服务活动，为教师提供了交流分享、互帮互助的平台，并营造了良好的教研和工作实践氛围。在教学和社会服务活动中，共同体成员难免遭遇各种问题，如果仅是单打独斗解决，需要耗费大量时间和精力，并且往往效果不佳。如果将这些问题拿出来供共同体成员一起探讨，集思广益，从不同角度提出不同的解决方案，则往往效果更佳。在互帮互助的文化氛围下，共同体成员专业知识共享、专业能力共进，形成了名师引领、相互交流、共同研究、打磨课堂、合作创新、展示辐射等多条工作路径，从而完成自我迭代与自我升级。

（4）调动主观能动性，提升教师身份认同感

高职名师工作室教师发展共同体是由一群具有共同理想信念、共同愿景的成员所组成，这使得名师工作室拥有共同的发展目标。在共同目标的基础上，共同体成员根据自身实际情况制定职业生涯规划，并朝着规划的目标和方向努力奋斗、砥砺前行。当共同体成员在集体目标的指引下，达成个人目标时，会情不自禁感受到鼓舞和激励，进一步提升教师身份的自我认同。此外，在高职名师工作室教师发展共同体中，教师找寻到拥有共同信念、共同使命、共同情感、共同价值观、共同语境的高职教育事业伙伴，内心情感有了倾诉和表达的对象，在与其他共同体成员交流分享、互帮互助、携手共进的过程中，可以感受到共同的成长与进步，进而提高了自信心、增强了在高职教育事业精耕细作的工作动力。

（5）有利于专业反思，促进异质发展

美国学者波斯纳提出的教师成长公式为“成长 = 经验 + 反思”。但是，如果教师仅是独立反思，就会出现反思出发点单一、反思内容局限、反思水平有限等问题，反而不利于教师的专业发展。高职名师工作室教师发展共同体定期组织的经验交流活动则可突破教师的思维定式，帮助教师站在多角度看待问题，打破个体反思可能陷入的困局，促进教师专业反思和专业成长。教师专业发展共同体不是一个由个体简单相加的集合，而是汇聚了个性化力量的群体力量。共同体成员到名师工作室学习实践，归根到底还是要培养自身独特的教学风格、精进的实践技能，名师工作室根据共同体成员的年龄、知识结构、教学水平、实践技能等方面差异，为其提供个性化的指导，帮助其突破专业发展瓶颈，促进其异质发展。

3. 基于名师工作室构建教师专业发展共同体的路径

（1）充分发挥名师引领作用

作为名师工作室的形象代言人及“领头羊”，名师是整个教师专业发展共同体的核心。高职院校名师拥有丰富的教学经验、独特的教学风格、精进的实践技能，因此高职名师工作室教师发展共同体应充分发挥名师的价值，给予共同体成员更为全面、深刻的指导①。首先，名师作为工作室共同体的引领者，其引领作用不仅体现在学术水平上，还应体现在高标准的师德修养上。为此，名师应在提高学术水平的同时，规范自身行为，发射其爱岗敬业、为人师表的个人魅力，为其他共同体成员树立榜样。其次，名师应成为其他共同体成员专业发展的助推器。一方面，借助自身的专业能力帮助共同体中其他成员提升专业水平；另一方面，分享自己的专业资源，支持其他成员开展教学活动及社会服务活动。最后，名师应将共同体成员紧密团结在一起，围绕共同的愿景形成强大向心力。当某个成员在教学或者社会服务活动中遭遇困难时，名师应及时动员共同体其他成员集思广益，从不同角度提出解决问题的方案，为其提供帮助。此外，名师作为工作室的主持人，学校及教育相关部门除了在前期选拔上要予以足够重视，在后期对名师的培训和支持上也要加大力度，可设立专项资金支持名师在国内外教学、行业组织担任要职，优先推荐出国（境）研修访学、参加国际交流，不断提高其影响力和知名度，还应建立名师培养跟踪、监督机制和阶段性的考核制度，进一步激活名师的业务水平和管理能力。

（2）产教融合构建结构化团队

借助名师工作室平台，高职教师专业发展共同体可以云集包括校内中青年骨干教师、行业企业技术技能大师、产业教授等在内的各类人才，构建产教融合的结构化团队。高职名师工作室教师发展共同体，通过加强校企合作、产教融合，促进成员共同制定专业人才培养方案，共同开发项目课程，共同编写活页式教材，共同指导学生创新创业活动，共同研制与开发新产品；行业、企业技术技能大师到校开设讲座，承担校内实践教学任务，传播和践行企业文化；校内名师和骨干教师为企业

① 薛媛．名师工作室引领下促进高职教师专业发展能力提升的策略研究[J]．继续教育，2017（6）：23-24．

员工开展业务培训，下企业挂职锻炼，积极参与企业技术攻关、咨询与服务，将企业实践成果转化为教学资源带进课堂。通过一系列校企合作、产教融合活动，培养提升高职名师工作室教师发展共同体成员的实践能力、创新能力和管理能力，促进共同体成员的专业成长。此外，通过高职名师工作室教师发展共同体平台，引导共同体成员积极投身职业技能赛场，自身或指导学生参加职业技能比赛，在比赛中体验职业技能的精髓和奥妙，收获成就和自信①。最终将高职名师工作室教师发展共同体打造为产教研合作的平台、校企合作的窗口，实现校企深度合作、互惠双赢。

（3）进一步完善工作室运行激励机制

高职名师工作室教师发展共同体不应是一个松散的组织，应有完善的运行管理制度对共同体成员提出具体明确的要求，使名师工作室的运行管理更加顺畅，以此提高共同体成员教研及社会服务活动的成效。高职教育的名师工作室应体现高职特色，因此在环境氛围的设计和日常管理方面，可参考企业的真实工作环境和运行管理模式。例如，有的名师工作室建有工作室运行管理与绩效考核系统，实施“工作室活动积分与奖励”制度。工作室安排专人负责管理，根据共同体成员的出勤情况、工作表现和工作业绩（包括参加教研活动次数、开设公开课的次数及效果、社会服务活动的时长和成效等），做好过程记录，按照工作室绩效考核体系进行量化考核。完善的工作室考核评价体系和有效的激励机制是共同体成员互帮互助、合作共享、促进自我成长的内在驱动力。高职名师工作室教师发展共同体以精进课堂教学能力、提升实践技能水平、促进专业发展为目标。对于新手教师而言，应从多维度考量其在参与名师工作室后的工作学习进步情况，并以完善的激励制度提升其自信心、满足感和成就感，驱策其实现可持续发展。

（4）着力打造和利用信息化教学资源

问渠哪得清如许？为有源头活水来。网络信息技术的飞速发展，使得知识的更迭速度变快，作为高职院校的教师必须持续学习和实践，不断吸收新知识、勤于思考、提高信息化教学素养，从而适应时代的需求。引入信息技术，利用当前互联网上的各类优质教学资源，开展线上交流

① 李建红．开放、协同、创新：职教名师工作室共同体的构建[J].江苏教育研究，2016（18）：38-41.

和培养，将是名师工作室教师专业发展共同体未来建设的趋势及亮点。一是利用信息化教学平台，线上推出名师课堂，示范、辐射教育教学成果，引领共同体成员快速成长。以名师为主创建名师线上课堂，打造精品课堂、特色微课，通过线上课堂展现“名师的风采”“名师的教学”“名师的代表作”等资源，同时，利用线上课堂开展网络教研和资源开发等活动。二是利用“一直播”等直播平台开设线上公开课。每一位工作室共同体成员每学期至少开设一堂线上公开课，通过教学直播，更好地掌握线上教学的规律和特点，提高线上教学的能力，提升线上教学的成效。其他共同体成员通过观摩，取长补短、开阔思路，同时在后台留言、评价，增强参与互动。三是开设名师公众号。通过公众号平台，推送各类教研及社会服务活动的心得、体会及反思，促进线上线下交流、学习、讨论。此外，QQ、微博、手机 App 等都可作为高职名师工作室教师发展共同体线上资源建设与共享的平台途径。

（5）充分民主协商实现平等交流

民主既是一种社会状态，又是一种治理要求，是建立在相互协商的基础上，它主张每一个成员都有权发表意见与看法。高职名师工作室教师专业发展共同体作为基于共同愿景而成立的组织，也需要做到民主。根据治理理论，各个治理主体是否能够做到协同合作，是否能够做到高效治理，关键在于各主体的参与程度。不同于传统治理体系的一元治理结构，高职名师工作室教师发展共同体倡导“多元治理主体”，在开展教研及社会服务活动或制定决策时，各共同体成员均有权参与其中并发表观点。面对目前高职名师工作室教师发展共同体民主参与缺乏的问题，有必要建立民主协商机制，具体来说要做到以下几点：一是要建立完善的对话协商机制，要给予每一个成员表达意见的机会，要通过意见的碰撞、妥协、融合而达到统一，比如制定工作室运行管理制度要广泛征求共同体成员的意见和建议；二是要建立透明公开的信息披露机制，高职名师工作室教师发展共同体在决策时要做到开诚布公，要通过畅通的信息渠道，满足各成员的信息知情权，同时要公开决策从制定到确定的全过程；三是要强化共同体成员民主参与的意识，杜绝“搭便车”现象，要通过鼓励成员参与决策、激励成员彼此沟通、加强自身能力建设等方式，不断调动共同体成员参与的积极性，提高民主参与质量。

（二）高职教育教师实践共同体的构建价值与路径策略

1. 教师实践共同体的内涵

“共同体”一词由德国著名社会学家滕尼斯最先提出并得到广泛认可，是指基于自然情感所形成的一种命运与共、紧密相连的社会关系，强调人与人之间的团结与紧密。“共同体”是建立在共同意志之下，在共同愿景的驱使下，基于归属感和认同感而形成的一种团体组织。“共同体”成员有着趋同的价值观、相同的愿景和一致的组织目标。[①]

目前学术界较为公认的“实践共同体”概念是由著名人类学家莱芙和温格在《情境学习：合法的边缘性参与》一书中提出，并对“实践共同体”的内涵特征从三个层面进行了阐释：其一，共同体建立在双方互动和共同参与的基础之上；其二，共同体成员在相同意志或共同理解下，协同开展实践活动；其三，共同体成员对实践活动的共同理解是在不断协商、讨论、切磋和磨合的过程中形成。归结说来，“实践共同体”是共同体成员基于共同的理解，围绕特定的主题实践活动而形成的统一整体，该整体在长期的实践活动中形成了特有的共享性资源，促进了共同体成员的共同提升和发展。[②]值得注意的是，实践共同体中的“实践”脱离了一般意义，强调成员间的互动和参与。

从上述“实践共同体”的概念，我们可以进一步引申“教师实践共同体”的内涵，即教师就特定的主题实践活动而构成的统一整体，其通过不断的学习、交流、合作和协商，达到积累经验、提升专业水平的目的。教师实践共同体以深厚的教师情结为纽带，建立起教师间的紧密联系；以教书育人的责任感为依托，促进教师间的交流互动；以培养高素质技术技能人才、实现自身价值为共同愿景，促进教师专业水平的提升。综上所述，职业认同感、育人责任感、自我实现需要、专业技能提升是影响教师实践共同体构建的核心要素。“实践共同体”所强调的“双向互动”在职业教育中表现更为明显，比如为解决实践教学问题，促进校企人员

① 李兴洲，王丽．职业教育教师实践共同体建设研究[J]．教师教育研究，2016（1）：16-20.

② 石娟．基于教师专业发展的实践共同体建构[J]．宝鸡文理学院学报（社会科学版），2017（3）：109-113.

之间的双向流动、两栖发展。

2. 教师实践共同体构建要素

教师实践共同体的存在形式多种多样,既可以存在于线下现实空间中,又可以存在于线上虚拟网络空间中；组织结构也有大有小,既可以是几个志趣相投的教师围绕某个特定主题自发组织形成,也可以是在更广泛的领域范围内有更多教师参与构建而成。当然,由若干个教师组织参与某项实践任务的行为并不等同于构建了教师实践共同体。政策支持保障、参与者合法身份、边缘性参与平台、共同的事业、合作文化氛围、丰富的技艺库资源等是影响教师实践共同体构建的核心要素。由若干教师自发形成的组织,只有具备了上述要素,才能被视为真正意义上的教师实践共同体。

(1)政策支持保障

教师实践共同体建立在教师共同意愿下,以教师自主参与为基础,与教研组、课题组等其他团体组织存在本质上的区别。实践共同体虽然有着一致的诉求与愿景,但整体结构较为松散,是建立在教师自主学习、自主参与以及情感联系基础上的一种自发性教师学习形态。因此,要让教师实践共同体切实发挥作用,政府教育部门、学校均应予以高度重视、积极支持,为教师自发学习、专业发展创造良好的氛围。首先,政府教育部门要从政策上予以支持,鼓励学校为教师提供学习场所,引导学校形成教师参与实践共同体学习的氛围；其次,学校要从制度上予以保障,要为教师参与实践共同体的学习提供充足的人力、物力等资源支持,激发教师参与实践活动、提升自我发展的内生动力和积极性。

(2)参与者合法身份

所谓“合法”,是指个体在共同体中的身份得到认可,参与者只有获得合法身份,找到组织归属,才能获得象征自己身份的资源和关系等要素,更好更快地在共同体中学习成长。而“不合法”则意味着不被允许接触实践的资源,始终处于被剥夺权利的位置。综上而言,“合法身份”是新教师进入实践共同体的“敲门砖”,是共同体得以延续的前提,它既包括吸引更多新教师的可能性,也包括从新教师到专家教师的过程性和可能性。也就是说,在合法身份的加持下,新教师的边缘性才能被打破,从而促进教师不断地从边缘走向中心,实现自我专业的成长与发展。新教师在参与主题实践任务的过程中,通过扮演学习者、交流者等角色，不断积累经验、丰富学识，最终实现自我发展，获得共同体成员的胜任力。

（3）边缘性参与平台

教师实践共同体的形成与发展离不开真实的教学工作情境，只有当教师围绕现实问题，相互介入、相互支持，承认彼此均是活动的参与者，他们之间才真正构建起紧密的联系，才真正形成了一个组织。换言之，教师实践共同体应为广大新教师搭建边缘性参与平台，让其逐步介入到共同体的实践活动中，不断提高其作为共同体成员的胜任力。在实践中，如果仅是把新教师安排在简单的重复性岗位上，或是人为限定新教师的活动范围，则会阻碍新教师实质性地介入教师实践活动。因此，在吸引新教师加入实践共同体时，必须为他们搭建公开、透明的边缘性参与平台，提供接触专家教师和实质参与实践活动的机会，打开从边缘走向中心的通道，从而完成自身知识的增长和共同体中身份的重构。

（4）共同的事业

教师实践共同体不是学校组织机构的一部分，因此不具有行政组织意义，但它却在教师之间塑造起一种真正意义上的相互信赖、相互支持的关系，将教师聚集在一起，为了共同目标而努力。教师实践共同体不是由外部的指令聚集而成的组织，而是基于内部成员共同的愿景和目标形成的。某种程度上，教师实践共同体本质上是一个“自组织系统”，追求共同的事业作为其内部动机对共同体的形成和发展产生了核心动力。实践共同体成员对于不同的事物或实践活动会有差异化的反应，而共同事业则是他们差异协商、达成共识的基础。共同体成员在长期的实践活动中，经历了反复的协商与认同，巩固了他们对共同事业的理解，正是这一“共同的事业”成为他们“默会”的追求，将他们牢牢地凝聚在一起。

（5）合作文化氛围

学校是教师生活与发展的场所，也应是教师相互交流、相互学习、相互扶持、信息共享的场所。然而，在传统教育模式中，学校未能有效发挥实践共同体的作用，形成良好的校园合作文化氛围，多数情况下，教师都是凭借一己之力完成实践任务，这极大地限制了教师的专业发展。因此，在教师实践共同体构建中，合作氛围的形成至关重要，教师一旦打破原有的禁锢，以开放包容之心态与其他教师建立起密切的联系，不但可以改变原有故步自封、相互隔阂的文化氛围，还能加深教师的职业归属感、荣誉感[①]。只有在良好的合作氛围下，教师才能积极沟通、主动合作，由单兵作战变为团队作战，依靠集体组织的力量去解决教学实践中的问题，不仅自身获得专业发展，也可为学生提供更加优质的教育资源。

（6）丰富的技艺库资源

教师在明确共同事业、形成特定关系后，在不断地实践交流中创建了结构性资源，即共享技艺库资源，它既包括教学内容、教学方法、教学改革理念、教学实践方法、课题研究等显性资源，也包括做事方式、行为风格等隐性资源。这些资源既是教师实践共同体成长的基础，也是影响教师实践共同体构建的重要因素，它不但方便了共同体成员的分享与使用，也为共同体成员后续开展合作性实践活动提供服务。庞大的技艺库资源建立在共同体形成的轨迹上，具有连续性的特征，因此，它的创建始终处于补充、更新与完善的动态过程中。技艺库随着共同体成员知识、技能和经验的增长而不断丰富壮大，按照特定的流程，采用特定的方法，存储共同体成员所提供的优质资源，为共同体成员的共同发展服务。

3. 教师实践共同体构建的动力机制

"机制"一词最早源于希腊文 mechane，原意是机器的构造和动作原理，在《辞海》中借指事物的内在工作方式，包括有关组成部分的相互关系以及各种变化的相互联系。后来，"机制"的适用范围不断扩大，被广泛应用于管理学、教育学等领域。教师实践共同体的动力机制是促进教师专业发展，建立更加密切的共同体关系不可或缺的因素。从本质上讲，教师实践共同体的动力机制，旨在引导教师形成一种内在的、自发的凝聚力，生成一种内在的动力，从而促进内部要素自我调整、自我协商、自我统一，推动教师实践共同体从无序走向有序，从不稳定状态转变为稳定状态，从非平衡走向平衡。

（1）保持边缘与核心的张力

边缘性是共同体成员身份的起始位置，"合法的边缘性参与"既为新教师打开了从边缘走向中心的通道，又为新教师提供了深度参与的可

① 宋萍萍．教师实践共同体研究的争议与反思 [J]. 教育科学，2019（2）：34-39.

能性。在初始阶段，新教师处于教师实践共同体的边缘地带，通过参与活动，实现知识的增长和经验的积累。随着新教师不断地向前辈教师和专家学者学习请教，持续参与实践活动，他们逐步从边缘地带介入到中心区域，其发表的看法和见解也不断地被他人采纳。合法的边缘性参与使学习者沿着成熟的经验者的轨迹学习实践，逐步实现由新教师到专家教师的身份蜕变，并在实践共同体中扮演更为重要的角色，承担更为重要的使命。总之，教师实践共同体应保持边缘与核心之间的张力，这也是新教师保持积极性和良好心态，实现共同体持续发展的根本动力。

（2）保持连续与更替的张力

在教师实践共同体形成与发展的过程中，“连续性—更替性”既是一对矛盾的关系，也是一种张力。对某类问题感兴趣的教师在合法身份的加持下，介入到特定的实践活动中，成为教师实践共同体中的一员。在该共同体中，新教师不断汲取经验，学习模仿前辈教师、专家学者的实践行为，从而形成了一种连续与更替的张力，即共同体内部的知识结构在新教师的不断学习与成长中实现了接续与继承，同时让新教师肩负起知识和技能代代相传的使命，这也是教师实践共同体可持续发展的具体体现。就本质而言，教师实践共同体是一个开放性的组织，它鼓励成员间的交流沟通，鼓励知识的传递和更替。在特定的主题实践活动中，新教师通过持续的学习、观察、反思和实践获得专业成长，在此过程中，新教师的能力不断向前辈教师靠拢甚至超越前辈教师，由此完成新老人员的交替，实现共同体文化的接续与传承。教师实践共同体中连续性和更替性之间的张力既是共同体存在的根本，也是共同体再生产、再变革的动力。

（3）保持引领和平等的张力

教师实践共同体建设初期，不仅需要专家教授等核心人物的引领示范，而且对核心人物还有较高的要求。核心人物不仅要在教育教学方面有较高的造诣，社会服务、实践技能等方面有较强的能力和素养，还要具备令他人信服的人格魅力。在教师实践共同体构建初期，若是没有核心人物的引领，共同体内部成员很难形成共同的目标和愿景，进而形成团队凝聚力。而在教师实践共同体建设和发展的中后期，成员间平等的身份成为保障促进教师实践共同体可持续发展的重要动力。只有共同体成员身份平等了，才能做到相互尊重、相互信任、平等交流和共享实践，因此，教师实践共同体的建设发展需要把握好核心人物引领和成员身份平等之间的张力。在教师实践共同体建设初期，要重视发挥核心人物的引领作用，为共同体有效融合打下坚实的基础，而在建设发展的中后期，要更加注重成员间身份平等，实行分布式领导，充分发挥共同体成员之间的交互影响力，让成员间的实践活动始终处于交叉相汇的状态，实现知识、技能和经验的传递、分享、创生和转化①。

（4）保持认同与协商的张力

教师实践共同体追求的共同事业与目标是建立在共同体内部成员相同或相近志趣的基础上，通过彼此间的交流、协商、探讨、妥协所形成的内部一致认同的追求。在教师实践共同体中，由于各成员的经验、知识体系、年龄、兴趣爱好等存在较大差异，这可能导致各成员就某一主题存在争议甚至是相悖的观点，并且随着共同体成员关系的不断加深，实践活动介入程度的不断深入，冲突和异议逐步成为一种常态。对于这种冲突与异议，共同体需要建立起一种平衡机制，通过协商等方式解决问题，实现多元利益相关者之间的利益均衡。从本质上讲，这种平衡机制就是对实践活动情境性认同与协商之间的张力。其中，认同是指实践共同体成员的同质性特征，是实现知识相互传递和共享的前提，协商则是指实践共同体成员通过磨合减少异质性所带来的负面影响，并最终趋于一致的过程。教师实践共同体作为一种解决实际教学问题的组织形态，"和谐"与"一致"是共同体构建的要素，但却并非唯一要素。在某种程度上，"和谐统一"在促使成员形成共同追求的同时，也会导致共同体故步自封、止步不前。相反，虽然"异议"和"冲突"可能会带来一定的负面作用，但也可为共同体注入新的活力和资源，促进共同体成员知识体系的丰富和经验的增长，激发共同体成员的创造力，从而引导共同体的延续与发展②。

（5）保持同化与创新的张力

新成员进入到实践共同体时，为了获得"合法身份"，往往会让自我认知与共同体认知趋于一致，以此获得老成员对其身份的认同。而且，只有新成员把共同体的制度与规范内化到自我的认知体系之中，才能获得"合法的边缘性参与"途径，才能够从"边缘地位"走向"中心地位"

① 韩秀梅．中小学教研组作为专业学习共同体在建设和发展中应把握好六对张力[J]. 西藏教育，2018（11）：16-18.

② 周煦．合法的边缘性参与：新任教师专业发展的重要路径[J]. 牡丹江教育学院学报，2011（5）：78-79.

的可能性，最终成为教师实践共同体的核心成员。因此，当新成员介入到实践共同体的主题活动时，难免会屈服于共同体的规则和认知，顺应共同体的情境。但是同化并非教师实践共同体构建发展的唯一旋律，它还包括创新的旋律。一方面，新成员通过同化获得身份的认同，达到个体文化在共同体文化中的适应；另一方面，新成员通过自我主观能动性的发挥，积极创造共同体文化或是为共同体提供异质性元素。随着在共同体中合法身份和核心地位的获得，新成员利用自我的创新引导共同体变革发展，也即是说，新成员在共同体中并非只表现为同化、顺从与适应，他们也能够发挥个体力量，为共同体的创新实践作出贡献。比如，教师可以利用不同于其他成员的专长和知识结构，引导其他成员反思、学习，从而实现共同体的创新与变革。此外，教师在参与共同体实践活动时，也可以根据自我参与方式的调整巩固与其他成员之间的信赖关系，并基于这种根深蒂固的关系策略性地引导其他成员接受新观点或新理念，由此实现共同体的创新发展。

4. 构建高职教育教师实践共同体的价值

（1）有利于高职教师专业成长

高职教育的本质特征决定了高职院校的专业教师要上得了课堂、下得了车间，既能讲理论、又能做产品，唯有这样才能更好地完成教学工作，丰富学生的知识体系，培养学生的专业技能。在高职教育教师实践共同体中，由前辈教师、专家学者对新手教师的专业发展提出意见和建议，青年教师通过与其他成员的思想碰撞，与专家学者探讨实践技能培养、教育教学方法改革，逐步提升实践智慧。经由实践共同体的锻炼和打磨，新手教师分析解决教学问题的能力不断提升，最终实现“初级教师—高级教师”“初级学习者—专家学习者”的角色升级。[①]

（2）有利于高职教师合作文化培育

教师合作文化是以促进教师建立紧密合作关系和解决实际教学问题为目标而建立的平等互助、合作交流的文化形式。高职教师实践共同体追求共同的事业，拥有共同的愿景，它打破了传统教师间的隔阂，为教师合作文化培育提供了有利条件。反之，在合作文化的指引下，教师

① 王玮．教师实践共同体：地方应用型高水平大学建设下教师专业发展的有效途径[J]. 产业与科技论坛，2019（6）：235-237.

实践共同体特定的实践活动得以有序开展，共同体成员根据自身需要转化角色，并与其他成员交流学习心得、共享实践成果、实现异质互补。通过构建高职教师实践共同体，增进了教师间的联系，面对实践教学和科技研发等工作中遇到的困难和瓶颈，高职教师不再是单兵作战，而是团队合作，促进了教师合作文化的形成。

（3）有利于高职教师教学实践反思

自我反思是教师不断修正自我观念、累积经验、学习成长的必经之路。在高职教育教师实践共同体中，教师在学习情境中感知与体验，通过与他人的交流，反思和重构自我认知体系，最终将经验升华为理论，将理论运用于实践。[①] 总之，实践反思是高职教师专业发展和自我成长的核心要素，是经验向理论升华的过程，这一过程促进了共同体成员不断完善知识结构体系，锤炼专业教学能力。

（4）有利于激发高职教师的情感归属

共同体成员对"共同的事业"具有深厚的情结和强烈的责任心，并且在其他成员的情感支持下，获得对自我身份的认同和对教师职业的自信，这有利于其更好地开展教学活动，获得成长动力。在互联网背景下，实践共同体的主题活动已不再局限于线下，而是线上线下一体化，高职教师既是个体接受者，又是实践共同体中教育经验的分享者、合作者，还是良好氛围的构建者、维护者。这种新角色有利于激发高职教师的情感归属，不断提高自我学习、自我成长的主动性和积极性。

5. 构建高职教育教师实践共同体的路径策略

（1）打造相互介入的平台

现代职业教育讲究教师分工协作、进行模块化教学，相互介入可为共同体成员实现真正意义上的协同成长提供载体。相互介入不仅包括行动上的参与，还包括关系上的介入，高职教师应在持续实践活动中与其他教师建立紧密稳定的联系，在良好的成员关系中，解决实际教学问题，分享先进教学经验。实践共同体成员应打破故步自封的姿态，积极与其他教师交流合作，青年教师应主动向前辈教师、专家学者请教，通过座谈、论坛等途径交流经验、交换心得。只有打造相互介入的平台，

① 詹宇河．高职院校教师教学实践共同体的构建[J]．肇庆学院学报，2016(4)：93-96.

营造相互介入的学习氛围，专任教师才能在实践共同体中更好地提升技能，兼职教师才能更好地提升教学能力。

（2）培养共同事业的意识

在实践共同体中，只有确定了共同事业的意识，教师才能达成趋同的价值观和一致的愿景。值得强调的是，共同事业意识的确定要以适应教育改革为前提和基础。青年教师应从专家学者那里承袭教师的职业目标，加深对教师职业的身份认同。高职教师只有对教师职业、对高职教育改革产生高度认同后，才能借助实践共同体平台拥有共同事业的意识，为共同的目标而努力，在此过程中，应妥善处理好个人发展与集体发展的关系，要善用协商等手段化解实践交流中产生的矛盾，化解个体与集体间的利益冲突。

（3）搭建共享的技艺库

高职教师实践共同体成员在相互介入中朝着共同的事业努力，并在长期实践中形成共享型技艺库，包括教学内容教学方法、教学改革理念、教学课件、课题研究、行业规范、企业标准等诸多资源，对实践共同体教师的教学实践、后续成长具有重要意义。通过搭建共享的技艺库，实践共同体成员之间互通有无共享成果。[①] 共同体成员的分享既有学科方面的知识，也包括实践性的教学经验。此外，在“互联网 +”时代背景下，高职教师由“孺子牛”向“信息化大牛”转变，这赋予了共享型技艺库更多的资源和表现形态，从而为广大高职教师提供了更为丰富的资源，为他们的自发性学习提供载体。

（4）营造合作文化的氛围

高职院校的教师来源多样，既包括校内专任教师还包括来自行业企业的能工巧匠，他们的知识体系、专业背景各不相同，在初始阶段，实践共同体成员很难达成一致共识，彼此之间需要不断磨合、交流碰撞，若是缺乏良好的合作文化氛围则很难保障实践活动的有序开展，实践共同体也就失去了存在的价值意义。因此，构建高职教师实践共同体，营造合作氛围尤为重要，应充分发挥共同体成员的共情特质，鼓励与引导其多站在他人角度思考问题、提出看法，为成员间的深度交流与合作奠定基础。在决策时，要处理好各利益相关者之间的关系，达到利益均衡，从

① 袁倩，唐锡海．职业教育教师专业实践共同体的建设对策——基于治理理论视角[J]．教育科学，2017（10）：129-133．

而促进实践共同体内部合作文化的形塑。①

（5）打造任务导向平台

高职教育产教融合双主体育人的办学理念要求高职教师实践共同体一切以实践问题为出发点，在实践中逐步提升实践智慧，从而培养出新产业、新经济急需的高素质技术技能型人才。要实现这一目标，积极打造教师专业发展的任务导向平台是一条有效路径，平台的打造可以激发共同体成员共同事业的意识，提高实践共同体成员的自主学习积极性，使得成员间的实践活动始终处于交叉相汇的状态。任务导向平台以科研项目为纽带，以教学任务为载体，以鼓励教师参与课题研究、科技开发、国际交流等活动为手段，通过项目研讨、案例分析、课题研究等任务驱动，将教师的教育教学能力培养与专业建设、课程开发、教学改革有机结合，将教师实践能力培养与企业横向项目服务及社会培训有机结合，以此不断提升教师的实践能力和职业素养。

（6）构建民主协商机制

社会建构主义认为共识的形成依赖于相互合作、相互协商的文化机制。在共同体中，权威主义受到削弱，成员之间关系平等，他们有权参与共同体的各项决策，因此，要建立成员共同事业的意识，保证实践活动的有序开展，构建民主协商机制是前提。应建立成员对话协商制度，为成员了解信息发表见解、协商对话、相互交流提供机会，实现多维知识背景的交汇融合。应做到协商过程公开化、透明化和平等化，从而达到意见的统一和情感的共联。

5. 新工科背景下高职教师实践共同体构建策略

当前，新一轮技术革命正在全面推进，产业转型升级也在如火如荼地进行。在此背景下，为了更好地适应和服务新经济发展，教育部提出了新工科建设的要求，旨在培养一批更具有创新创业意识、互联网思维以及跨界整合能力的综合型工程技术人才，以期满足社会对人才的需求，推动社会创新发展。而教师作为教书育人的主要载体，其职业能力、专业素养在一定程度上影响着新工科人才培养目标的实现。值得强调的是，在传统高职教师专业发展模式下，高职教师普遍存在对新兴、交

① 袁倩，唐锡海．职业教育教师专业实践共同体的建设对策——基于治理理论视角[J]. 教育科学，2017（10）：129-133.

叉、前沿学科关注度不够，对新技术和先进工程设备的使用掌握不够，解决各类前沿问题经验不足，与产业界和企业联系合作不紧密等问题。因此，打造具有跨界融合和创新特征的高职教师实践共同体，加强建设符合新工科教育要求的师资队伍，是顺应新时代高职教育和人才培养需求的必然选择，也是新工科建设目标实现的重要手段。高职教育教师队伍背景复杂，构成多样，既包括公共基础课教师、专业课教师，还包括来自校外行业企业的实习指导教师。由于专业背景、术业专攻、教育经验等不同，造成了高职教育教师之间交流的障碍，常常出现公共课教师与专业课教师、校内专任教师与校外实习指导教师之间在教学内容、培养目标等方面的错位，不仅降低了教师的教学效率，也影响了学生的学习效果，而高职教师实践共同体的构建能有效解决此方面的问题[①]。2019年国务院印发的《国家职业教育改革实施方案》指出，“探索组建高水平、结构化教师教学创新团队，教师分工协作进行模块化教学”[②]，文件中所指的结构化、模块化教学，既指教师的“组合式”团队教学方式，又指一种单元化教学模式，这正说明了高职教育教师实践共同体构建的重要意义。

（1）新工科的内涵特征

为了应对新一轮技术革命，服务创新驱动发展、“中国制造2025”等一系列国家战略，教育部于2017年提出了新工科建设要求，先后形成了“复旦共识”“天大行动”和“北京指南”，不断探索领跑全球工程教育的中国模式和中国经验。所谓新工科教育是相对于传统工科教育而言的，其以新技术、新业态、新产业等为背景，在遵循工程教育规律的基础上，通过建立新兴工科专业和革新传统工科专业，探索培养更具创新创业意识和跨界整合能力的工程技术人才。

新经济形势下我国高校要加快新工科建设已成为各界共识。为此，国内学者对新工科的内涵、特征和建设进行了广泛的研究。有学者认为新工科主要具有两大特征：一是跨界性，即以产业链整合为核心，依托自身资源，所表现出的一种跨越原有产业或行业的特征，体现了产业当前和未来对新工科的展望与要求；二是创新性，即新工科的出发点与落脚点都集中于“新”上，是以新技术、新业态、新产业、新经济等为背景的

① 李兴洲，王丽．职业教育教师实践共同体建设研究[J].教师教育研究，2016（1）：16-20.

② 国务院．关于印发国家职业教育改革实施方案的通知：国发〔2019〕4号[A].

一种教育模式[①]。有学者表示新工科要做到“四新”：一是要建立基于创新型、综合型的工程教育“新理念”；二是要培养具有中国特色，领跑全球工程教育的“新体系”；三是要建构新兴工科和传统工科专业相协调的“新结构”；四是要培养更具有创新创业意识、跨界整合能力的“新人才”。在推进新工科时，要以“大工程观”为指导，加强跨学科教育；坚持并落实工程教育专业认证理念，即“学生中心、结果导向、持续改进”；树立“绿色工程教育”理念，即融入绿色理念；树立“全面工程教育”理念，即基础教育、继续教育和高等教育三者有机联系中。本科院校作为新工科建设的主力军担负着先行先试的重要使命，而高职院校作为培养新工科技术技能人才的另一支重要力量也不可回避责任、坐等摘果子，应主动融入新工科建设，将自身的优势工科专业作为新工科建设的试点，为专业间的跨界融合创造条件，主动关心毕业生的就业发展，培养在校生的创新创业意识及可持续发展能力。

（2）新工科对高职教育教师的新要求

新工科强调多学科专业交叉融合和学科专业产业性的内涵特征，决定了新工科人才不仅要对某一学科专业精深，还要具备多学科跨界融合的能力；不仅能利用掌握的知识技能解决当下的问题，还要具备学习新知识、新技术解决未来问题的可持续发展能力；不仅技术上表现优秀，还要具备团结协作、善于沟通等良好的职业素养。而建设这批高素质工程技术人才的关键在于师资，因此新工科教育也对高职教师的专业发展提出了新的要求：一是要求教师要有广博的学识，除了具备本学科专业知识外，还要拥有新兴学科、前沿学科等其他学科的专业知识；二是要求教师拥有丰富的经验和娴熟的专业技能，既能熟练操作先进设备，又能善于解决工科领域各种前沿问题；三是要求教师具备良好的复合能力，包括创新能力、研发能力、应变能力等，能够利用专业知识解决复杂的工程问题，同时还能够以前瞻性的眼光，预测未来趋势，解决未来问题；四是要求教师具有互联网思维，能够灵活运用各种互联网技术应用于教学活动中；五是要求教师要有良好的职业素养，具备兢兢业业、乐于奉献的工作态度等[②]。

---

① 林健．面向未来的中国新工科建设[J]．清华大学教育研究，2017（2）：26-35.

② 袁天夫，赵晓丽，江潇潇等．新工科背景下师资队伍建设的思考[J]．中国现代教育装备，2017（23）：22-23.

（3）新工科背景下高职教育教师实践共同体的构建策略

①深化人事制度改革，提供政策支持保障。教师实践共同体是以教师自愿参与为基础，基于一致或相同的愿景，在解决教学问题的驱动下而形成的自发性学习组织形式。相较于教研组、课题组等教师团体而言，教师实践共同体具有一定的松散性，要让教师实践共同体切实发挥好作用，政府、学校和社会组织等均应给予重视和支持，为教师自发学习、专业发展创造良好的氛围。教育主管部门与学校行政领导对教师实践共同体的认同与肯定会增进教师相互学习、彼此交流的信心，同时也会让教师意识到学校既是工作场所，又是自我成长、专业发展的场所。学校应深化人事制度改革，围绕新工科建设的需求，加强师资队伍建设，制定相关政策为教师参与实践共同体提供制度保障。在选聘教师时，应以新工科建设要求作为选聘条件的重要参考，充分考量教师技术应用能力、适应新经济发展与变革的能力以及跨界整合、融会贯通的能力。通过改革教学评价职称评审、岗位聘任、绩效考核、境内外研修与培训等一系列制度措施，增强教师提升自我工程实践能力的内生动力。此外，还需积极引导教师就"新工科建设"展开探讨，建设和发展新兴工程专业、改革传统工科专业，对参与实践共同体活动的教师给予物质或精神上的奖励，激发其持久的外在学习动力。

②营造合作文化氛围，创造良好交往环境。教师合作文化主张教师之间应建立平等、开放、互动、友好的关系，做到平等参与、互助协作、共同发展，这一追求与教师实践共同体构建的理念不谋而合。高职教育教师实践共同体的成员可能来自不同领域，有着相异的专业（行业）背景和工作环境，因此，在实践共同体建立初期，共同体成员很难达成共识。而平等的合作文化氛围，有利于消除成员间的地位隔阂、情感隔阂，增进成员间的情感和联系。因此，高职院校应积极推进建立教师合作机制，营造合作文化的氛围，为教师实践共同体成员创造良好的交往环境。教师实践共同体在开展教学实践活动时，应以平等合作为基本前提，充分尊重共同体成员的意见，鼓励各成员积极发声、参与活动，实现多维知识背景的交汇融合。要发挥成员的共情特质，呼吁各成员多站在他人的立场考虑问题，唯有这样才能促进共同体内部合作文化的形塑①。

① 袁倩，唐锡海．职业教育教师专业实践共同体的建设对策：基于治理理论视角[J]．现代教育科学，2017（10）：129-133.

③引入跨界理念，构建跨界融合教师实践共同体。“跨界”是一种思维方式，即用多角度、多视野看待问题、分析问题和解决问题，其强调的是观念的跨界。跨界培养是指基于合作交流的原则，在打破学科、专业、行业等各类边界的基础上，通过协同培养的方式，形成一种符合经济社会发展要求和人的全面发展需要的人才培养模式。高职教育教师作为人才培养的核心载体，在“跨界培养”方面发挥着巨大的作用，是高职院校提高办学质量、培养满足新工科建设要求的高素质工程技术人才的重要保障。在当前复杂多样的社会环境下，教师跨界有利于促进教学资源的流通和优化配置，有利于推动人才培养模式的革新，有利于实现新工科培养具有跨界整合能力、创业创新意识高素质工程技术人才的目标。因此，有必要把“跨界”观念引入到教师实践共同体构建中，打造多层次、多领域的跨界组织，加强科教结合、产教融合，形成具有中国特色的、各方交叉融合的新型工程人才培养模式。在学科或专业领域相近的二级教学单位可设立教师发展分中心，组建跨界融合教师实践共同体，有针对性地开展教师培训等实践活动，促进教师专业发展，从而更好地为新工科人才培养服务。在跨界融合教师实践共同体内充分发挥专家教授、前辈教师的传帮带作用，在一流专业、一流课程、一流团队建设实践中，不断提升中青年教师的教学能力，促进其观念的升级[①]

④推行双岗互聘，构建校企混编教师实践共同体。高职教育强调产教融合、校企合作的人才培养模式，而推行双岗互聘、构建校企混编教师实践共同体是全面提升高职教育人才培养质量及教师综合职业能力的有效路径。所谓双岗互聘，即校企人员兼具双重身份：一是学校领域的专业教师；二是企业中的中高级技术骨干、能工巧匠。双岗互聘的核心在于实现校企人员的双向流动、两栖发展。一方面，学校在给专任教师分配教学任务时，应鼓励其定期前往与专业相关的企业进行工程实践，与企业技术人员组建混编教师实践共同体，参与企业的技术研发和新产品开发。在此期间，学校除了提供专任教师全职全薪的待遇，还对其在企业的任职表现进行综合评价与考核，以作为后续职称评审、岗位聘任等的重要依据。另一方面，企业也应支持选派中高级技术骨干、技术技能大师担任学校兼职教师、产业教授，鼓励其与学校的专任教师组

① 江爱华，施大宁，易洋等．新工科背景下的教师跨界发展：概念模型、工作机制和实施路径[J]．高等工程教育研究，2019（4）：46-51．

建混编教师实践共同体，参与专业建设、人才培养方案制定、实践教学指导等工作[①]。在双岗互聘机制下，学校专任教师兼任企业技术人员的身份，有利于促进其积累工程实践经验，更加深入直观地接触到先进设备，了解掌握岗位操作要求，并将企业的规范、案例以及在企业中习得的知识技能融入教学、带进课堂，从而为其提升教学能力和专业竞争力拓宽渠道。校企混编教师实践共同体的组建既体现了新工科对高职教育师资队伍的要求，又是高职教育师资队伍提升发展的内生动力，对于促进校内专任教师的工程实践能力和培养提升企业兼职教师的教学能力意义重大。

⑤依托信息技术，构建线上教师实践共同体。随着信息技术的飞速发展，以网络为基础条件的线上教师实践共同体逐渐发展壮大，成为趋势。在互联网平台中，线上教师实践共同体的结构更为松散，其成员可能来自各个行业、各个领域、各个地方。也就是说，在互联网环境下，线上教师实践共同体突破了时空与人员的限制，使得不同区域、不同背景的教师能够在互联网平台上平等交流、积极协商、有效互动，允许更多的人参与其中，这在一定程度上弥补了线下教师实践共同体时空的局限性，促进了共同体成员的交流与知识流通。线上教师实践共同体的建立除了实现与同行教师的同伴互助外，还让共同体成员与名师零距离互动成为可能。此外，网络教育资源容量巨大，而庞大的技艺库资源正是教师实践共同体构建的前提和保证。我们应积极利用互联网技术，依托互联网云平台、云空间，汇聚更加丰富多样的教学资源帮助共同体成员不断地提升教育理念、创新教学方式、增长专业知识，最终实现专业能力的提升。以新技术、新业态、新产业为特点的新经济对人才的创新创业能力及跨界整合能力提出了新要求，作为高职教育第一资源的教师肩负着立德树人，培养新经济形态下高素质工程技术人才的重任。学校应从战略高度和全局的角度充分认识教师专业发展的重要性，找准师资队伍建设的突破口和着力点。从旧模式中成长起来的高职教育教师适应新工科建设需要一个过程，在此过程中，高职院校应找准发展定位，做好顶层设计，出台相关政策，充分考虑师资背景的多样化，通过多种路径，打造形式多样的教师实践共同体，促进不同学科专业教师在教学、

---

① 秦芬．高职“双师双能”师资建设体系的跨界协同与路径选择[J]．职教坛，2017(23)：9-12.

科研及其他实践活动中产生“化学反应”，实现教师的多样化发展、快速发展。

（三）基于现代信息技术的高职教师网络学习共同体构建策略研究

1. 高职教师网络学习共同体建设存在的问题

（1）成员缺少共同愿景

共同愿景指的是组织或者团体成员发自内心的意愿，作为各成员间共享优质资源、共同完成组织整体目标的根本和保障，对成员起到凝聚和激励作用。高职教师网络学习共同体成员构成复杂，主体为学校专任教师，还包括专业学者、行业专家以及企业技术骨干、能工巧匠等。在成员构成复杂的情况下，如果共同体未确立统一目标、制定共同愿景，整个团队就会变成一盘散沙，影响共同体成员之间的沟通交流与资源共享。因此，高职教师网络学习共同体要求参与人员拥有共同的愿景，并以此为核心共同奋斗，共同体成员利用线上学习探讨、相互交流，不断提升个人能力水平与综合素质。然而，现阶段建设高职教师网络学习共同体存在共同愿景缺失的问题，部分成员在相互交往中，只注重个体利益的得失而忽视了共同体的整体利益，未能真正做到合作协商、资源共享，这在一定程度上影响了共同体成员的组织认同，不利于共同体的发展。

（2）缺少教师协同发展氛围

当前，教师间的彼此孤立已成为阻碍教师发展的主要因素之一。如果高职教师群体缺乏协同发展的氛围，那么高职教师网络学习共同体也将难以获得持续发展的动力。换言之，共同体成员只有在协同发展的环境中才能够实现自我成长，才能与其他成员协同发展。教师协同发展氛围主要包括建立合作共享理念，树立平等交流意识，它强调共同体成员要开放合作，积极发表观点，进行良性竞争。但是，受传统高职教师绩效评价体系等因素的影响，高职教师在开展教学科研活动时仍习惯于从个人经验和知识水平出发，相关人员间缺少沟通，也缺乏相互交流的平台。即便有交流，部分教师在交流过程中也有所保留，研论流于“形式”、基于“场合”需要敷衍了事，未能真正做到信任与鼓励。因此，目前建设共同体过程中缺少教师协同发展的环境和氛围，限制了教师之间在学术领域的沟通合作，对教师个人发展也造成严重阻碍。

（3）缺少信息技术支持

信息技术的快速发展促进高职教育持续革新，并让高职教育的相关从业者认识到自身不足而反思改进。当前，互联网已成为人们沟通交流的主要媒介，教师利用网络连接外界，学习先进的技术与文化。互联网打破了时间与空间的限制，为教师营造了一个理想的学习环境，高职教师通过网络可以将个人想法、建议尽情表达，同行之间相互交流学习，从而获得更多的教学成果。然而，当前高职教育改革缺乏足够的信息技术支持。例如，未建设完整的终端设备与基础设施，使用的平台稳定性较差；未聘用专业人员管理与维护后台系统，未及时更新与升级软件，无法有效发挥平台作用；未第一时间整理生成性学习资源，造成共同体共享资源库更新不及时。部分高职教师缺乏一定的信息技术能力，思想上抵触信息技术，未能掌握网络环境下的教学模式，对各种教学软件未能熟练操作，以上问题均阻碍了高职教师网络学习共同体建设，也制约了高职教师教学实践能力水平的提升。

（4）缺少共同体管理制度

规范的制度让共同体成员在开展相关学习活动时有据可循，也能合理约束成员的言行。然而，当前高职教师网络学习共同体在开展专题活动时缺乏相关制度，严重影响了活动效率。参与共同体学习的教师群体网络学习时间较短，大多呈现“边缘化参与”的状态，未能转化成日常学习实践活动中的一部分。由于相关制度缺失，高职教师网络学习共同体还存在话题类型少，网络资源更新慢等问题。此外，互联网为高职一线教师的交流提供了平台和条件，但并非代表网络“无禁区”。教师在陈述自身观点或提出意见建议时，务必注意言语恰当，更不能触犯相关法律法规。

2. 高职教师网络学习共同体构建的策略

（1）搭建共同的愿景

面对共同愿景缺失，共同体凝聚力低的问题，高职教师网络学习共同体必须改变原有上行下令的组织结构，建立平等的“我们型”的成员合作关系，基于平等沟通和相互理解，构建共同体的共同愿景。具体来说，一是构建友好互动的精神环境。由于高职教师网络学习共同体成员众多、来源广泛，不仅包括不同区域、学校、学科专业的专任教师，还包括各行业的专家学者及企业的技术骨干和能工巧匠，为确保共同体朝着共同的目标奋进，有必要建立良好的交往环境和平等的环境氛围，引导各成员彼此尊重、平等对待、和谐交流，唯有这样才能为成员共同愿景的搭建打下基础。二是建立积极沟通、相互理解的氛围。高职教师网络学习共同体应充分听取各成员的意见，鼓励与引导各成员积极发言，避免“一言堂”。三是调动成员参与积极性。无论是制定决策，抑或是线上开展研讨活动，共同体都应给予每个成员平等发表意见的机会，应综合考虑各个成员的根本利益，做到公正公平。

（2）增强学习合作观念

美国学者劳蒂认为，教师个人主义严重会限制教师的专业发展，拥有这种消极文化理念的教师往往更在意个人得失与成就，从而抵触或者不愿意与其他教师相互交流、深入合作。高职教师网络学习共同体应致力形成健全的合作文化，教师要改变以往“单打独斗”的发展理念。高职教师网络学习共同体由多元主体构成，成员在完成个人学习任务的同时还应融入集体，实现思想的碰撞、迸发全新的理念。目前，教师一般只是在相同学科的组织人群中进行集体研讨，研讨人员过于单一。要进一步扩展研讨人群与范围，跨越学科、学校、区域的界限。共同体应充分发挥合作沟通优势，增强各区域、各院校间的深度合作，集合更多优秀的教师共同学习，沟通教学灵感、创新教学模式、积累教学经验，提高成员个人教学水平与实践能力①。

（3）注重优化信息技术环境

网络平台是高职教师网络学习共同体进行学习活动的重要平台。在共同体层面，技术环境的优化需由专门人员负责管理与维护交流平台的硬件设备，并定期升级、更新平台软件，保证学习交流平台顺畅运行，为共同体成员相互交流沟通提供技术保障。在教师层面，技术环境优化需要购买符合要求的终端设备，安装教学所需软件，学习有关网络知识，熟练操作终端设备上的软件。如今，信息技术作为考核高职教师能力的一项指标，也是高职教师从业的基本技能，教师应随着信息技术的发展而持续不断地学习。教师加入共同学习活动后要能熟练使用便携电子设备，对于经常使用的学习软件熟练操作，同时可以在学习平台灵

① 李孟端，张琳瑜．大学英语教师网络学习共同体构建影响因素和对策[J]．景德镇学院学报，2019（4）：52-57.

活上传、查询、保存及下载数字资源。因此，高职教师必须不断提高个人的信息化水平，树立信息化教学观念、积极参与信息化教学改革和信息化教学大赛。学校层面要通过优化校园信息化环境、加强教师信息化技术培训、完善教学评价激励机制等引导教师不断提升信息化素养，积极参与共同体的各项活动[①]。

（4）制定网络学习共同体规范

基于社会契约论的观点，所有社区均期望制定一套本社区的规范准则，虚拟社区也不例外。在虚拟社区中制定共同体准则，可保障共同体成员在一致的社区准则约束下和平共处，增强成员归属感。建立系统、完整的规则制度体系是推动教师网络学习共同体发展的主要动力，也是共同体正常运行的保障。首先，构建合作学习制度。教师加入共同体必须具备高度的自觉性。教师根据制定的学习制度可以更清晰地了解共同体规范，以此约束个人行为，保证其行为不越界。其次，建立科学多元的教师学习评价体系。教师通过网络学习共同体与各成员沟通交流，获得学习成果，这里的成果既包括显性学习成果，也包括隐性学习成果。因此，评价教师学习成果应从多方面考虑，以免评价结果过于片面。要构建多维度评价准则，在评价教师学习成果时不能只有教学成果，还应从学生学习期望、理论知识、学术水平、团队合作等多方面进行评价。此外，评价方法要多元化，避免只使用一种结果评价法，还要综合运用其他评价方法，如自我评价、过程评价等[②]。

（5）构建优质共享资源库

共享行为中最重要的部分为共享优质资源，其对共享行为价值产生直接影响。然而当前评价与判断优质资源并无统一标准。因此，共同体首先需要组织教育、信息技术等方面的专家明确优质资源的评价标准，以此对优质资源进行筛选、鉴定，建立数字化的优质共享资源库。其次，运用用户积分管理模式对生成优质资源有一定刺激作用，也能鼓励成员进行深度共享。共同体成员应注重生成性学习资源，第一时间整理并上传，对资源的表现方式与种类结构持续优化，让优质资源生命周期得以延长。最后，如今网络技术已融入人们生活，QQ、微信、抖音等通信软件

① 伍剑蓉．高校外语教师网络学习共同体构建及实施策略——基于活动理论的视角[J]．成都师范学院学报，2020（4）：32-37.

② 孟昭宽，杨丽娜．信息技术环境下的教师专业共同体构建研究[J]．中国电化教育，2012（8）：74-77.

为教师学习共同体成员的沟通交流提供了有效的条件。该类通信软件的优势包括信息传输速度快、功能简单、使用方便，完全满足人们沟通交流的要求。此外，建设教师网络学习共同体可创建多个群组，如课改群、教学研讨群等，学习共同体成员可从个人需求出发有目的地选择进入不同群组，在群组中共同讨论某个话题，最终形成一个以网络技术作为支撑的学习型社区。

第四节 激励高职教师展开科学研究

一、教师科研工作的特点

我国高等教育的三大职能是教育、科研和为社会服务。其中，科研职能的发挥，直接影响着培养人才和为社会服务的质量。因此，学校往往很重视教师的科研工作，因为其在很大程度上衡量着学校的办学条件与学术地位。

随着教师队伍的壮大，学校的科研任务较多地落到了教师的肩上。就目前看来，教师的科研工作有以下几个特点。

（一）工作业绩成果具有明显的滞后性

科研成果属于知识型产品，其周期长、转化慢，因此，教师在科研方面所取得的业绩成果的价值往往不能立刻显现，而是需要较长的一段时间，带有明显的滞后性。

例如，很多科研成果转化需要专利申请、出让和市场化等多个环节，无形中便造成了业绩成果的滞后；有一些业绩成果是长期积累的工作业绩，也不能立即转化；还有一些科研成果是教师的个人兴趣或者个人需求，因此，即使有了重大的科研成果或者进展，也有可能放置于实验室、科研报告或者少许的学术论文中。

（二）科研投入和产出关系的复杂性

教师科研投入和产出有着极为复杂的关系，这主要表现为以下两点。第一，科研活动的类型不同，科研工作的规律也不同，整个科研活动和过程也有较大差别，这就使得人力资本的投入和产出没有统一的模式。第二，不同的研究项目有不同的周期，有的为几个月，有的为一年，还有的为三年或更长的时间。这就必然造成科研投入与产出的时滞，从而增加了考核的难度。例如，近年来，由于学校排名风潮的盛行，搞科研的教师便因此急功近利，把发表论文数量和级别作为一项重要指标，这造成了大量的科研投入和产出严重失衡。

（三）科研业绩创造性的价值具有不可比拟性

在学校中，有些教师会花很长一段时间去潜心研究一个课题，这样他们虽然出的成果数量很少，三年甚至更长周期出一项成果，但是一旦出了一项成果，就是原创性的、高水平的、受到大家一致好评的成果。然而，有些教师一年内能研究很多课题、发表很多文章，这样虽然成果的数量很可观，但大多是应用类的，甚至有些研究成果是已有成果的翻版、拷贝。从上述情况来看，教师的科研业绩创造性的价值是不具有可比拟性的，如果单单从量化的角度考评，是难以比较的，也是不公平的。

二、我国高职教师科研工作现状

随着职业教育地位的不断提高，高职院校在师资队伍建设和科研平台搭建方面也有了明显改善，相关科研成果的数量也在逐年增加。但是，由于传统观念的束缚和科研条件的限制，目前我国高职教师在科研理念、专业素质、方法手段和科研实践等方面，与普通本科院校教师相比仍存在较大差距。在院校层面，高职院校科研工作在管理模式、评价标准、价值取向和成果转化等方面，依然存在较大的认知误区。以上各种问题的存在，严重阻碍了广大高职教师创新能力和科研水平的提高，也是实现“双高计划”亟待解决的现实问题。

（一）科研意识落后，功利倾向明显

高职院校广大教师受到传统观念的束缚，长期存在着重教学、轻科研的现象，认为科研工作应该是本科院校的任务，而高职院校只要提高教学能力，教会学生操作技能即可。这种观念的存在，导致高职教师知识更新滞后，科研能力停滞不前。此外，部分高职教师的科研观念存在着严重的功利主义倾向，认为写文章、报课题纯粹是为了职称晋升，为了达到这一目的，部分教师重科研项目的数量轻质量，甚至弄虚作假。这种功利主义思想严重阻碍了高职教师个人科研能力的提升和科研素养的养成。

（二）科研基础薄弱，创新能力不足

我国的高职院校大多是由中职学校升格而来，由此高职教师大致可以分为两种类别。第一类是由中职学校教师转型而来，这类教师大都教学能力突出，教学成果丰硕，但由于长期缺乏持续的科研工作锻炼，科研思维和科研方法不足，无法形成稳定的专业研究方向。第二类是学校升格后从普通高校毕业生中招聘的青年教师，这类教师学历相对较高，思维敏捷，科研能力较强，但由于出身普通高等教育，又缺乏实践经验，对职业教育的认识不到位，难以准确把握职业教育的发展方向。因而在科研成果方面，多数情况是为了应付学校的职称评审或者绩效考核，因而科研成果创新水平不高、理论研究难以与生产实践紧密结合，形成了重复的低水平科研成果。

（三）科研精力受限，团队协作欠缺

随着我国高职院校的连年扩招，学生规模日益扩大，但是教师人数的增长速度却远远落后于学生人数的增长，由此造成了高职教师的教学任务愈加繁重，将大量的时间投入到备课、上课、竞赛、课件制作和教学资料的收集等方面，无暇顾及科研问题的思考和科研活动的展开，逐渐脱离了科研的发展轨道。另外，由于部分院校对教师的绩效评价更加侧重于教学成果，教师群体中缺乏浓厚的校内科研氛围。少数教师积极从事科研活动，却难以组建稳定的科研团队，在科研的道路上形只影单，无论是论文的撰写还是科研课题的研究，往往都由主持人独自完成，缺乏集体智慧的汇聚与润泽，难以取得较高质量的科研成果。

(四)科研渠道狭窄，平台建设滞后

相对于普通本科院校，高职院校缺乏完善的科研创新平台，相关的科研管理制度、信息获取渠道、工作运行机制和科研团队建设发展滞后，造成高职教师科研的发展空间受限。相当一部分高职院校在科研场所建设方面明显落后于产业的发展，存在科研场所空间不足、仪器设备陈旧、校企合作流于形式等问题。因为缺乏有效的产教融合，使得行业企业的信息、技术等相关资源严重匮乏，教师在科研的过程中难以接触到最新的科技发展前沿，研究内容、方法与手段无法与行业企业顺利接轨。

三、提升高职教师科研能力的实施策略

(一)尊重科研人员的科研兴趣

高职院校应该重视科研文化氛围的创建问题，确保教师能够积极开展科研活动。高职院校首先要让教师意识到科研精神体现出的价值，让他们正确看待科研工作，才能提升他们自主开展科研活动的热情。高校也应该做到尊重人才，重视科研工作的重要，更应该让教师有更多自由开展学术研究活动，确保教师在科研方面体现出自身价值，重视教师个人收益和学校的收益，也应该建立比较适用的科研激励体系，高效配置各项资源，让教师正确看待科研工作，才能在教师身上体现出科研精神。可见，高职院校只有构建有助于科研活动开展的良好环境，才能帮助教师建立正确的价值观念，不断提升个人素养。

(二)注重人文关怀

高职院校应该重视科学研究的创新问题，将更多研究成果应用到各

个行业。高职院校科研人员应该重视社会发展状况，为促进社会发展积极开展科技研究工作，研究和探索与其相关的问题，承担起自身的责任。科研人员只有勇于创新，才能够在将来积极开展科研活动。此外，科研工作必须探究世界当中的各种真相，并积极开展研究工作，汇总分析各种问题，才能获取创新性更强的研究成果，为此科研人员要付出更多努力，花费更多时间，也要体现出一定的奉献精神，不能只关注个人利益，应该更加重视全社会的利益。

（三）重视科研团队协作

目前，科技得到了快速发展，各个学科也在融合性地发展，这也是学科在将来的发展方向，为此必须重视科技方面的创新发展问题。只研究单独学科无法在科学研究方面取得更新的研究成果，在将来科研组织当中也会涉及多个专业的工作人员。对于一个比较复杂的科研项目来讲，为了有效开展科学研究活动，同一单位当中的不同专业人员必须协同开展研究工作才能提升工作效率，尽快完成研究任务。现代科学技术开始面向专业化方向发展，人们在开展价值性较高的研究活动时必须借助团队的力量，才能尽快完成各项研究工作，体现出不同专业研究人员的价值。比如，课题组共同开展研究活动时必须重视集体研究工作的重要性，不能只强调课题负责人的功绩。每一位加入研究活动的研究人员都会独立开展某些研究工作，他们付出了大量精力，也获取了一定成果，应该认可他们的价值。

（四）加强科研管理与服务

为了有效提升高职院校的科研工作水平，首先应该建立比较适用的科研管理制度，体现出管理制度的应有作用。高职院校应该重视立项管理以及项目过程管理方面的工作，实时了解科研项目的研究状况。第一，高职院校必须制定出科研方面的规划目标，有效开展评估工作。第二，建立科研评价体系，为教师有效开展科研活动创建更好的工作环境，确保教师能够研发出更多成果，为学校培育出更多专业人才。第三，重视科研机构在监督管理方面的作用，管理工作开展时不但要确保教师尽快确定研究课题，帮助他们获取收集各种资料，也要进一步了解科研项目的开展状况，确保科研工作能够有效开展。科研成果管理工作方面，应该对教师获取的各项研究成果进行评比，确保已经研发出的成果能尽快应用到相应行业当中，体现出自身良好作用。

第五节　加强高职教师的教育行动研究

一、高职教师开展行动研究的意义

“行动”和“研究”原本是两个用以说明由不同的人从事的不同性质的活动的概念，二者相结合的源头可以追溯到20世纪初叶的“教育科学化运动”（the Science in Education Movement）。1946年，美国心理学家勒温（Kurt Lewin）在人际关系研究中最早提出了行动研究（Action Research）概念，并指出了行动研究具有“民主性、参与性”，对社会知识及社会变化同时具有贡献值。

“行动”与“研究”的结合，对解决理论与实践的脱节问题起到了很好的作用。随着行动研究理论的逐步发展，目前，“教育行动研究”“教学行动研究”“教师行动研究”“校本行动研究”等在教育领域开始推进，但主要集中在基础教育以及一些外语教学的教师实践中，对于新兴的高职教育而言，教师中开展行动研究尚为少见。然而，高职教育的应用属性以及高职教师应具备的“双师素质”，使得行动研究成为高职教师的应为和可为的一种教师教学研究与实践。从职业教育的本质来看，马克思的“劳教结合”、杜威的“教育即生活”、施奈德的“教劳结合”和陶行知的“生活即教育，社会即学校，教学做合一”等教育思想都说明了教育的本质是体现在“实践—理论—实践”过程中的，而这对于做“有用之学”的职业教育则体现得更为淋漓尽致。毋庸置疑，高职教育就是“职业定向教育”，是为适应职业而进行的教育，具有社会性、职业性和生产性，担负着培养生产服务一线高素质技能型人才的重要职责。高职教师开展“在行动中”“由行动者”“为了行动”的行动研究，正是将高等性和职业性深度融合、理论与实践充分结合的教学研究与实践。

从作为高等职业教育的组织主体的学校与作为需求主体的企业之

间的关系来看，组织文化的契合是夯实校企合作的基础，学习型组织的共建是重构校企合作的载体，互惠多赢是融通校企合作的前提。在组织文化的契合方面，高职教师带着教育教学过程中遇到的问题到企业中开展行动研究，不仅传播了以研究和教化为根本体现的以“知识”为中心的学校文化，同时还帮助以经济效益为核心的企业组织树立从“干”中“学”的教育文化，起到了文化共融的媒介作用。在学习型组织的共建方面，高职教师在企业中开展行动研究，构建了学校和企业不同性质、不同运行机制的主体之间的沟通平台，以及供成员间相互学习的交流平台，形成了一个可供两个不同组织的成员进行共同研究、共同思考，共同承担，共同解决问题的互动式大学习型圈。因此，高职教师的行动研究，既依托“产学合作”，也促进“产学合作”。

从高职教师的专业发展来看，高职教师开展行动研究，可以唤醒高职教师专业发展的自觉意识，培育高职教师的专业精神，从而更好地促进高职教师的专业发展。高职教师开展行动研究，是高职教师不断改进教育实践的研究方式，同时也是一种促进高职教师实现个人价值的生活方式。在教育行动中开展教育研究，是高职教师运用科学方法解决职业教育实践问题的系统的自我反省探究。这种批判性的反省探究过程，是高职教师以研究者的眼光审视和分析高职教育实践中所面临的各种问题和难题，且反省探究结果可以帮助高职教师找出自身的专业化水平同高等职业教育发展对师资要求上的差距。对自身差距进行反思和修正，是高职教师进行自我认识、自我突破和职业认同的重要途径，有利于高职教师突破专业发展的“高原现象”。

二、高职教师教育行动研究的实施

所谓教育行动研究，就是教育工作者，或与研究者结合，在具体教育教学情境中，以解决教育教学实际问题为目的的一种教育科学研究类型。教育行动研究强调教师的主体地位和教育教学实践的理性化，强调教师与教育理论工作的结合。教师专业自主发展最重要的一条途径在于“使教师成为研究者”，开展教育行动研究，无疑能够大大提高教师的理论述评和实践能力，提高教师的科研能力。在开展相关的教育行动研究中，应该注意以下几个方面。

（一）健全行动研究的外部机制

建立良好的学校管理制度和评价制度等外部机制，能够有效调动教师进行教育行动研究的积极性和主动性。为此，学校要认同、尊重和理解教师的专业地位和主体地位，给予学校青年教师一定的自主权，使学校青年教师真正成为学校的主人。另外，还应该为教师提供理想的职业环境，发挥教师自身的专业潜能和创新能力。学校激励教师开展教育行动研究，要重视为教师提供制度保障。

（二）提供相关的研究资源

学校青年教师通过教育行动研究进行学习、促进自身专业发展的过程中，必然会受到一系列主客观因素的限制。此时，需要加强科学管理，发挥自身在人力、物力、财力、时间、空间和信息等方面的作用，以不断培养高素质的研究型教师队伍。学校要为学校青年教师创造实现其知识更新的有效途径和有利平台，使教师能够在一个宽松、民主的研究氛围中，围绕着日常教育教学问题进行教育行动研究，不断实现自身专业的发展。

（三）明确教育行动研究的具体步骤

一个典型的教育行动研究，包括：计划—行动—观察—反思四个环节。随着对研究的不断反思和深入，很可能还需要两轮或三轮循环的行动研究，即深化为：计划—行动—观察—反思—再计划—再行动—再观察—再反思。如图 5-1 所示。

1. 计划阶段

厘清本行动研究的总体设想和行动目标，分析教师教育者对教师实习实践成效的影响。预期通过本次行动研究，教师在实习教学效果上有明显改善。

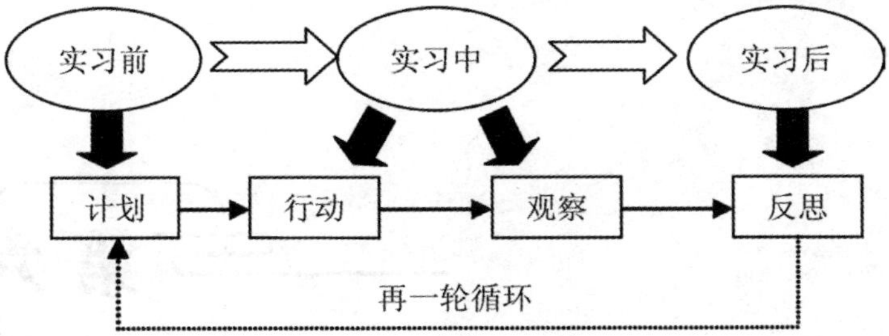

图 5–1　行动研究路线图

2. 行动阶段

对教师教育者的落实和检验。一方面作为行动者，将本行动研究计划付诸实施；另一方面，作为研究者，监控行动研究进展，搜集数据资料，实时观察行动过程。此外，因本研究持续时间跨度较长，此处的“行动”，还可以理解为“行动干预”，既包括导师个人层面的行动措施，又包括组织单位层面的行政和教务方面对双导师制的改革和推进。

3. 观察阶段

灵活使用问卷和访谈，深入师生群体，观察教师的课堂实践授课效果。搜集、整理、复印教师的实习日记、教学日记，以及教师教育者对教师的评价记录，教育行政部门与教师教育者的交流和会议记录。

4. 反思阶段

归纳整理上述各种材料，对每一名参与教师教育活动的人员进行描述与评估，从而对本次行动研究的过程和结果进行评价和判断。分析成效高低的原因，反思教训和不足，设计进一步提升路径。

第六章

前景展望：高职教师专业发展的未来走向

随着社会不断发展，网络技术的引入，高职教师的专业发展路径也不断革新。作为一名优秀的高职教育，其不仅需要具备扎实的理论知识，还需要注重实践经验的积累，不仅要把握专业领域的学术前沿，还需要与企业、行业保持紧密联系，时刻注意行业的发展动态，以构建与时代发展、社会发展相符合的"双师型"队伍。本章就从创新的角度来研究高职教师专业发展的未来走向。

第一节　引入大数据，革新高职教师专业发展手段

“大数据”是最近几年新兴的一个概念，进入人们的认知领域不久，很多教师并不知道什么是大数据，也不清楚大数据背景会对教育、教师产生怎样的影响。本节就针对大数据背景对高职院校教师的新要求进行总结。

一、大数据技术方面

进入大数据背景以后，教育不再是以往仅靠经验、理念运作的科学，而转变成一门实证学科。传统教育中，教育决策者、执行者仅靠个人喜好或经验来设计教育环境、布置实验场景、采集管理数据等，但在大数据背景下，这些都必须有一定的数据支撑方能走得更远。如果教师连基本的计算机、互联网和常用软件都不会用，就很难获得足够的教学资源，很难打开视野，提高教学质量。

二、教师教学职能方面

在传统的高职院校教学中，教师是课堂的主宰者，教师讲什么，学生就学什么。但在大数据背景，教师必须转变自己的角色和职能，这样才能顺应时代，实现教学质量的提升。在大数据背景，高职院校教师职能方面的要求主要包括以下几个方面。

（一）学习资源方面

大数据背景为人们提供了海量的信息，学生要想获取学习资源是一件十分容易的事情，因此教师不再是拥有资源的权威。在这种情况下，

要想保证教学活动的顺利展开，教师必须从资源提供者转变为资源整合者，要根据学生的个性特点、实际需求，收集、分析、处理适合学生的学习资源，然后将这些资源提供给学生，指导学生学习。

（二）教学方式方面

在不缺乏学习资源的情况下，学生对学习的兴趣和方法是决定学习效果最重要的因素。因此，大数据背景下的高职院校教师应该从传统的填鸭式教学转变为启发式教学，从学生学习的决定者转变为组织者、引导者、评价者、监督者，要激发学生的学习兴趣和动机，传授学生科学的学习方法和策略，增强学生合作学习、自主学习的意识和能力。要做到这一点，教师自己首先必须树立终身学习的意识，不断更新自身知识。

三、教师角色定位方面

大数据背景下高职院校教师被赋予了新的角色定位。面对新的教学环境，教师如何改变自己的传统角色并适应新的社会变化，在新的教学理念下提高自己的创造力，成了教学成功的关键。大体上说，大数据背景下高职院校教师应该是多重角色的集合体，是学生学习的关怀者、多元文化的驾驭者、本土知识的传授者、教学环境的创设者以及行动的研究者。

（一）学生学习的关怀者

关怀是人的基本能力，教师也不例外，教师有责任去关怀不同文化背景下的所有学生。教师的关怀是学生内心的需要，教师对学生的关心有助于培养学生关心他人的能力，而且教师的关怀式教学可以体现出教师对学生的期望，从而使学生在期待中强化自己，努力做得更好。大数据背景下的学生学习由于自主性较高，因此对学习者本身的要求也相应提高。虽然学生学习的自由度加大，但是在一定的课业要求下，学生的压力也成倍增加。这时教师就应发挥其学生关怀者的作用，指导学生在学习中遇到的问题，从而提高学习效率和教学效果。

（二）多元文化的驾驭者

如今的社会不仅是大数据背景，同样也是文化多样化的时代。文化的差异性是多元文化社会的重要体现。多元文化社会中的教育反映了社会的多元化以及文化的多样性，而教师是实现多元教育的首要因素，因此教师应该努力成为多元文化的驾驭者。作为驾驭者，教师应该具备多元文化的运作能力，摒弃狭隘的文化本位主义，了解多元文化的历史，反对种族歧视、性别偏见，从而唤起学生的多元文化意识，培养学生的跨文化适应能力。

由于大数据背景的开放性，学生学习的范围和交际范围都得到了扩展，因此高职院校教师传授给学生相关的文化知识，能够提高学生学习的有效性。

（三）教学行动的研究者

在大数据背景高职院校教师应该提高自身的研究素质，成为教学行动的研究者。这种研究者的角色主要包括知识传授研究者和课堂控制研究者两种。

1. 知识传授研究者

传统教学模式下的高职院校教师是知识的传递者，扮演着信息源的角色。教师不仅要向学生传授相应的文化知识和学习方法，高职院校教师还要教会学生如何做人。在学校学习期间是学生人格形成的关键时期，教师在这个过程中对学生的影响很大，教师可以帮助学生树立正确的人生观、价值观和世界观。

大数据背景下的高职院校教师对于知识的传授更加多样。除了传统的知识外，相关网络知识、数据分析知识也成了教学的重要组成部分。

2. 课堂控制研究者

课堂的主要参与者是学生和老师，学生在课堂学习过程中还没有形成良好的自控能力和自我学习意识。教师作为课堂活动的主要组织者就应该在课堂活动开展期间充分发挥教师的主导作用,以克服教学随意性、力争取得较好的教学效果为目的。教师的自我控制主要表现在熟悉课堂教学基本要求、严格执行教案程序以及严格掌握教学时间的分配等方面。

除此之外,大数据背景下的高职院校教师应该变为学生行为的评价者、学生学习活动的组织者和促进者。

（1）学生行为的评价者。教师是学生学习情况的主要评价者,教师的工作除了要教授学生具体知识以外,还应该包括纠正学生所犯的错误和组织反馈。教师纠正错误应该采取恰当的方式,在纠错过程中应充分考虑到学生的感受,尽量采用温和婉转的方式。组织反馈是评价学生行为的有效方式,能判断出他们是否掌握了学习的方法。大数据背景所涉及的教学资源十分丰富,学生的学习行为也更加自由,因此教师对学生行为的评价与引导就显得尤为重要。

（2）学习活动的组织者。虽然大数据背景给学习带来了便利,但是教学的进行仍然需要一个有序的环境。现在我国学生处于从传统教学走向网络自主学习的过程中,其中会存在众多制约因素。单凭学生自己的能力无法应对这些不利因素,为了保证学习效果,教师就需要组织学习活动,引领学生适应数字技术在高职院校中的应用。

建构主义理论认为,学习活动并不是教师单纯地向学生传递知识,而是学生根据外在的信息,通过自己的背景知识,主动构建自己知识的过程（Ausubel, 1978）。根据这种观点在学习过程中,教师应该积极发挥自己的引导作用,尊重学生的个体差异,使学生能够积极主动地学习。

（四）学习动机的激发者

学习兴趣是学生学习效果的有力保证,同时也是影响学生学习的重要因素。大数据背景下的教学与学习都是以学生者主观能动性的发挥为前提的,因此教师在教学中激发学生的动机能够在很大程度上提高教学的效率。

1. 学习动机的含义

学习动机是一个教育心理学概念,是指激励个体进行学习活动、维持已引起的学习活动，导致行为朝向一定的学习目标的一种内在过程或内部心理状态。

学习动机对学习的速度和效果都有着重要的影响。相关研究证明，学生的学习动机与其学习成绩呈正相关的关系。学习动机一旦形成，不仅个体对所学的东西有一定的指向性，如用主动积极的态度去学习、对学习表现出浓厚的兴趣、上课能集中注意力去吸取知识等，而且也有一定的动力使学习过程中的注意状态、兴趣水平保持下去，在遇到困难时有克服困难的意志力。

同时，学习动机与学习态度也是密切相关的。如果个体学习动机明确，学习态度认真，学习目的端正，那么就会积极地为自己创造良好的学习条件和氛围。学习动机提供学习的主要动力并促使学习过程持续下去。任何影响学生学习积极性的因素，都是通过学习动机这一媒介对学习活动发生作用的。可以说，学习动机是推动学生学习的内驱力。而内驱力对学习活动推动作用的强弱，主要取决于两个方面。

（1）学习需要性。学生学习动机过程中的作用及其层次，在不同的学习需要中产生的学习动机对学习的推动作用各不相同。稳定、持久的学习动机，对学生的推动力大，一般在高层次学习需要中产生。而变动、短时的学习动机，对学习的推动力小，一般在低层次学习需要中产生。

（2）各种学习动机相互影响、共同作用。由于学生的学习需要是多层次的，因此受多种学习动机的支配。一般而言，在一定时期内，多种学习动机中总有一个学习动机起主导、支配作用。各种学习动机的方向一致时，对学习的推动作用自然比单一的学习动机作用大；而各种学习动机的方向不一致时，对学习的推动作用必然减少。

2. 学习动机的影响因素

了解影响学生学习动机的因素，有利于提高对学生学习动机的培养和激发，从而更有效地促使学生成功地学习。学生作为学习的主体，其学习动机既受学生自身内部条件的影响，也受外部环境的影响。

（1）内部条件

学习动机是学习的内部动因，是客观的学习要求在学生头脑中的反映。因此，内部条件在对学习动机的影响中是首先要注意到的。

第一，学生自身需要与目标结构。在现实社会中，由于每个人的生活经历，所受教育各不相同，形成了个人独特的自身需要和认知事物的方式。由此反映在学习动机上的认知和求知需要也是多种多样的，其强度和水平不同，反映在学习动机上的强度和水平也就不同。另外，学生的目标结构也影响着学生的动机和学习。目标明确、难度中等、近期便可达到，则会加强学生的动机和学习完成任务时的持久性。

在课堂上，学生们常常有两类主要的目标——以掌握所学内容为定向的掌握目标（或称为学习目标）和以成绩为定向的成绩目标。对于拥有不同目标的两类学生，尼哥斯和米勒（Nicholls & Miller）把前者称为专注于任务的学习者，把后者称为专注于自我的学习者。两种目标指向者在归因和坚持性上也具有不同的特点。

在归因方面，掌握目标指向者倾向于将成功归因于学习方法，成绩目标指向者倾向于将成功归因于运气、能力和课题，而将失败归因于任务难度和运气。

在坚持性方面，掌握目标指向者在完成活动中具有较强的坚持性，而成绩目标指向者的坚持性较差。

第二，学生的性格特征和个别差异。学生自身的兴趣爱好、好奇心、意志、耐心等品质都影响着学习动机的形成。例如，交往性动机对某一学生来讲可能是第一位的，但有的学生可能以得到别人尊重的威信性动机为其第一位动机。此外，成功与失败对不同学生的作用不同反映了个别差异。有的学生趋于进取，力求获得成就，有的学生则力求避免失败。

第三，学生的志向水平和价值观。因为学习动机与理想紧密相连，学生整个人生观、世界观、价值观所直接反映的理想情况或志向水平影响着学习动机的形成。一般而言，理想水平高的学生，其学习动机就强，反之则低。

第四，学生的焦虑程度。焦虑指学生在担心不能成功完成任务时所产生的紧张、担忧、恐惧等负面心理感觉。焦虑水平不同，对学生的影响不同。大量调查表明，学生的焦虑程度过高或过低都会对完成学习任务有不良影响。中等程度的焦虑对学习是有益的。

（2）外部环境

影响学生学习动机的外部环境，包括社会舆论、家庭环境以及教师的榜样作用。

第一，社会舆论。社会条件不同，对学生的要求就不同。例如，在封建社会，读书人的学习动机是追求功名富贵；在工业社会，人们的学习动机是以劳动市场的需求来确定自己学什么专业；我国“十年动乱”期间，由于对知识和知识分子的不公正待遇，从而产生了“读书无用论”。这些都反映了社会舆论对学习动机所产生的巨大影响。但社会舆论一般通过家庭对学生的学习动机起到影响作用。如果家长教育得当，学生就会对社会上的正确舆论产生积极响应，并抵制错误的舆论现象。

第二，家庭环境。家庭环境是影响学习学习动机的主要因素，因为家庭环境与社会舆论相比较而言范围要小很多。家庭环境是学生主要的生活范围。一直以来，国外有许多心理学家都在研究“家长的态度对学生学习成绩的影响”。

第三，教师的榜样作用。大量的调查研究证明，教师在学生学习动机形成中是一个十分强有力的因素。

教师本身是学生学习动机的榜样。教师治学严谨、学而不厌，对自己的专业和教学具有极大的热情和兴趣，那么必然给学生留下深刻的印象。

教师的期望会对学生的学习动机产生不同的影响。教师对不同的学生具有不同的期望行为和期望结果，由于这些期望的不同，教师对待不同学生的方式自然就不同，而这种不同的对待方式就影响着学生的自我概念、成就动机水平和抱负水平。随着时间的推移，学生们的行为和成就与当初老师的期望值越来越接近。由此而来的结果是，高期望的学生产生了高水平的动机，经过不懈的努力，取得了高水平的行为，而低期望的学生则恰恰相反。

教师不仅有榜样作用，他还是沟通社会、学校和家庭的纽带，是学生形成正确动机的重要一环。教师要善于把各种外部因素和学生的内部因素结合起来，促使学生形成正确的学习动机。

大数据教学对学习者的学习动机有很高的要求，只有学习者有学习的主观能动性和积极性才能提高学习的有效程度。因此，作为教学重要指导者的教师还应该承担学习动机激发者的角色。具体而言，教师可通过如下几个方面对学生学习动机进行激发。

寻找有利于学习者学习的趣味性网络资源，使学习者接触与了解到大数据背景对学习的重大帮助，从而提高其学习的兴趣。

规范大数据背景下高职院校教学的环境，使学习者了解到大数据背景对教学的影响和重要性。

当学习者端正了对大数据教学的态度之后，就能有意识地使用网络资源和大数据对自己的学习进行预测，从而主动进行学习。

不难想象，有时学生对学习缺乏动机和兴趣，在很大程度上是他们无法感受到学习的紧迫性。尽管中国加入 WTO 和经济的飞速发展已使得工具性和重要性日益突出，但这些对于尚未真正接触社会的大学生是无法感觉到的，而仅仅靠老师、家长的说教是十分苍白无力的。因此，学校的相关部门可以宣传大数据背景对教学的综合影响，从而让他们在潜移默化中激起一种学习知识的欲望。

四、教学设计方面

传统高职教学的教学设计是建立在课堂、课本基础之上的统一教学。进入大数据背景以后，由于学习资源的普及，课堂教学必须从单一的知识讲解向特定情境下的知识运用转变，教师必须引导学生结合网络资源、社会现实，通过独立思考、小组讨论等对所学内容有一个更加深入的理解，最终能够利用知识解决实际问题。这就意味着，教师在作教学设计时，必须考虑学生的个体差异，设计出不同的辅导方案，这样才能使每位学生学有所得。

五、教学评价方面

以往，教学评价的方式主要是作业和考试，评价结果的准确性往往受教师经验和学生发挥的影响。大数据背景下，教学评价不能以一次考试“定胜负”，而应该走向多元化。教师通过对大量数据的归纳发现教学活动和学生学习的实际状况，分析教与学的得失，从而调整自己的教学，最终提高教与学的效果。

第二节　实行工学结合，构建“双师型”师资队伍

一、“双师型”教师的内涵

就字面上理解，“双师型”教师就是具有两种以上培养人的能力资

质的老师。其中教师是其首要的身份，是主体，其他的身份都是依附于这个身份之上的，强调的是教师的"一专多能"。不是从事教学工作的人员，即使具有多重的"师傅"身份也不能称作"双师型"。如果在传统的"教师"身份之外，还具备工程类、财会类、金融、司法类等方面并经过正规机构认定的专业职称或等级证书，都属于"双师型"教师的范畴。有的地方把具有基础教育教师职称或具有企业、行业和行政管理经历的教师也称为"双师型"教师。

在国内的相关研究中，对"双师型"教师的认定还没有统一公认的标准。一种观点认为应当以获得证书为依据，在取得教师资格证的基础上，另外再获得经正规机构认定的专业技术等级证书，就可以称为"双师型"教师。另外一种观点则认为，应当以具备的能力为依据，既具备理论教学的能力，又具备实践课教学和指导学生实践的能力，就是"双师型"教师。还有一种观点认为，单凭证书或单凭能力都难以认定为"双师型"教师，因为很多证书并不能证明获得者具有相应的能力，更无法证明他有相关的实践经验和实际操作技能。至于说是否具备某种指导学生实践的能力，没有相关的专业等级证书也很难确定。这种观点认为，"双师型"老师的认定，既要看证书，也要看能力，除具备高校教师资格证和相应的教学能力外，还要具备非教学系列的专业技术证书以及相应的资历和能力。虽然目前国内还没有完善的"双师型"教师的内涵界定和执行标准，但对"双师型"教师应当具备的基本素质还是有很充分的论述，归纳起来，"双师型"教师除具备高校教师的一般专业素养外，还应当具备以下几种素养。

（一）行业专业素养

看一个人是不是行家，并不只是看他是否掌握了这一行的几项技能。一个会做家具的人并不一定是这一行的行家里手，一个熟练的车工也不一定能成为行家。行家的内涵比掌握一项技能要丰富得多。"双师型"教师应当是某方面的行家，具有较为深厚的专业素养。一是具有丰富的职业、行业基本理论知识，了解本行业的历史沿革和发展现状，对行业的前沿技术和发展前景有深刻的认识，熟悉本行业的政策法规，在必要的时候能提出有价值的意见和建议。二是对企业、行业文化有较深入的研究，能准确把握本行业文化的实质与核心，善于利用行业和企业文化凝练行业、企业精神，用文化元素推进企业管理和行业发展。三是具有相应的管理协调能力，能进行有效的沟通、协调和组织管理，整合相关资源，调动各方面的积极因素，激活创新和发展潜力，化解企业生产和营销过程中的各种矛盾和消极因素。四是具有较强的专业实践能力，熟悉行业的生产工艺和操作技能，熟悉企业的生产环节和销售流程，能有序组织企业按章程和计划开展业务，在行业或企业出现不景气的情况时能够提出科学有效的应对之策。虽然在目前的教师成长机制下，很难有职业院校的教师达到这样高的行业专业素养，但作为“双师型”教师的认定标准和发展目标，从培养高素质应用型人才的需要来看，高质量的行业专业素养还是值得每一个“双师型”教师做出不懈努力。

（二）行业道德素养

在中国传统社会里，七十二行，每一行都有不同的行规，这种行规包含与本行业相适应的道德约束。养成自觉遵守行业规定的习惯，就是行业道德素养。在新社会特别是改革开放的新形势下，很多行业的界线被打破，一些过时的行规被废除。但是行业道德素养依然存在，也有其内在的合理性。“双师型”教师不仅应当具备行业的职业素养，还应当拥有相应的行业道德素养，这种素养对培养学生的社会公德和社会适应能力至关重要。当下的行业职业道德可分为两大类，一类是各行业约定俗成的公约和规矩。这类规矩有的是显性的，对行业之外的人也是公开的；有的是隐性的，只在行业内部流传而不足为外人道的，特别在一些传承性比较明显的手工行业，比较讲究行业规矩，包括尊重师傅，关键工艺的保密，一些秘而不宣的仪式等。另一类则是各行业都普遍适用的职业道德，如不能恃强凌弱，不能欺男霸女；要讲诚信，不以次充好，以假充真；要积善行德，用余钱做一些铺路架桥的善事，回报社会，不能为富不仁；要同情弱者，关心弱势群体，接济和帮助那些遇到不幸和困难的人。行业道德并不是一成不变的，特别是在市场经济背景下，追求利益最大化的动机使很多规范行业行为的道德原则被遗弃，行业道德总体水平呈下滑态势，但作为以教书育人为目标的教师，不仅应当了解和尊重各种优秀的行业道德，还应当把行业道德内化为个人修养，用言传身教影响学生。

（三）市场经济素养

企业和行业，大多数都是市场经济的主体，没有市场经济素养的人是办不好企业的。同样没有市场经济素养的教师也是培养不出优秀的应用型人才的，因此“双师型”教师应当具备较高的市场经济素养。市场经济素养的内容比较复杂，其中特别重要的有以下几点。第一，依法经营意识。市场经济是法治经济，市场主体需要遵守相关的法律法规，依法经营，依法纳税，自觉维护消费者的合法权益，才能保证市场的充分发育和正常运转。第二，错位发展意识。市场经济是竞争性经济，跟在别人后面去发展永远形不成竞争优势，只有找准市场空当，发展人无我有、人有我优、人优我特的路子，才能在市场竞争中占得一席之位。独到的市场眼光往往比拥有其他市场要素更重要。第三，合作共赢意识。市场经济是合作经济，通过合作可以达到扬长避短、整合资源、做大优势之效果。市场主体的合作需要双方有坦荡的态度、互利的胸怀、协商的诚意等。第四，资源配置能力。能够盘活存量，扩大增量，激活市场要素的能量，聚集各个方面的资源，使包括人力资源在内的各种资源得到合理而充分的利用。通过知与行、智与技的综合运用实现资源的优化配置。第五，市场营销能力。产品只有通过市场销售才能成为商品，才能产生剩余价值。市场营销能力是市场经济素养最重要的内涵，囊括从产品设计、生产、包装、宣传到售后服务等环节，其中任何一个环节出现了背离市场经济规律的现象，都会对企业和行业带来严重甚至致命的后果。从总体上说，目前职业院校对“双师型”教师的认定标准还停留在掌握一两项技能的层面上，“双师型”被简化为“老师”“技师”，对与企业行业相关的职业素养还没有引起重视。这种结构的“双师型”教师很难培养出优秀的应用型人才。其实，一个学生具有良好的综合素养比他掌握一两门实用技能重要得多，技能可以在较短的时间内通过教学和实训来获得，而良好的企业和行业素养往往需要身临其境地熏陶和磨炼。如果职业院校的教师能够在学校里给学生传达一些相关的信息，引导和指导学生加强企业和行业素养，再辅之以现场的时间相对较长的实践锻炼，就能让学生在进入企业和行业后少走弯路，少遇挫折。

二、“双师型”教师在职业院校转型发展中的意义

如果说教师是教育的根本，那么“双师型”教师则是职业院校赖以生存和发展的命脉。“双师型”教师队伍的数量与质量如何，直接决定职业院校的办学质量和发展前途，直接决定转型发展的成功与失败。

（一）从学校人才培养目标的转型来看，“双师型”教师队伍建设是培养应用型人才的需要

国家确定职业院校以培养应用型人才为主要目标，这是全国高等教育布局的科学调整，是与国家经济社会发展战略调整相适应的。对职业院校来说，人才培养目标由学术型向应用型转轨，既是机遇，更是挑战。能不能将机遇转化成优势，将挑战转化为发展动力，最终取决于“双师型”教师队伍建设。

第一，“双师型”教师是培养应用型人才的先决条件。有什么样的教师就会培养出什么样的学生，只有具备实践应用能力的教师才能培养出应用型学生。在现行高等教育体制机制下，高校学生接受的教育主要在学校，教师是培养和塑造学生的主导力量，学生的实习实训活动更多的是体验而不是增长知识和能力，聘请行业专家来校给学生讲课只能起到“拾遗补阙”的作用，真正系统地循序渐进地传授学生专业知识和实践能力的还是学校的教师，其他任何力量和方式都无法取代教师的地位和作用。职业院校要实现人才培养目标的转型，建设一支健全的“双师型”教师队伍是最根本、最迫切的任务。

第二，“双师型”教师队伍的素质决定应用型人才的质量。职业院校培养出什么样的应用型人才，是真应用型还是假应用型人才，并不是学校说了算，而要看毕业生的一次就业率和就业之后的待遇。社会需要高素质的应用型人才，高素质应用型人才的培养需要高素质的“双师型”教师。学生的专业知识扎实与否，学生的实践操作能力强弱如何，相关的职业修养和市场经济素养如何，在很大程度上取决于“双师型”教师的基本素质。有名无实的“双师型”教师只能培养出有名无实的应用型人才。职业院校不仅要保证“双师型”教师队伍的数量，更要保证“双师型”教师的质量。

第三，“双师型”教师队伍的结构决定应用型人才的适应能力。应用型人才既强调专业化，也强调复合型，即具有较广泛的专业知识和应用能力。在各种知识交叉融合越来越快的当下，具有复合型知识和能力的应用型人才，不仅就业的适应性更强，而且创业创新的思路更宽更多，复合型是高质量应用型人才的重要特点。这种复合型应用人才的培养受“双师型”教师的专业和能力结构的影响。职业院校应当根据社会对人才需求的特点，调整专业设置，培养和引进相关专业的“双师型”教师，完善“双师型”教师的专业结构，为培养复合型应用人才奠定厚实的师资基础。

（二）从学校服务对象的转型来看，“双师型”教师队伍建设是服务地方经济社会发展的需要

职业院校在人才培养目标转型的同时，也有一个服务面向转型的问题。过去职业院校的服务方向是模糊的，多向的，现在国家明确要求职业院校的服务方向要转到当地经济社会发展和文化建设上来。这种服务更多的是专业技术和专业能力的服务，而不是抽象的理论和学术性服务。能够承担这种服务的主力也是“双师型”教师。从大的方面讲，职业院校服务地方主要在三个方面，其中任何一个方面都需要“双师型”教师担任。

第一，服务地方产业建设需要“双师型”教师。产业建设是地方经济社会发展的基础，也最需要地方高校给予人才和技术支持。改善生产工艺，解决技术难题，优化产业布局等，都是地方与高校的服务对接点。职业院校要达成这种服务，需要一大批懂专业技术、有实践指导能力的双师型教师，纯学术型教师难以在具体技术服务中发挥作用。

第二，服务地方区域经济和社会发展需要“双师型”教师。当地政府在进行区域经济和社会事业发展的顶层设计中需要进行多方面多角度的思考和论证，需要采集方方面面的合理化建议。地方高校在这方面具有相对独特的优势，一是人才优势，二是专业优势。相对而言，职业院校的教师既有比较开阔的专业视野，也能够跳出地方看地方，不囿于地方政府原有的成见，在发展思路和措施上提出有价值的意见和建议。已经有一些地方高校建立了专门为当地区域经济和社会发展出谋划策的“智库”，能够入选“智库”并真正发挥作用的也是“双师型”教师。那些

对区域经济发展、社会综合管理、城镇规划布局、城乡统筹发展等方面有深入研究的教师最受地方政府的欢迎。

第三,服务地方文化建设需要“双师型”教师。在地方经济建设风生水起的同时,地方文化建设也渐渐被提上重要议事日程。职业院校所在的行政区划内,很多富有特色的传统文化和地方文化有待挖掘整理和开发利用。相对而言,地方政府能够对地方传统文化进行深度发掘、整理、利用的专业人士并不多,亟须高等院校的积极参与。这是职业院校可以大有作为的服务领域,更好发挥面向当地、服务地方的作用,在服务中达到保护和传承民族和地方文化、丰富当地发展的内涵和品质、活跃群众文化生活的目的,同时还可以做大做优职业院校的特色学科和专业,提高高校和地方的知名度。这种合作共赢的服务最终还是需要一支优秀的“双师型”教师队伍。综合管理、城镇规划布局、城乡统筹发展等方面有深入研究的教师最受地方政府的欢迎。

(三)从学校自身发展道路的转型来看,“双师型”教师队伍建设是保障职业院校特色发展的需要

职业院校自身也将从过去以外延发展为主转到以内涵发展为主的轨道上来,这种内涵发展应符合国家提出的高校“双一流”建设目标。职业院校要建设成为世界一流的高校,必须建设世界一流的学科,一流学科的建设又离不开一流“双师型”教师队伍的建设。

首先,职业院校的一流学科只能在“应用”两字上做文章,在学术理论上争创一流学科的可能性微乎其微,这是由其特点所决定的。而在应用型学科建设上,职业院校具备贴近地方、贴近实践的优势,通过与当地经济社会和文化建设相结合,在生产建设第一线不断探索创新,完全有可能创造人无我有的专业和学科优势,进而创建在国内外有影响的一流应用型专业和学科。

其次,职业院校的一流学科只能在“特色”两字上做文章。这种特色不可能体现在某种重大前沿科学理论的发现上,只能体现在与地方的紧密融合上,因为区域经济布局的差异性决定了不同本科院校所在地的经济和产业结构的独特性,不同地区的文化和民俗也有各自的特点,只要坚持服务当地经济社会文化发展的方向不动摇,其专业和学科特色就会不期而至,就能够通过持续不断地积累,构成职业院校明显的办学特

色，形成一批特色专业和特色学科。无论创建应用学科还是创建特色学科，都需要职业院校与当地经济社会文化实现精准和深度的融合，而实现这种融合的真正力量就是“双师型”教师队伍。这支队伍的素质越高，能力越强，校地合作的领域就会更宽广，联系就会更紧密，效果就会更明显，创建一流应用和特色学科的概率就会更大，学校的内涵发展就会更加持久辉煌。

三、职业院校“双师型”教师队伍的现状与困境

尽管“双师型”教师队伍建设关乎学校的前途和命运，事实上职业院校“双师型”教师队伍总的情况是基础薄弱、发展缓慢的，需要解决的问题和困难很多。具体有以下几个方面。

（一）“双师型”教师总量少，比例低

绝大多数职业院校真正的“双师型”教师人数并不多，占专任教师的比重低。在欧美等发达国家，高校专职教师所占比例并不高，以美国高校为例，31% 为专职教师，69% 为兼职教师。我国的职业院校“双师型”教师占专任教师的比重都在 10% 上下，与国家要求职业院校“双师型”教师应占 30% 以上的比例相差甚远。问题还在于数量稀缺的“双师型”教师都集中在少数几个学科和专业，很多专业基本上没有双师型教师。

一是工科专业的“双师型”教师多一些，文科专业特别是文化方面的“双师型”教师少。工科专业本身比较注重培养学生的实践动手能力，不少学生在毕业之前就考取了与专业相关的技能证书，经过实习实践后能掌握一定技能，留校后通过进修培训就是“双师型”教师。同时这些专业与企业联系比较紧密，通过企业培训“双师型”教师或直接从企业引进专业人才到学校任教都比较方便。而文科专业的课程比较抽象，缺乏实际操作特色，更缺乏培训锻炼的平台，在专业评价上也缺少统一公认的行业认定标准，因此在文化产业开发、文化策划、文化资源利用方面几乎没有“双师型”教师。

二是市场上吃香专业的“双师型”教师少，而相对过剩专业的“双师型”教师多。金融、软件开发、建筑设计等方面的人才都是市场的“抢

手货”，不仅很难从外面引进人才来担任专业教师，而且学校已经培养成的“双师型”人才也经常被企业高薪挖走。而一些市场人才需求相对饱和的专业“双师型”教师比较丰裕。这种状况一定程度上制约了职业院校对接市场需要设置专业的努力。

三是行政管理方面的“双师型”教师比较少，财会管理方面的“双师型”教师相对比较多。具有机关行政单位管理经历的人才，特别是具有一定行政职务的负责人很少愿意到职业院校来当教师，有些省市想打通高校与地方党委政府干部交流的通道，结果高校去地方任职的积极性远远高于地方干部来高校任职的积极性，相反高校里那些有管理能力的教师却总想着法子通过考公务员等途径转岗到行政机关。而其他类型的管理人员因为可以通过自学考试而获得资质，加之社会上具有这类管理资质的人员比较多，职业院校中他们所占的比例要高得多。需要说明的是，这里所表述的“三多三少”都是相对而言的，都没有改变“双师型”教师严重不足的状况。

（二）“双师型”教师证书多，作用少

在职业院校现有的“双师型”教师中，也存在有其名无其实的现象。一种是有证书无经历。现行制度下很多证书都是可以通过考试获得的，财会、律师、建筑等行业都有这种渠道。这种考试只考知识点，并不考查考生的实践能力，也不要求有相应的实践经历和行业工作背景，因此有的教师一个人就有好几种这类证书，但是拥有这类证书并不代表具备在实践教学中指导学生的本领。另一种是有经历无能力。虽然有些教师有过相应的行业工作背景和实际经历，但要么时间过短，没有积累足够的经验和技能；要么间隔太久，原来所了解和掌握的专业知识和技能早已过时或生疏；要么曾经任职或工作的单位或行业规模小，层次低，科技含量不高，个人专业素养和能力没有实质性提高。还有一种情况就是有能力不对岗。有些教师获得了相关的行业证书，也有过在企业行业工作的背景，且实践能力也不弱，但其专业能力与其从事的教学内容不对应，不能达到专业技能和教学内容的有机融合。产生这种现象的原因也比较复杂，既有利益方面的考虑，如不同专业教学的效益不一样，有的老师宁愿选择没有行业证书但效益好的专业去任教；也有专业调整的结果，有的专业因客观原因逐渐萎缩，部分教师被调整到其他相关专业，其行业资质失去了效用。凡此种种，都不能成为名副其实的“双师型”教师。

（三）建设“双师型”教师队伍的制度、机制不完善

可以说，职业院校的双师型教师队伍建设还处于起步阶段，相关的制度机制还很不健全，工作还没有走上正轨。

一是“双师型”教师的认定制度不健全。“双师型”教师应当具备什么条件，是重证书还是重能力，或者两者兼顾，都没有一个统一的标准。哪些机构颁发的行业证书才能认可；有了证书之后需要多长时间的实践阅历才算具备相应的资质；有什么资质的企业、行业背景才能承认其从业资历，等等，都是一些值得认真商榷和解决的问题，都应当有相对完善的制度规定。要防止为提高职业院校的“双师型”教师比例而降低认定的门槛。

二是“双师型”教师的培养机制不健全。很多学校对哪些专业要培养“双师型”教师，什么年龄段的教师要进行非教育专业的培训，招聘进来的年轻教师需不需要先去企业和行业锻炼后才能上岗教学，这些都没有确定下来。教师去企业和行业挂职锻炼的经济待遇如何确定，对职称评定有何优惠，通过什么措施调动教师参加企业和行业培训的积极性，教师在企业或行业实习锻炼的效果如何评价，所有这些问题都是职业院校无法绕开的，任何一个问题解决不好，都会影响“双师型”教师队伍建设。

三是“双师型”教师的引进机制不健全。职业院校的“双师型”教师队伍建设需要培养与引进并举，引进一些学科建设亟须的应用型教师，能迅速缓解实践教学师资不足的矛盾。但在实际工作中，引进应用型教师也存在许多不确定因素。在引进方式上有全职、兼职、特聘等，不同方式之间的待遇如何保持相对的公平合理，不同行业之间的兼职或特聘教师的待遇如何确定，没有一套科学的机制。在引进对象上有管理型、技术型、操作型，他们之间的等级如何确定，需不需要形成对应关系，比如企业的高管如何确定他的职级待遇，有些获得过国家级大奖却没有相应专业技术职称的人才，引进之后其待遇如何确定。这些非常具体的问题既需要完善的制度规定，也需要灵活的处理机制。职业院校相关制度机制的建设往往滞后于实际工作需要。

（四）培养“双师型”教师的实践平台少，档次低

很多职业院校所在地区的工业化水平偏低，生产型企业数量少，规模小，工艺比较落后，产品的科技含量比较低，不少还是家族式的手工业作坊。选送教师到当地企业实习锻炼，不能接触行业的先进技术和管理理念，效果十分有限。有些学科专业将教师送到省外的大型企业挂职锻炼，虽然可以起到培训老师的作用，但副作用也很明显，不仅培训成本增加，而且脱离了职业院校为当地经济社会建设服务的宗旨，老师掌握了一些先进的理念和技术，也很难在当地有用武之地。同时，受眼界和抱负的局限，多数地方企业和行业负责人抱着小富即安的心态，加之职业院校的一些专业设置与地方产业发展脱节比较严重，学校教师对地方企业行业的技术支持和专业指导有限。他们既不愿意与地方高校开展技术合作，也不愿意接纳教师去实习锻炼，经常找出各种理由拒绝前来协商的学校部门负责人。地方政府在校企合作中的主导作用也没有充分发挥，缺少引导和激励当地企业开展校企合作的政策机制，不少校企合作都流于形式。这些现象使职业院校的“双师型”教师培养培训深陷困境。

四、双师型教师队伍建设的途径

职业院校加强“ 双师型”教师队伍建设任重而道远。采取什么措施，选择什么路径，达到什么目标，都需要结合本校实际，听取各方意见，经过科学论证，做出正确抉择。在校级层面上，一是统一思想认识，使全校上下明白加强“双师型”教师队伍建设的重要性和紧迫性，形成上下一心、齐抓共管的工作合力。二是做好顶层设计和建设方案，明确“双师型”教师队伍建设必须以提高教师实践教学和应用能力为重点，以强化学生实践能力和创新精神培养为宗旨，以促进学生就业创业为导向，不断提升教师队伍综合素质；明确“双师型”教师队伍建设的近期和中长期目标，用目标凝聚人心、汇聚力量。三是制定相关的制度、机制，根据需要建立一系列相互衔接、相互补充、相互促进的管用的规章制度，用制度保障工作的正常运行。在学校的中级层面上，主要是根据学科和专业建设实际，制定“双师型”教师培养计划，动员教师参与相关的职业技能培训，认真贯彻落实学校的工作部署，对实际工作中出现的矛盾、问

题提出解决的意见和建议，供学校决策参考。在教职员工层面，主要是认清职业院校转型发展的新形势、新任务，解放思想，更新观念，抛弃落后的教育理念，积极响应学校的号召，主动参加各种学习培训活动，努力提升实践教学能力和实际动手能力，用实际行动推进“双师型”教师队伍建设。只有学校各级领导、各个部门和所有教职员工都行动起来，营造健康向上的良好氛围，形成强大的推进合力，才能促进“双师型”教师队伍建设顺利进行。在建设“双师型”教师队伍过程中，应当注意做到四个“坚持”。

（一）坚持培训与引进并重，以培训为主

职业院校的“双师型”教师队伍建设，要坚持两手抓。

一手是大力抓培训。通过系统培训使学校现有大多数教师掌握一至两门专业实用技能，建设一支能力突出、结构合理的地方“双师型”教师队伍，打牢学校转型发展的师资基础。一是加强教师实践（挂职锻炼）基地建设，学校与合作单位签订培养协议，建立长期产学研合作关系。每个教学学院均有相对稳定的校外教师实践培训基地或教师实践能力培养合作共建单位。每年都有计划地选派教师到实践基地进行实践操作、实践教学、技术指导、技能培训等工作，将课堂、实验室、技能培训延伸到企业和行业。二是建立教师培训上岗机制。年龄在 45 岁以下的应用型专业的教师分期分批参加实习培训，培训之后达不到相应技能资质的教师不再上讲台教书，并相应扣减绩效工资。对拒不参加培训的教师，除扣减绩效工资外，还应取消其评先评优和晋职晋级的资格。凡是没有企业行业工作经验的新进教师先参加培训，取得合格证书后才能给学生上课。二是建立教师培训激励机制。对通过培训获得职业技能证书的教师，给予一次性现金奖励，并解决培训期间的交通、住宿费用和差旅补助，奖励性绩效享受学校教师的同等待遇，在职称评定和评先评优时给予倾斜照顾。

一手是适度抓引进。对实践教学急需的学校一时难以培养的“双师型”教师，可以通过从企业、行业和机关事业单位引进人才的办法加以解决。从职业院校的实际情况看，引进“双师型”教师受经济实力和区位条件的双重限制，大量引进有真才实学的专业人才可能性不大，只能作为“双师型”教师队伍建设的补充措施。重点引进具有 3 年及以上

企业、行业工作经历的技能型人才，考虑到他们要给学生上课，引进的人才也要有适当的学历，一般情况下应当是全日制本科以上学历。对在省级以上技能大赛中获奖的高技能人才，可适当放宽引进条件。对引进的人才当中没有课堂教学经验的，也要有计划地对他们进行教师资格培训，丰富他们的教学手段，提升他们的语言表达能力和课堂驾驭能力，真正成为“双师型”教师。

（二）坚持专职与兼职并重，以兼职为主

职业院校的“双师型”教师队伍应当由专职和兼职教师构成。专职教师必须是真正的“双师型”教师，既熟悉教育教学规律，能在课堂上给学生上优质的理论教学课和实践教学课，又具备教学能力之外的其他能力，能带领和指导学生搞好实习实训。专职教师是培养应用型人才的主力，对学生的全面协调发展负主要责任。兼职教师虽然也可以列入“双师型”教师范畴，但不一定要求他们具有高校教师资格证，也不一定要求他们全面掌握教育教学技能。他们的职责主要是利用丰富的行业经验对学生进行某种专业技能的培训或指导学生开展专业实习实训。但就某一项专业技能来讲，兼职教师应当比专职教师更内行、更优秀，能够弥补专职教师的不足，能更好地培养学生某一方面的专业技能。从这个意义上专兼职教师形成了良好的互补关系。专职教师注重素质，少而精，兼职教师注重特色，多而广。而且兼职教师针对性强，聘用灵活方便，不像引进专职教师那样要求全面，对学校编制和费用的负担都相对较轻，这是职业院校培养应用型人才的最佳选择。从“双师型”教师的结构看，兼职教师的比例应高于专职教师。职业院校要积极与企业、行业建立良好的合作关系，建立兼职教师队伍人才资源库，广泛吸纳各行各业的优秀人才入库，聘请有实践经验的企业技术骨干或行业专家来校担任兼职教师，指导教师和学生的实验实训，帮助校内教师了解行业发展动态，提高实践能力，促进科研成果转化和教师向“双师型”转化。

（三）坚持资质与能力并重，以能力为主

“双师型”教师是职业院校转型发展和培养应用型人才的需要，应当突出其实践动手能力的要求。保证“双师型”教师的实践能力，关键是把好“双师型”教师认定这个关口，以认定促提高。首先，要强调相应的资质，企业和行业的相关资质证书表明其拥有者接受过相应的理论教育，掌握了相关的专业知识。没有资质证书为依据，“双师型”教师的认定工作就会陷入无章可循、无据可依的混乱状态。同时对这类资质证书应当进行严格审核，但凡不是由政府授权的机构颁发的证书应当视作无效证书，不予认可。其次，要强调行业的职业背景，就是有相应的实际工作经历。这种经历应当有三个方面的要求。一是时间的要求，就是近五年内在相关的企业或行业里累计工作时间不少于两年。实际工作经历的时间隔得太久其专业知识和技能有可能过时，在企业或行业工作的时间太短，则无法获得相应的专业技能，更培养不出相关的职业素养。二是岗位的要求。原则上应当是证岗相符，在企业行业里的工作岗位应当与资质证书相对应，是管理类的应当有管理岗位的工作经历而不是专业技术岗位的工作经历，相反，如果资质证书是专技类的则应当有在企业一线从事本专业相关的专业技术工作的经历。三是成果的要求。

在“双师型”教师认定过程中，应当适度参考其在企业行业工作期间的业绩和成果，成绩突出的应当优先认定。在近五年主持并完成两项市级及以上应用技术研究，成果已被企业或行业采用并达到同行业先进水平的，可适当放宽在企业行业的累计工作年限，甚至不需要相关的资质证书。最后，要强调资质与经历相匹配。在“双师型”教师认定时，资质证书应当与所从事的企业行业的经历相一致，不能笼而统之地只看其有无一线 工作经历而不看是否匹配，以保证“ 双师型”教师队伍的质量。

（四）坚持合作与共享并重，以共享为主

职业院校的“双师型”教师队伍建设不可能在校园内完成，必须与企业、行业和政府建立广泛的合作共享关系，借助校外资源和平台实现自身的目标。首先是加强合作。职业院校与地方合作培养“双师型”教师大致有四种方式。一是与企业行业建立合作教育基地，形成产学互动关系，基地既是学校教师实习实践的平台，也是企业员工专业理论和技能培训的场所。二是与企业行业建立合作机制，由政府部门牵头，建立双方稳固顺畅的合作关系，并督促相关协定协议的执行。三是与企业行业合作开发课程，充分利用企业行业的市场、技术和人力资源优势对接

地方产业发展开设新课程，筹建新专业。四是与企业行业开展课题合作，从当地经济社会发展过程中遇到的技术难题和瓶颈问题中生成科研课题，“发挥职业院校的优势，整合各相关企业的力量，开展重大技术创新研究，以重点技术的突破引领学科专业的创新与升级”。[①] 这四种方式对“双师型”教师的培养具有重要意义。其次是坚持共享。共享不仅是国家层面的发展理念，也是促进学校与企业、行业和政府机构合作，加快“双师型”教师队伍建设的保证。共享主要在三个方面。一是技术共享，除专利技术外，学校和企业行业都应当彼此分享对方的学术和技术，学校教师要运用自己的专业知识帮助企业解决技术难题，企业也应当把先进的生产工艺和核心技术展示给教师。二是设施共享，学校对企业行业开放科技平台资源，包括实验室和各种实验、分析、检测仪器设备，企业和行业也应该向高校教师开放机器设备和操作流程，以提高教师实践能力。三是成果共享，学校和地方政府要不断完善科技成果的转化机制，不断提升企业的产品质量和经济效益；企业也应主动向学校教师通报技术攻关和工艺创新的成果，丰富教师的知识储备和实践技能。良好的校企、校行、校政合作关系，是职业院校培养“双师型”教师的最重要的基础。

第三节　构建激励机制，调动高职教师发展积极性

一、教师激励的含义

教师激励简单来说就是指激发广大教师的积极性，勉励其向期望的方向努力。一般来说，激励的水平越高，完成目标的努力程度和满足感也越强，工作效率也越高；相反，激励的水平越低，完成组织目标的动机不强，努力程度也不高，工作效率也相应越低。

教师激励通过外部的刺激、灌输与影响，把激励的内容转化为教师个体的思想和自觉行为。激励是从个人的需要出发，把个人的需要与社

① 郑山明．地方本科院校教师队伍建设研究[M]．北京：光明日报出版社，2018：135.

会需要相结合与相统一的过程。此外，激励是一种内化过程，通过内化使主体产生超常的作用与力量。总之，教师激励是一种引导活动，是一种教育活动，也是一种管理活动。整体来看，可以从以下几个方面把握教师激励的含义。

（1）教师激励是一个连续的概念。激励贯穿于教师人力资源管理的全过程，而非某个阶段或某个环节。一个阶段、一个环节的激励完成了，又会产生新的激励，某个阶段、某个环节可能同时并存几个激励。

（2）教师激励是一个动态概念。激励不是静止不动的，而是一个调动广大教师积极性、挖掘其潜能的动态过程。

（3）教师激励是一个管理的概念，也是一种对教师进行管理所采取的方法或手段。

（4）教师激励是一个工作概念，也就是说，激励所指向的是教师的工作积极性与潜能，而非工作之外的其他活动的积极性与表现水平。

二、教师激励的意义

（一）是教师努力工作的动力源泉

教师激励是教师工作的推动力。通过有效的激励，可以调动广大教师的工作积极性与主动性，促使广大教师更加积极主动地发挥自己的聪明才智。纵观教育实践，有些学校的教师奋力争先，积极投入，忘我工作，就是由于学校实施了有效的激励；而个别学校的教师消极应付、“磨洋工”，就是由于激励环节没有解决好。有人会说，这属于教师责任心的问题，但教师的责任心不是凭空产生的，缺乏有效、及时、恰当的激励就不可能使教师产生高度负责的责任心。

（二）有利于提高教师素质

要想提高教师的素质，激励本身就是一种很好的途径。学校或有关部门可以采取措施，对坚持业务学习，不断扩展知识体系的教师给予表扬和奖励；对不思进取的教师给予适当的批评，督促安于现状的教师，并在福利、晋职、奖金等方面加以区别对待。长期来看，这有利于形成良好的氛围，促使教师积极主动地学习知识、熟悉教学业务、钻研教学技巧，从而提高自己的综合素养。

（三）有利于提高教师的工作效率

有效的激励能使教师产生巨大的工作推动力量，使教师始终保持一种高昂的工作热情，保持高水平的工作绩效。管理学中有一个著名的公式，即：

$$绩效=f（能力\times 激励）$$

这说明教师的工作绩效取决于两个因素，一是教师的能力水平，包括一般能力和特殊能力；二是通过激励调动起来的工作动机与积极性。两个能力相当的教师，其工作绩效取决于对其的激励水平。可见，要提高教师的工作效率，必须充分重视激励的作用。

（四）可以充分发挥教师的潜力

哈佛大学詹姆斯（W.James）教授通过对一些工人的调查发现，一般情况下，工人只发挥了自己能力的20%～30%，而如果受到充分的激励，他们的能力可以发挥到80%～90%。同样的道理，在教育实践中，教师人力资源的实际能力有时并不能得以充分释放，如有些教师专业不对口、工作岗位不甚满意、工作缺乏兴趣、报酬不高等，这些都严重阻碍了教师工作积极性的发挥，不能人尽其才，本来有十分的能力，可能只发挥七八分，甚至只有四五分就可以应对局面。这就需要有效的激励来挖掘广大教师的潜在能力。

（五）教师激励有利于营造良好的竞争环境

激励本身就包含一种合理的竞争，良性的竞争机制提倡教师间进行公平、合理、友好的竞争，通过竞争区分出优劣，这是实施激励的前提条件，也是激励引导的结果。这里要防止教师间的恶性竞争，不能因为竞争而竞争，要比贡献大小、比业绩好坏。

（六）有利于提高学校组织的凝聚力，吸引优秀教师人才

有效的教师激励不但能提高教师的积极性，而且能使广大教师产生较高的群体认同感和群体归属感，使教师为自己属于这个学校的一员而感到光荣与自豪。教师一旦有了群体归属感，他们就会自觉地维护学校组织的利益，主动地为学校组织的发展而努力工作、献计献策。教育实践也表明，激励手段有效的学校教师很少离岗或“跳槽”，有些教师之所以“跳槽”，正是由于其所在学校的激励手段没有到位。实施有效激励手段的学校不但能增强学校的凝聚力，而且能产生巨大的号召力，从而吸引更多优秀的教师人才。

三、教师激励的类型

根据不同的标准，教师激励可以分为不同的类型，下面进行具体介绍。

（一）正激励与负激励

根据教师激励的性质，激励可以分为正激励与负激励。

（1）正激励是从鼓励的角度出发，起到正强化的作用。当激励对象的某种行为符合教育组织的期望时，予以肯定来强化该行为，以达到调动教师积极性的目的。表扬、奖励、信任、理解、关怀等都是很好的正激励措施。

（2）负激励是从抑制的角度出发，起到惩罚的作用。当激励对象的某种行为与教育组织的期望不一致时，予以否定来抑制该行为，以杜绝此类行为的再发生。批评、惩罚、处分、孤立、冷漠等都属于负激励措施。

正激励与负激励性质相反，但都是引导教师朝向教育组织目标。两种性质的激励都会产生示范效应，从而发挥更大的影响作用。但需要注意，经常使用负激励会使教师情绪低落，从而影响其工作积极性，因此应当以正激励为主，辅以负激励。

（二）物质激励与精神激励

根据教师激励的内容，激励可以分为物质激励与精神激励。

（1）物质激励是指通过满足广大教师的物质需求来激发其积极性的一种激励方式，这是教师激励的基本形式之一，如奖金、住房、加薪等。现实社会中任何人都有一定的物质需求，教师也不例外。物质需求是人类的第一需要，它不仅是维持生存的基本条件，也是个体获得发展的前提与基础。

（2）精神激励是指通过满足广大教师的精神需求来激发其积极性的一种激励方式，如表扬、授予荣誉称号等。人不但有物质需求，而且还有精神需求。在物质需求得到一定程度的满足之后，精神需求就成了主导性需要，尤其是教师，更注重精神需要的满足。满足人的自尊心、荣誉感和自我发展与自我效能感，则更能持久、有效地激发人的活动动机。

物质激励与精神激励相辅相成，缺一不可，不能用一种激励代替另一种激励。随着社会的发展，人们的生活水平不断提高，低层次的物质需求得到了一定的满足，更高层次的精神需求日渐强烈，所以在高职院校教师人力资源管理中应更加注重精神激励。

（三）内激励与外激励

根据教师激励指向的目标，激励可以分为内激励与外激励。

（1）内激励是通过思想教育，运用启发引导的方式培养教师的自觉意识，形成某种观念，从而表现出教育组织期望的行为。内激励指向的是教师的内在心理，目的是培养教师的自律性。

（2）外激励是教育组织对教师的行为采取奖励与惩罚的外部措施，鼓励教师朝向教育组织所期望的行为。外激励指向的是员工的外部行为，多以规章制度、条例、奖惩措施等形式出现，表现有一定的强制性。

内激励与外激励是相对而言的，内激励直接指向教师的内在心理，但也要通过外部行为来表现；外激励直接指向教师的外部行为，但持之以恒也会影响教师的内在心理。从效果来看，内激励发挥效果较慢，一旦发生作用，则持续时间较长；外激励发挥效果较快，甚至会产生立竿见影的作用，但相对于内激励而言，其持续作用的时间较短。

四、高职院校教师激励的原则

（一）保证激励的公正性

要想进行激励，就必须保证激励的公平公正，如此激励工作才能顺利进行下去。具体来说，可以从以下三个方面坚持激励的公正性。

（1）实施激励要有实事求是的态度。要以客观事实为依据，恰如其分地进行激励。为此，应首先进行严格认真的民主测评与考核，保证激励的科学合理性。

（2）必须反对奖励中的平均主义。公平理论揭示平均分配并不能消除教师间的不公平感，反而会挫伤绩优教师的工作积极性。

（3）激励要对所有教师一视同仁。不允许按职位高低来激励，不能以感情代替政策、以偏见代替标准。

（二）激励的方向与组织目标相一致

激励是为了鼓励教师向实现学校组织目标的方向而努力，为此在目标设置上要体现学校组织目标的要求。判断激励是否有效，必须分析激励所产生的积极性是否有利于完成学校的组织任务，能否实现组织目标。激励措施不当，甚至会引起教师反方向的行为，其结果就是与学校的组织目标背道而驰，危害组织利益。

（三）物质激励与精神激励相结合

物质激励可以满足教师的生理需求，而精神激励可以满足教师的心理需求。按照马斯洛的需要层次论，生理的、物质的需要虽然是基础，但属于低层次的，作为知识分子的教师有更高的需要层次，更多地追求心理的、社会的需要。因此，在对教师激励时要考虑教师需要的实际特点，把物质激励与精神激励有机地结合起来，并以精神激励为主。此外，要避免走极端。如果过分依赖物质激励，会使不少教师觉得“太俗”而失去激励作用，况且会导致拜金主义；如果一味强调精神激励，会导致精神万能论，使教师觉得过于缥缈虚幻，也不能持久地激励广大教师。

（四）要注意调动教师工作的积极性

奖励是激励的一种重要手段，但要注意不是唯一手段，不能把激励等同于奖励。通过激励要调动所有教师的积极性，而不是仅仅针对个别教师。就同一教师个体而言，也要调动其工作的积极性，而不是仅仅教好书就算完成任务了。通过有效激励，激发教师在教学、科研、管理、自我发展等方面的积极性。

（五）区别对待，灵活激励

激励只有针对教师的需要方能有效，要针对教师的不同需要进行灵活多变的激励。具体来说，要充分考虑以下两个方面。

（1）教师的需要因人而异，激励措施也要因人而异。

（2）教师存在优势需要，激励要分清主次和轻重缓急。同一教师在不同时期有不同的优势需要，此一时，彼一时，激励不能一成不变。

（六）把握好激励策略

激励的具体操作技术直接影响着激励的成效，在实施激励的过程中应注意以下几点。

（1）注意激励强度。激励量的大小应以教师的工作业绩为准，激励作为刺激，如果把握不好强度就达不到应有的效果。如果太小，则达不到应有的反应阈限，形同虚设；如果过大，则会导致周围其他教师不服气，对激励失去信心。

（2）注意激励频率。激励频率是指一定时间内实施激励的次数。激励频率与激励效果并非一定是正相关的关系，激励频率受工作内容、性质、复杂度、明确性、环境以及教师个人的内在特点等诸多因素的影响。通常来说，对于长期的工作，激励的频率应相对较低。

（3）把握激励时机。把握好激励的时间分布对实施有效的激励非常重要，超前激励往往使教师漠视激励，达不到激励的功效；滞后的激励往往使教师感觉多此一举，失去激励的意义。因此，激励的时机要具体情况具体分析。

五、高职院校教师激励的方法

归纳起来,高职院校教师激励的方法主要有以下几个。

(一)目标激励法

所谓目标激励,是指通过设置适当的工作目标来激发教师的工作动机,以便充分调动教师的工作积极性。目标具有行为导向性和强大的激励功能。根据目标设置理论,要为教师设置明确可行的目标,目标要有一定的难度,使学校的组织目标和教师的个人目标结合起来,教师要对设置的目标有充分的认识与接纳,使教师的工作具有挑战性与多样化。需要注意,应设置系列目标,即大目标下有小目标,一个目标完成了还有另一个目标。此外,要注意对教师完成目标的过程进行及时的反馈。

(二)报酬激励法

报酬激励是一种重要的物质激励手段,也是一种最基本的激励方式。报酬激励通过增加教师报酬的方式满足教师的物质需求,从而刺激教师为实现学校的组织目标而努力工作。报酬激励的具体方法有很多,发奖金、提薪、改进福利水平、直接奖励等都属于报酬激励范畴。例如,沿海经济发达地区的一些学校就是用高额年薪、免费住宅或高额安家费的形式吸引了一大批优秀教师人才。不过,使用报酬激励法要综合考虑学校组织的支付能力、学校的发展战略、学校内部的岗位设置、学校组织内部利益的平衡,以及教师的资历、职务职称、完成工作的数量与质量等因素,制订合理完善的工作报酬制度。

(三)榜样激励法

榜样激励就是学校组织为教师树立正面积极的典范,促进教师的模仿学习,引导教师向组织目标所期望的方向发展。班杜拉的观察学习理论揭示了模仿学习无处不在,学校组织选择思想进步、品德高尚、工作积极、业绩突出、享有威信的教师作为大家学习的榜样,可以通过光荣榜、先进事迹报告会、先进教师图片集或宣传册等形式。榜样的力量是无穷的，可以激发教师的上进心，激发其向先进学习的热情，激励教师找差距、迎头赶上。

（四）荣誉激励法

荣誉激励就是给优秀的教师以表彰、光荣称号和各种荣誉来满足教师的心理需求，达到激励的目的。每个教师都有自尊心与荣誉感，这属于马斯洛的第四层次需要。结合这种心理需要，在教育实践中各级政府与教育组织部门对教师设立了众多的荣誉，如先进工作者、劳动模范、“十佳教师”、优秀教师、科研标兵、学科带头人等。荣誉激励成本低、效果很好。通常来说，拥有较丰富知识、需求层次较高的教师都非常重视各种荣誉，高明的管理者更不应漠视教师的荣誉感。

（五）参与激励法

所谓参与激励，是指让教师参与学习组织的各项工作尤其是管理工作中，培养教师的主人翁意识，让教师献计献策，充分发挥教师的主动性与积极性。具体来说，参与激励法可以采用教师提案制、共同决策制、教代会、岗位责任制、目标管理制等形式，尤其要让教师参与学校组织的重大决策，培养教师的集体责任感，增强集体凝聚力，使教师自觉将个人利益与学校组织的集体利益联系起来，主动关心学校事务与发展。

（六）群体激励法

所谓群体激励，就是对某个群体进行整体激励，调动所有成员的积极性。学校组织是一个群体，下面还有许多小群体，可以通过群体间的评比，树立先进群体，奖励先进群体，给其更多的自主权。学校不但要激发先进群体成员的团结合作与进取精神，而且也可为其他群体树立榜样，营造比、学、赶、帮、超的良好氛围。如在各科室、教研室（组）、年级组之间开展竞赛，比成绩、比贡献。群体激励可通过加强群体成员的信息沟通增强群体凝聚力，提高群体士气，从而提高合作效率，也可以利用教师间的非正式群体，为完成学校组织目标服务。

第四节 展开自我评价，建构高职教师评价体系

教师评价是教育评价领域的一项重要组成部分，其与学生评价、学校评价、课程评价一样，与学校的办学质量、教师的专业发展有着密切的关系。百年大计，教育为本；教育大计，教师为本。很多院校深知教师评价的重要性，为开展教师评价绞尽脑汁。因此，下面就对教师评价的相关内容进行分析。

一、教师专业发展评价的概念

所谓教师专业发展评价，即在现代教育发展观视角下，通过改进评价手段，实现教师的专业化发展。在评价中，要做到彼此尊重，制订的专业发展目标要具有可行性。教师专业发展评价非常注重评价的过程，并且采取的评价手段也要求多元化。同时，教师专业发展评价还注重个体目标的实现，这样才能让广大教师获得恰当的评价结果。

一般来说，教师的评价主要包括教师自评和教师互评两种形式。这两种评价形式如果利用得当都能取得不错的评价效果，具体来说，可以综合运用这两种评价方式，以取得理想的评价效果。在教学中，并没有一个统一的评价标准，也不存在一个万能的评价标准，要具体问题具体分析。例如，评价教师的备课情况时，要看其是否研究了教学内容和学生的具体情况，是否认真研究了教学目标、教学内容和教学方法，是否制定了合理的教学方案。而在评价教学组织情况时，就要看是否采用了适宜的教学手段与方法，如果教学手段和方法不当则难以取得理想的教学效果。

二、教师专业发展评价的功能

（一）导向与激励功能

教师专业发展评价的开展与实施，是需要一定的依据的，而这一依据就来源于教师个体发展具体化目标的达成程度。一般来说，如果顺利达成，那么评价效果就比较高，也正是因为如此，才赋予了教师专业发展评价一定的激励功能。

（二）鉴别和诊断功能

对于教师来说，专业发展评价具有考察、诊断和鉴别的重要功能。当前，国家对学校教育教学质量的关注程度非常高，就是希望广大的教师要切实抓好教学的各个环节，有效提升教师自身水平、能力，并且在此基础上大大提高教学效果。在这样的情形下，是必须要有一个科学、合理的标准来进行衡量的。

（三）反馈和指导功能

通过教师专业发展评价所得出的结果，能够反映出教师的教学效果，然后以此为依据，对教师一切活动的进一步开展起到积极的指导作用。从心理学的角度上来说，要想实现理想的既定目标，就必须通过反馈信息来对自身的行为加以调节和调整。

（四）榜样与竞争功能

教师专业发展评价能够起到有效调动教师积极性的重要作用，这一点是毋庸置疑的。于教师而言，适时地、客观地评价教师的教学工作，有助于优秀教师的评选，这就形成了一个良性循环的榜样机制，对于教师的加速成才是有帮助的。

三、教师发展性评价的实施程序

（一）确定教师评价标准

在对教师专业发展进行评价时，首先需要确定标准。这一标准的建立应该尊重教师，可以通过问卷、座谈等形式，对教师的教学意见、工作情况加以征集，鼓励教师谈谈自己的看法，这样才能更好地制订教师评价标准。

（二）制订评价指标体系

评价指标体系是教师评价标准的具体体现。一般来说，主要分为三大指标。所谓评价指标体系，反映的是教师的评价标准，是一切评价指标的集合。一般情况下，评价指标包括三级，具体如图 6-1 所示。

在制订评价指标体系的时候，可以进行逐层分解，这样才能使评价指标体系更加精细。

（三）确定打分标准

教师评价标准主要包含两种：一种是绝对评价标准；另一种是相对评价标准。前者是要求评价者直接给出分数，通过采用五分制或者百分制对其进行打分；后者是要求评价者在不同等级中做出选择，一般来说，等级有五种：很好、较好、一般、不好、非常不好，当然，为了便于操作，可以赋予相应的分值。

（四）制作评价表

评价表应包括评价对象（执教教师）的姓名、评价者姓名、科目、时间、评价指标、打分标准、权重系数等内容。

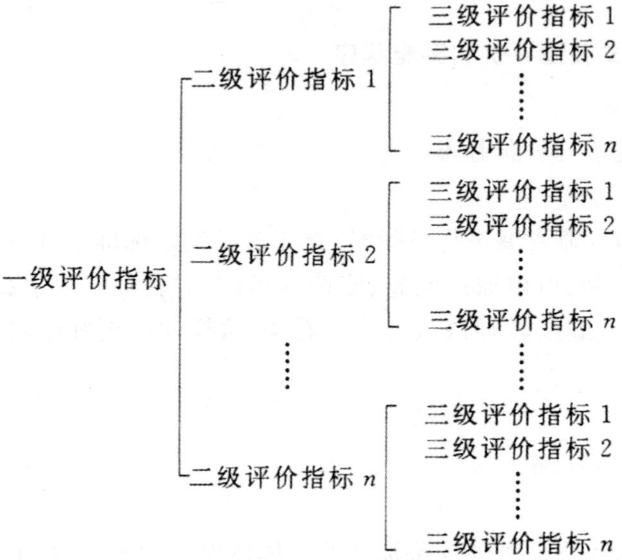

图 6-1 评价指标体系的结构关系

（资料来源：王斌华，2005）

四、教师发展性评价的具体方式

（一）实施发展性教师评价

依据一定的发展目标和价值观，主评与被评配对，制定双方认可的发展目标，由主评与被评共同承担实现发展目标的职责，运用面谈和发展性评价技术方法，对被评者的素质发展、工作职责和工作绩效进行价值判断，被评者在发展性教育评价活动中，不断认识自我、发展自我、完善自我，不断实现发展性目标。在实施发展性教师评价中，可以运用以下策略。

1. 转变评价的思想观念

发展性教师评价制度的形成，需要一定的社会文化基础，如现代化的教师评价观念、教师合作文化、民主氛围等。只有学校领导转变思想观念，认识到发展性教师评价的重要意义，调动教育力量、协调各方面的关系，才能真正实现发展性教师评价在教师专业发展中的重要作用。

2. 体现教师评价的学术标准

要实现这一要求，应该做到以下几点。第一，学校应该着力构建具有学术性的发展性教师评价制度。建立发展性评价制度，将发展性教师评价纳入制度建设的轨道；重视评价过程的民主化，强调学术自由，避免过多的约束。第二，建立科学有效的奖惩评价机制。发展性教师评价与奖惩性教师评价应该相互结合，更好地促进教师专业发展。第三，构建职责分明的三级评价体系。

3. 建立适应性教师评价指标体系

教育教学活动的复杂性和评价参与者的复杂性，决定了教师评价标准指标体系的多层次、多维度和灵活性。为此，在对教师进行发展性评价时，重视评价者与被评价者之间的对话，在协商的基础上达成一定的共识，重视评价指标的构建性意义，从而使评价的结果更具有客观性，使被评价者获得正确的反馈信息，实现自身的不断改进和完善。

4. 重视教师评价理论的培训

对教师进行评价是一项专业性非常强的工作，它对评价的观念、知识、技术有较高的要求。为此，高校应该将对教育教学评价相关理论的普及和能力的培养纳入教师培养方案中，建立针对不同评价主体的评价自治标准和要求。

5. 提供必要的评价物质基础

高校发展性教师评价的制度、组织机构、规章制度、人才队伍、评价标准等的制定和实施，需要投入一定的时间和人力、物力，并且工作具有长期性。为保证评价工作的顺利进行，需要在教育教学经费划拨中纳入这一内容。

（二）对教师胜任力进行评价

通过进行胜任力评价，能够全面了解到教师的胜任力因素、胜任力现状和胜任力发展潜质。通过评价反馈，能够发现和指出需要弥补和加强的胜任力要素，发现当前青年教师胜任力状况和组织胜任力要求之间的差距，从而找出影响或抑制个人胜任力充分发挥的关键环节，加强相关培训活动的针对性。为此，进行胜任力评价，对于培养和发展青年教师的胜任力具有重要作用。

胜任力要素与个人绩效正相关。要获得良好的业绩，需要具备一定的胜任力要素。为此，我们可以通过胜任力要素来预测教师的业绩状况。

1. 胜任力评价的作用

第一，确定教师的胜任力状态。通过对青年教师胜任力要素进行评价，对其未来工作业绩进行预期，从而实现人员甄选，实现人力资源的优化配置。

第二，确定对教师的培育和发展目标。运用评价获得的反馈信息，对被评人实际胜任力水平与工作所需胜任力水平进行比较，从而发现其中的不足或问题，采取有效措施有针对性地对其进行培养和提高。

第三，以评价结果为依据，对教师的评选、晋升职称等做出合理处理。由于教师工作的劳动成果带有长期性、滞后性，在教师团队合作中，难以辨别个人业绩与团队业绩之间的区别。对刚参加工作的教师来说，直接以工作成果来对其业绩进行评判也有欠妥当。为此，基于可以通过评价知识工作者的胜任力，间接实现对其的绩效评估。

2. 常见的胜任力评价方法

第一，基于结果的评价。这种传统的评价方法能够比较客观、公正地对评价对象进行评估，运用这一评价方法的条件要满足：具有明显个体属性的工作；工作能够直接进行度量。

第二，纸笔测评法。这一评价方法能够判断青年教师的学识水平（知识水平和能力水平）的差异。但这一方法偏重于理论知识，并不能对被测者的工作态度、品德、管理能力和表达能力进行全面的有效评价，难以检验教师的教学实践能力。因此这类测验并不一定能够确定教学人员的能力水平。

第三，复杂的评价中心方法（情景模拟的方法）。让被评价者处于一个模拟的工作情境中，采用一定的技术和手段，评价被试者的心理和行为。包括无领导小组讨论、演讲、自由辩论赛等。

第四，行为评价法。这种方法适合工作难以在短时期内表现出来和具有隐性特征的工作。胜任力与行为、业绩存在着一定的内在关系。通过胜任力评价可以实现行为评价，了解有关有效工作业绩的胜任力行为，并对比具体工作要求中的行为，得出各胜任力要素评价。在此基础上，根据胜任力要素之间的关系，对工作中表现出的整体胜任力进行判断。

现阶段，我国高校实行的是传统的基于结果的评价。通过对教师近些年的工作业绩和思想政治觉悟水平进行考核，进行评职称、评博导硕导、评学科带头人、评政府津贴及年度考核等。

这种评价方法存在着以下缺陷：一是高校教师的教学和科研工作具有较高的复杂性，工作成果和质量不易外显；二是比较容易造成教师为实现短期目标，而出现急功近利、只顾眼前利益的局面；三是青年教师处于某个科研或教学工作团队之中，难以将个人业绩和团体组织业绩区分开。

从整体上来讲，基于行为的胜任力评价，能够有效、全面地对教师的胜任力进行评价，能够进一步为胜任力培育机制建设提供正确导向。

3. 对不同评价源进行的分析

评价人对被评人的评价，是主体依据一定的参考标准对客体做出的主观判断。评价人收集的有关被评人信息情况、评价人自身的主观思维认知水平、信息加工能力，对评价结果有很大的影响。传统单纯的上级评价模式难以做出客观、公正、科学的评价。在此背景下，提出了360度绩效反馈的评价思路，由与被评价者工作有密切联系的人对被评价者进行评价，将他评与自评结果进行对比，使被评价者获得反馈信息，并做出相应改进和调整。

对同一个体进行胜任力评价，不同评价源之间评价结果的相关度很低，因此，分析教师评价源特征具有一定的必要性。

第一，上级评价。上级领导对员工的胜任力评价体现了其重要管理职能，上级可以据此对员工进行指导、控制和激励，以利于组织员工共同完成学校的教育任务。考评者上级的利益一般不直接同员工考评结果相连，因此评价较公正和客观。但是，上级出于某种目的或晕轮效应、宽厚性错误等，会对评价效度造成一定的影响。

第二，自我评价。在这种评价中，评价者更加了解自身工作能力、行为和业绩，因此可能做出较准确评价。评价人能够积极接受自我考评结果，从而可以根据评价结果制订合适的发展计划。根据归因理论、自我提升理论以及社会比较理论，这一评价方法存在着过高的“宽厚性错误”，因此适用于发展非行政目的胜任力评价。

第三，同事评价。处于相同工作环境下的教师同事，能够较客观地将个人不可控因素剔除于个人业绩评价之外，从而做出客观的胜任力评价。但是这一评价方法会在不自觉中形成竞争机制，因此评价主体的参与积极性一般不高；教师之间人际关系的好坏对评价结果有较为显著的影响。

第四，学生评价。学生与教师接触比较密切，而且两者处在不对等的位置。所以学生可以对其与人格特性、教学工作相关的胜任力要素进行客观的评价。但是学生评价学法有效的信息和技巧，有时还存在讨好心理或报复心理，造成评价结果的失真。

4. 以胜任力要素间共协整合关系为根据的胜任力评价法对教师进行评价

在现阶段，运用定量分析方法对教师胜任力进行评价中，加权综合法属于较为常见的方法。其要点在于运用加权平均模型，$y=n \geqslant w_i z_i$，评价指标变量值为 z_i（$i=1,2,\cdots,n$），权重系数为 w_i（$i=1,2,\cdots,n$），$w_i>0$（$i=1,2,\cdots,n$），$\geqslant w_i=1$ 的 n 个正数。这属于一种线性的定量 $i=1,\cdots,n$ 评价，因为 $y \geqslant w_i z_i$ 是 $z_1, z_2, \cdots, z_n$ 的线性函数。$i=1$ 线性加权模型内隐的假设是同族内各要素间是线性互补替代的，根据这一假设条件，n 维向量 $z=(z_1, z_2, \cdots, z_n)$ 为由评价对象的胜任力要素评价值所构成的次序固定的数组，y 为评价结果，z 与 y 的关系可以用公式 $y=E(z)$ 来表示。若 z 到 y 的关系 E 属于纯定量的映射关系，则存在常系数 a_i（$i=1,2,\cdots,n$），从而得到 $nE(z) \geqslant a_i z_i i=1$ 但 a_i（$i=1,2,\cdots,n$）并不一定为正数，其和也不总为 1。线性评价模型为直线思维之和，没有考虑到反馈增益，整体效果可能不等于各局部效果之和，边际效益并非一定为常数等。线性评价模型形式的胜任力评价，在理论上有悖于胜任力结构状态对环境刺激反应的客观规律；忽视了人不可能做到每项要素都处于较高的水平。因此这一方法存在着这样一个问题：如何区别一般的缺点和制约胜任力有效发挥的关键因素。也就是说，胜任力评价模型为非线性，这与加权平均模型存在着一定的冲突。

彭正龙提出基于素质系统共协反应的评价方法，如图 6–2 所示。

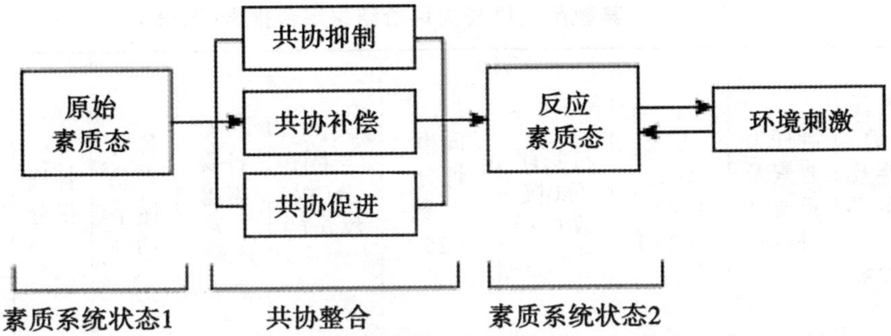

图 6-2　基于素质系统共协反应的评价方法

根据彭正龙的有关理论，素质系统具有多种要素和多个层次，而且它们之间是相互联系的。根据系统论原理，系统要素间存在着必然联系。系统与环境交互作用时，有关系统要素必然是根据环境刺激的种类、强度等进行协调、平衡、整合，然后做出相应的反应，这一过程即为共协反应。

根据共协整合理论，我们可以将胜任力要素进行分类：一种为共协主感应要素，是对应于环境刺激的特定种类要素；一种为共协关联感应要素，虽不直接对应于环境刺激，但与主感应要素密切联系，它是一种通过系统反应环境刺激对主感应要素造成影响的反应效能。教师在工作时，所反映出的胜任力状态，就经过了共协整合。

共协整合可以分为三种模式，即共协抑制（关联感应要素对主感应要素效能发挥起到抑制作用）、共协补偿（当主感应要素难以反映环境刺激时，通过关联感应要素与主感应要素进行共协，从而使其能够反映客观环境的刺激）和共协促进（主感应要素足以反映环境刺激，但通过与关联感应要素的共协，使得胜任力系统的反映能级得到了优化）。

下面是对某一教师胜任力评价结果的综合报告。参加此次评价的评价者包括上级 3 人，学生 10 人，同事 6 人，自己，总计 20 人，如表 6–1 所示。

通过评价得出该青年教师的综合胜任力，并且了解到个体胜任力中的哪些因素与组织要求的胜任力有较大的差距，抑制了该教师胜任力的充分发挥。该教师据此在今后的胜任力培养和发展过程中着重加强该方面的胜任力培养。

表 6-1 某教师的胜任力评价结果综合报告（部分）

胜任力族及重要性权数	胜任力要素及重要性权数	上级评分（权数0.25）	自我评分（权数0.4）	同事评分（权数0.25）	学生评分（权数0.1）	各要素得分	各要素总体平均分*	各族得分	各族总体平均分*
个性要素族0.3	责任心0.05	86.67	80	76.66	88	81.63		修正前得分69.65 修正后得分52.24	
	自信心0.05	66.67	60	63.33	82	64.70			
	自我控制能力0.05	93.33	80	96.67	98	89.30			
	成就动机0.15	80	80	63.33	80	75.83			
	身体适应能力0.20	73.33	80	76.66	96	79.10			
	移情能力0.05	93.33	80	96.67	98	89.30			
	坚韧性0.10	66.67	60	63.33	78	64.30			
	恃强性0.10	60	60	53.33	82	60.53			
	变革性0.15	60	60	63.33	76	62.43			
	独立性0.10	60	40	53.33	68	51.13			

（三）以双导师制为代表的评价

1. 重要意义

以双导师制为代表的卓越教师培养模式需要一系列制度保障，其中最为重要的是考核评价制度。对双导师指导工作的考核评价是当前整个实习评价的难点、痛点和盲点。一方面,一些中小学导师作为双导师制参与方,只是配合项目的实施,基本上尚未受到评价或者很少参与评价;另一方面,负责大学导师评价的教务部门,也不可能时刻跟踪评价参与指导实习教师的每位教师。鉴于此,建立实习工作及双导师制指导工作的考评制度,完善学院自我评估,督促导师自觉进行双导师制质量监测与评价,提高自身素质、遵循教学规范、履行应尽职责,非常急迫,时不我待。

双导师制在教师实习培养环节的实践中遭遇到形式主义,其中一剂"良药"便是加强考核,避免流于形式。建立健全考核制度,完善考核制度,绝不是表面功夫,而是要变成常态化的内生动力。

2. 具体实施

传统上,在实习结束后,承担有教师教育任务的二级学院一般会召开一个实习总结会,对本届实习教师教育实习工作在会上作一个整体性的总结评价,让实习教师代表在会上汇报自己在实习中的苦辣酸甜,畅谈实习过程中收获与不足、经验与教训等亲身体会。实习总结大会的传统做法对应着实习启动之前的动员大会,有头有尾,善始善终。但就实习考核评价制度创新而言,只有这一做法显然不够。

(1)厘清双导师制评价理念与目的

导师评价是一项复杂的系统工程。导师评价有效性的影响因素较多,其中,科学规范的导师评价首先要有端正的指导理念和明确的评价目的,否则,导师评价工作不仅不会有效,还有可能影响导师指导工作的积极性。因此,需要明确的是,导师制中的导师评价机制是以促进导师发展,进而推动实习教师专业成长,培养卓越教师为主要目的的,并不是为了问责和选拔。

当前,欲将双导师制评价纳入教师绩效考核,首先要树立科学的绩效考核理念。大学应从宏观上牢固树立导师制评价的根本目的是促进导师发展,改变以选拔先进、职称晋升、奖励惩罚为目的的传统考核体系。考核导师的实习指导工作,不仅仅是为了区分导师指导工作的优劣,更重要的是为了分析问题找出原因,并在下一次实习教师实习安置中加以改进和完善。这种以促进导师发展的考核评价理念,既鼓励导师自己查找在指导能力上与大学实习要求的差距,又可以让导师认识到自已取得的成绩和存在不足，大学也可以从中找出影响导师绩效提升的因素，并针对这些因素提供必要的帮助工作，从而促进导师成长和提高。

可见，双导师制评价应以促进导师及其所指导的教师专业发展与成长为动力源，以激励导师的工作积极性为指导思想，以客观评价导师指导行为的效果与质量为基本内容。这一评价理念既遵循了中共中央、国务院于2020年10月13日印发的《深化新时代教育评价改革总体方案》中的要求："改进师范院校评价，把办好师范教育作为第一职责，将培养合格教师作为主要考核指标"，又符合国际研究趋势，与美国教育心理学家布卢姆的评价理念不谋而合，他认为："评价的作用是提供适合的证据，以帮助学生按照目标要求的方式变化。"同理，双导师制评价的主要作用应是帮助导师及其所带的实习教师，按照人才培养方案中的教育实践教学目标的要求而成长变化。

总之，导师评价机制的优劣决定着双导师制的实施质量，是双导师制优化与发展的动力，值得未来进一步探究。

（2）双导师制评价应纳入所有利益相关者作评价主体

为保证双导师制评价的有效性，应尽可能扩大导师制评价的主体，建立广泛的群众基础，让导师充分参与制定考核评价体系，厘清教师、两位导师对双导师制本身的看法和评价，形成共同的考核评价理念和取向。使用多主体评价，既要调研教师与两位导师之间的相互评价，也要调研两位导师之间的相互评价。最终评价主体从大学转向中小学，中小学作为实习用人单位和毕业就业出口，其反馈评价在教师实习评价中起重要作用。

（3）采用综合的评价方法

为激发双导师的工作热情，调动他们指导教师的积极性、主动性和创造性，提高指导质量，大学应坚持全面性、科学性、可行性、动态性等评价原则，采取过程性评价与终结性评价相结合、他人评价与自我评价相结合、定量评价与定性评价相结合、相对评价与绝对评价相结合等多元评价方式相结合的综合评价方法，全面反映导师教学与实习指导的基本情况，建立科学有效、客观的评价体系。

值得一提的是，综合评价方法应加大中小学合作导师的评价权和话语权，这在本书第三章第二节中的摸底调查研究中已明确表明。此外，该综合评价体系还应将师德伦理指标纳入双导师制评价，强调在实习期间双导师制对专业精神和师德伦理的培养，以凸显卓越教师培养2.0中对涵养师德的要求。

（4）建立健全双导师制评价的指标体系与标准体系

评价指标和指标体系是对被评价对象全部或部分特征的真实反映，是评价的标准和尺度。严格实行教育实习工作和导师指导行为评价与改进制度，最重要的应是健全教育实习与导师指导行为的评价指标和标准体系，尤其是对评价权重比较高的教育实践能力和教学反思能力的指导进行科学有效的评价。先前有研究也发现，有些导师认为正是因为没有合理健全的导师指导工作评价体系，才使导师指导工作的可操作性不强，存在随意性、散漫性等问题。

所以，构建一套科学的双导师制评价指标体系与标准体系，在双导师制落实中起着核心抓手的作用，更是对导师指导工作进行考核评价的重点和难点。为了以评促建、以评促改、以评促强，评价指标设计应尽可能多角度、全方位考察教师教育双导师制，尽可能做到全面反映教师的实习现状，尽可能做到指标合理清晰、权重恰当、信息度较高、可操作性较强等要求，宜细不宜粗，从而确保评价结果的有效性。

根据上述双导师制评价理念和教师教育领域导师指导行为的特点，建议采取以下措施。

第一，制订导师考核计划。对本学期导师的指导时间、指导次数、指导方式、指导内容等，根据导师的个人情况与相关教务管理部门认真协商，在达成最终共识后，导师应对自己的指导工作目标做出计划和完成计划的承诺。

第二，严格督促并检查导师贯彻执行考核计划情况。导师应按考核计划实施指导工作，在双导师制实施过程中，大学教务管理部门或实体的双导师制工作小组要对导师指导工作进行监督和推进。应按照建立好的评价指标体系，针对导师指导行为及遇到的问题、实施的进度等进行逐条评价，紧跟考核计划，严格督促、检查导师是否贯彻执行了该计划，定期检查导师指导工作推进情况，包括指导次数与听课记录等定量与定性情况描述，可以根据导师制实施的进展情况，对考核计划进行适当调整。如此一来，一方面可发现在双导师制实施过程中出现的问题；另一方面也可督促个别偏离评价指标规定标准的导师要纠偏纠错，根据评价指标与标准，认真完成自己的职责任务。

第三，依据制订的考核计划，多元评价导师指导工作完成情况。“屁股决定脑袋”，为避免不同的评价主体因立场不同而影响评价结果的公正客观，应坚持如上所述的综合评价方法，提倡定量评价与定性评价相结合，自我评价与他人评价相结合、实习教师评价、双导师评价以及导师制工作小组评价等多元评价主体相结合。

（5）导师指导相关的数据采集与监测应科学全面

根据构建好的双导师制评价指标，编制考核评价工具，使用该工具对双导师采集数据、分析数据、撰写评价报告。

导师评价数据主要考核指导学生教学实习情况，可通过问卷调查，了解双导师与实习教师正式建立师生关系后的沟通次数、沟通方式、指导内容、指导作用、指导质量、实习教师教学实践能力现状及实习满意度等定量数据；导师听课记录、教案批改记录、指导聊天记录等材料定性数据。这些定量与定性数据，方便大学教务部门通过导师听评课记录进行考核评价与定期督导检查。并将考核成绩作为评奖、提职和晋升职称的重要依据，对完成任务的教师给予奖励，对没有完成任务的教师要给予批评教育。年度考核评优时，指导实习教师可以作为职称评审的加分项，同等条件下优先考虑实习教师优秀导师。

（6）对实习教师的评价宜采用个性化、多样化的评价方式

对学生采取个性化、多样化的评价方式指的是从多个角度、多种手段对学生进行评价，不能仅限于对教师见习、实习与研习手册成绩的评价。还可以对实习教师的出勤率、违纪率、导师指导活动参与率、教学比赛奖等进行量化考核，对上课教案、课件、课堂实录视频、上课照片等进行质化考核。

进一步而言，应以实习基地和实习教师的同伴评价为主。重视同伴评价，还可以实习互助小组共同体为单位进行考核，每个共同体中给予一定的时间准备，规定时间截止后，随机抽取其中一人作为代表，该代表所得成绩也是其他共同体成员所得成绩，这种共同体评价一定程度上能促进共同体成员的互帮互助。

除此以外，实习结束后，大学导师还可以自行组织实习教师开展实习座谈会，通过个人当面实习报告等形式进行面试考核。面试时，导师可以从实际教学情境出发，提炼出具体问题让学生进行解答。还可以要求实习教师陈述自己在实习过程中大学导师、中小学合作导师的指导情况，对“双导师制”的工作开展，让实习学生畅所欲言，总结“双导师制”在落实过程中值得借鉴的地方以及存在的问题。同时在评价过程中不能只重视对回答结果的评价，还要分层次注重对实习教师的回答表现的

过程性评价。

（7）考核评价结束后，要注意进一步持续改进完善

严格按照师范类专业认证的要求，在评价后注意持续改进，严抓工作完善关。一个好的管理制度总是在实践中不断总结、不断完善的。实习结束后，要在认真总结经验教训的基础上，及时修改和完善实习期双导师制等各项实习管理制度，根据实习教师的具体实习情况修订本科生培养方案，制订出切实可行的实习计划，进一步探讨出具有实际可操作性的指导标准和实施细则，使实习教师的实习工作得到真正的指导和帮助，从而进一步使“双导师制”得到有效落实和改善。

第五节　把握教育生态，优化高职教师成长环境

一、教育生态学视域下高职教师专业发展的理论框架

教育生态学（Educational Ecology）最早由美国学者劳伦斯·克雷明（Lawrence Cremin）提出。教育生态学是依据整体、平衡、动态的生态学原理，将教育与其周边生态环境（包括客观的物质环境、社会环境，主观的个体环境等）视为具有一定结构与功能的整体环境，研究其生态环境之间、生态环境与生态个体之间相互作用的一门学科理论。其主要包括“限制因子”“生态位”“花盆效应”和“边缘效应”等主要基本原理，这些基本原理与生态规律构成了本次研究的理论框架部分。第一，限制因子定律主要是指教育生态中不论是个体抑或是集体都存在着限制因子，生态因素发展不充分（低于某个最低阈值或最大阈值），会对整体系统产生程度各异的消极影响。第二，所谓的生态位原理，指的是生态个体在环境中所占据的地位与作用，并以个体在生态环境中的适合性去确定其生态位的边界，它是处理教育生态内外部关系的前提。在教育生态中，个体所处的生态位边界与其所利用的资源大小相互作用，竞争激烈程度也会因生态位的宽度而有所不同，而明晰个体职业角色定位有助于营造有序的生态位竞争与流动。第三，花盆效应又名局部生境效应，即封闭或半封闭的教育生态系统虽有助于保护个体成长，但却弱化了其

对外界因子的适应阈值，乃至于生态位发生动摇。花盆效应实则是教育生态的一种短期调节手段，但从长期来看并不利于教育生态回归真正的平衡。第四，教育生态的边缘效应的一种理解为教育生态需要动态边缘才能促进合理的人才流动和学术知识的交融，以避免“同质系统”的形成；另一种理解为教育生态中的个体处于发展的边缘地段，其资源供给也因“边缘化”而难以跟上，从而制约其专业化发展。

教育生态学之所以能诠释高职教师专业发展，是因为两者都聚焦于生态环境发展与教育个体之间的相互关系，以及生态个体对教育有序发展的作用机制与规律。在高等职业教育宏观环境当中，高职教师作为主要的生态个体，倘若其能把握限制因子定律并明晰生态位宽度，则有利于促进自身专业发展，以带动教育生态系统的整体效应。此外，从整体论和系统观对高职教育生态领域中的教师个体因素进行全面的、联系的思考，有助于发现高职教育发展在宏观与微观上的密切联系，从而以教师专业发展带动高职教育系统结构与功能的不断优化及完善。

二、教育生态学视域下高职教师专业发展的现实样态

（一）高职教师的知识结构失衡制约其专业发展步伐

无论是生态个体抑或是生态环境都客观地存在着程度各异的限制因子，为便于研究聚焦，本次研究对限制因子定律的运用主要集中在高职教师这一生态个体当中。高职教师的知识结构直接影响着其教学培养、科学研究和社会服务活动的行为逻辑及其决策深浅，而知识结构失衡则容易放大高职教师个体限制因子的效果，从而徒增高职教师专业成长过程的相向力。高职教师的知识结构失衡具体表征为：

1. 理论知识与实践知识的失衡

高职专任教师来源大致可归纳为应届毕业入职、院校间流动、企业单位补充等，其中以应届毕业入职为主。这类新入职教师虽具备一定的理论知识基础，但这种“校—校”的衔接过程使得教师缺乏工作实践经验，从而容易忽视实践层面（知识、技能和技术）的积累，这实际上并不符合高职院校专任教师岗位的用人诉求。而高职教师在其专业发展过程中，因缺乏实践知识的规训，往往会继续从理论知识层面去寻找答

案，加剧了理论知识与实践知识之间的倾斜角度。

2. 知识结构中各知识模块占比不相协调

高职教师专业发展不仅包含专业知识，同时还理应包含条件性知识（信息素养等）和实践性知识（技术技能等），且出于高职教师角色特殊性的考虑，其实践性知识占比应在其专业发展过程逐渐增大。高职教育应是以技术应用型教育为主，以培养高级技能型人才为己任，并具备自身独特的教育规律的活动，因而高职教师在其知识传授中理应关注受教育者知识应用能力的修习。但在实然状态中，我国部分高职教师由于欠缺社会实践经验，其知识应用与操作能力有所欠佳，从而难以有效地引导学生参与实践。德国“双元制”职教模式中，高职教师在其大学期间就着重进行专业教育和职业实践，而后在第二次国家考试之前，必须要完成与本专业相关的且时长为 1 年及以上的专业实践。此外，随着现代教育技术的演变，为提升高职教师教学有效性和更新专业前沿知识，教师还得具备一定的信息素养，并在教学的组织与安排上引进先进的教学理念与信息化教学方式。但当下，许多高职教师信息素养能力远跟不上时代步伐，给学生授课还是停留在陈旧的 PPT 和旧教材层面，许久不更新其知识技能。专业知识结构失衡催化了限制因子的负面影响，制约了高职教师专业发展的步伐。

（二）高职教师的定位模糊扰乱教育生态的整体平衡

高职教育生态领域中现存着“知行不一”的怪象，如高职院校规模快速扩张的同时，高职院校与中职院校之间的层次关系、高职院校与本科院校之间的类型关系却仍然处于“剪不断理还乱”的处境当中，高职院校的“高等性”与“职业性”生态位特征模糊不清。而高职教师定位模糊是我国高职教育领域中的衍生问题，具体表现为高职教师生态位的宽度不明晰。

一是高职教师的生态位泛化至高校教师，生态位注重其“高等性”。高职院校制定的教师管理制度与普通本科院校趋同，将普通高校教师的职称评审标准“套用”到高职院校职称评审之中，误导了高职教师专业发展向普通高校教师趋同，从而引发一系列生态位泛化问题。例如，高职院校偏向于理论型人才培养而非实践型人才，重视教师学历层次而非技能熟悉程度等。从高等教育生态系统来看，高职教师向普通高校教师趋同，容易弱化教育生态领域的多样性。此外，有的高职院校还限制教师过多参与企业服务，其行为逻辑与国家鼓励高职教师参与企业服务的相关政策有所背离。

二是高职教师生态位特化至高技教师，生态位注重其“职业性”。高级技工教育属于较高层次的职业技能教育。在实际状态中，社会大众普遍地认为高职教师应注重技术技能的学习与规训，教师应将其角色定位为“高级技术技能人”。但是，高职教师的生态位狭隘化容易使得教师专注于“技”而忽视于“理”。生态位是生态个体的一种社会属性标识，强调的是个体在生态系统中的权责以及发展方向。技术技能知识是高职教师发展的内在逻辑和活动根本，但并非其生态位的全部。高职教师生态位的宽度缩小到高技教师，容易造成高职教师更加注重技术技能的培养，忽视专业理论知识的学习，难以为教师可持续性发展提供内在动力。生态位宽度偏大或偏小都会加剧高职教师在教育生态系统中的竞争关系，引起教师间的竞争排斥和弱化教育生态的整体效应。

（三）高职教师的“边缘效应”约束着生态领域的“整体效应”

由于社会生态系统之间结构与类型的复杂性使然，高职教师专业发展处于教育生态的“边缘效应”，而“边缘效应”在一定程度上又制约着教育生态的“整体效应”。高职教师专业成长处于“边缘效应”的原因在于：一是高职教师专业发展受到“系统同质化”的影响。何为系统同质化，它指的是在高职院校生态系统中，许多高职教师所学专业知识过于狭窄化，知识划分太细，教师之间实际上介乎较为单一的同质知识环境当中。此外，高职院校“近亲繁殖”进一步造成系统的同质化。高职教师即可归属于高等教育系统，亦可归属到职业教育系统，在两个不同性质上的生态系统之中，学术交流与知识更新变化应远大于某一生态系统内部。但高职教师之间专业知识过于细化，且缺乏相互协作交流的开放平台，使得高职教师专业发展过程缺乏造就一流教师的实然条件。二是“边缘效应”亦可从“中心”与“边缘”之间的关系进行理解。由于教育生态演变的不平衡性，以致存在薄弱的高职教师专业发展的边缘地带。教师工作满意度从侧面上反映着其职业发展的不平衡性。在生活满意度不高的情况下，许多高职教师肩负着大量的教学与服务工作压力却难以获取等值回报，从而损害他们的职业认同感。此外，虽然近些年高职教育得到国家政策大力扶持，但短时间内难以发挥其教育生态的“整体效应”。有研究报告提出，大部分高职院校的生师比超过 18 ： 1；约半数学校生均教学用房面积低于标准；众多高职院校服务贡献能力不强或与办学基本能力水平不相匹配等。在这种资源困境中，高职教师缺乏维系其专业发展所需要的信息流和资源流，加之许多教师因专业知识及技术技能掌握程度不高，或者与专业前沿知识相脱节，从而扩大了“贫困恶性循环”和“边缘效应”的消极影响。

三、教育生态学视域下高职教师专业发展的未来取向

（一）聚焦生态个体的能动作用，完善高职教师的知识结构

高职教师知识结构失衡阻滞其专业发展，从而放大其限制因子影响。为减少限制因子所带来的负面影响，理应立足于高职教师专业发展的逻辑起点，聚焦生态个体的能动作用，从而提升高职教师综合知识素养。个体的能动作用对其制约因素具有调节功能，且能主动地为其提供转化的条件支撑。而发挥高职教师个体的主观能动性可依据其不同的职业发展阶段进行内容调整。

1. 在高职教师的入职阶段，吸纳不同领域人才任教，重在“引”

《国家职业教育改革实施方案》提出：高职专任教师要具有三年及以上的企业实践经历，且教师招聘原则上不再从应届生群体中选取。政策找准了我国高职教师技术实践知识先天不足的根本性问题，这是我国高职教师改革的重大取向。高职教师的发展应该从专业实践领域出发，而不是一味地将“学历＋职称”作为其主要评判标准。人才引进的模式亦可多元化，既可包括传统的企业人才的直接吸纳，同时也可包括跨院校企业人才共同培养、企业高级技术人员兼职教师等。通过提升教师队伍具有实践经历人员的占比，有利于间接地为其他高职青年教师（尤其是从普通高校毕业直接入职的教师）提供发挥其主观能动作用的学习条件与协同环境。

2. 在高职教师的在职阶段，引导高职教师以社会实践活动来磨炼自身，重在“培”

产教融合为优化高职教师专业发展提供了前进方向，一方面，高职教师应遵循其角色的创新性和应用性特征，改变其理论知识与实践知识应分离的狭隘认知，积极促进专业知识成果转化为应用产品，并加强与专业相关企业的深度合作。另一方面，高职教师应遵循其角色的跨界性和社会性，每年至少 1 个月在企业或实训基地实训，并促使其与教学改革相结合。相关研究表明，职后“参与式”企业实践经历比职前“沉浸式”更能对高职教师学科教学知识产生显著影响，高职教师带着教学改革目标与任务进入社会实践，有利于将企业实践经历的内容迁移至教学实践当中。此外，还应重视其教育体系的衔接。长期的管理体制差异导致职业教育与培训难以形成相互衔接的纽带，高职教师知识结构体系难以相互衔接，个体主观能动性也难以发挥。因而，促进高职教育与教师培训一体化建设，既要明晰各管理主体的职责分工，同时也要重视高职教师知识结构培训的前后衔接关系，以完善教师的综合知识结构。

（二）遵循高职教育的发展规律，明晰高职教师生态位宽度

高职教师的生态位取舍制约着其生态环境的竞争与排斥，而其角色定位又与高职教育规律息息相关。因而，优化高职教师专业定位问题理应回归高职教育规律和教育生态层面进行思考。

一是高职教师应明晰对高职教育发展规律的认识。高职教育是应用型教育，以培养高层次技术技能人才为导向，区别于普通高等教育和职业教育，它具有自身独特的演变规律。高职教师角色所附有的职业性、应用性等特性，正是高职教育规律外显于教师角色行为的结果。而高职教师理应在了解高职教育规律的基础上遵循规律行事，通过校企合作、技术服务、社会培训、自办企业等途径参与社会服务，以期实现自身角色的社会化。此外，高职教师还可灵活运用高职教育规律，在“高等性”与“职业性”之间，既要坚守“职业性”的底线，积极促进产学融合；又要追赶“高等性”的层次，加强专业前沿高端知识的学习。

二是遵循教育生态分化原理，发挥各自的应然作用。将高职教师群体泛化为普通本科高校教师，抑或是特化为技能教师，其无疑是泛化或

者特化其生态位，从而加重了教育生态中的教师定位重叠和资源分享问题。高职教师与后两者之间存在着共性与特性，高职教师专业成长理应涵盖道德层面、信息层面等共性素养。高职教师的双师素养是其区别于其他生态位教师的个性，同时也是其专业发展的关键之处。这种素养的特点可概括为双证书（教师资格证与从业资格证）、双能力（理论教学与实践操作）。换言之，高职教师要明晰其专业发展的生态位，使其在资源博弈中突出其核心竞争力，则要求其一方面要厚实自身专业理论素养，一方面又要具备专业领域前沿的实践技能与工艺。此外，培养高职教师的职业认同感，从生态个体深层次的自我认同出发，以增进其职业认同感而加固其生态位幅度。

（三）秉持教育发展规律，完善高职教师成长的生态环境

高职教师的专业发展受到众多客观规律所制约，既要遵循着高职教育规律，同时也要遵循教师职业生涯发展规律。“花盆效应”虽在短期内促使高职教师专业发展达到一个新的高度，但却容易打乱高职教师原来的发展节奏，使其自我发展不得不依赖于外部环境。因而，如何化解当下政治逻辑对高职教师专业发展的不良影响，使其回归到符合教育规律的运行轨迹当中。

其一，高职教师专业成长应遵循“活水效应”。传统的教育观要求教师拥有厚实的理论知识与技能，但在知识经济时代，高职教师还应该注意其知识结构的“养分”是否会随着时间的变化而流失。因而，高职教师理应主动参与社会实践来更新自己的知识结构，及时将新技术、新行规纳入其教学标准和课堂内容中，并强化学生的实习实训。而《计划》鼓励“产教融合”“每 3 年修订 1 次教材”“运用现代信息技术改进教学方式方法”等针对措施在一定程度上有利于高职教师打破其固有的知识藩篱与生活环境，促使高职教师尝试采纳新型多样的教材等方式来健全其教学资源库。

其二，鼓励高职教师打破舒适圈，建立良好的高职教师专业发展的生态环境。一方面，高职院校层面应踊跃响应国家政策，对在企业学习的高职教师减免相应的任务量和增加经费补给；另一方面，高职院校应重视高职教育的“高等性”与“职业性”。针对当下高职教师“双师素质”建设的要求，从顶层设计教师培训的目标、组织架构、培训模式以及评

选标准,为高职教师专业发展构建良好的培训环境。此外,高职教师实践经验不足、实践成效不足等现实问题还与外部社会实践环境供给不足相关。校企两个生态环境相互协同是促进高职教师实践知识与技能的前置性因素,其生态环境之间的衔接程度在一定程度上决定了高职教师社会实践态度及效能。由此窥见,倘若要提升高职教师生态个体专业发展的成效,除了高职院校要提供经费与时间的双重保障,企业单位等外部环境也要为教师提供应然的条件支撑。

(四)回归教育生态的平衡,注重系统环境的“整体效应”

教育生态的结构与功能理应服务于内外部环境的整体平衡。高职教师专业发展的“边缘效应”不应只是单独置于生态个体当中进行思辨,还应从教育生态的系统论与整体论的思路去调节。因而,基于教育生态的整体效应出发,一方面要促进边缘动态的人才合理流动,促进高职教师学科知识交叉化学习。在各大高职院校里,专业分化的结构性困境使得高职教师之间不存在着边缘效应协和作用的客观条件,这实则有悖于当下对综合性人才的需求。高职教师可通过专业的相似性和关联性特征以及教师跨专业需求来形成跨专业知识共同体。高职教师的跨专业知识学习唯有摆脱生产化的结构性工作才能促进知识的合理流动,教师跨专业获取知识理应成为其专业发展的常态。另一方面,要重视教育生态的短板制约,引导高职院校与教师的协同发展,并注意信息流与资源流的补给。高职教师的专业成长制约着高职院校生态领域的演变。因此,高职院校理应完善教师专业成长的环境性支撑,一是要保障基础设施与专业教学设备的投入,完善教师队伍结构及办学条件,面向市场主动吸引企业参与办学;二是建立院校与企业人才双向交流平台,提升高职教师的“双师素质”。针对当下许多高职青年教师社会服务贡献不足等问题,高职院校应积极引导教师树立社会服务意识,将教师开展的咨询服务、成果转化等社会服务活动纳入教师职称晋升及考核之中。此外,高职院校还应关注高职教师群体中“边缘人”,如专业知识薄弱、实践经验不足和职业倦怠的教师,通过物质与精神条件的资源支持,补齐高职教师队伍专业发展的短板,实现高职教育生态的整体效应。

参考文献

[1] 安江英，陈渌漪．高职教师职业能力的培养与评价 [M]. 北京：北京理工大学出版社，2014.

[2] 陈俊．高职教师队伍建设的制度创新 [M]. 成都：西南交通大学出版社，2009.

[3] 陈霞．教师专业发展的实效性研究 [M]. 北京：北京大学出版社，2012.

[4] 陈永明．现代教师论 [M]. 上海：上海教育出版社，1999.

[5] 陈永明等．教师教育学 [M]. 北京：北京大学出版社，2012.

[6] 代蕊华．教师专业发展与校本培训 [M]. 北京：教育科学出版社，2011.

[7] 董彦．现代课堂与教师教育技术能力发展研究 [M]. 合肥：中国科学技术大学出版社，2017.

[8] 樊文芳．教育信息化环境下的教师专业发展与培训 [M]. 北京：科学出版社，2015.

[9] 傅道春．教师的成长与发展 [M]. 北京：教育科学出版社，2001.

[10] 盖颖颖．外语教师团队建构研究：基于专业学习共同体视角 [M]. 北京：中国经济出版社，2016.

[11] 郭平，熊艳．教师专业发展概论 [M]. 成都：西南交通大学出版社，2017.

[12] 韩立福．教师教育观念深度转型：由认识走向行动 [M]. 长春：吉林大学出版社，2012.

[13] 韩美荣，常华锋. 教师教学基本技能训练指导 [M]. 北京：首都师范大学出版社，2017.

[14] 韩永宝. 解密高职教育发展的“软肋”教师职业发展问题研究 [M]. 北京：知识产权出版社，2015.

[15] 何兰芝，韩宏莉. 教师专业发展与成长规划 [M]. 北京：北京师范大学出版社，2017.

[16] 何齐宗. 教师教育与教师发展研究 [M]. 北京：中国社会科学出版社，2014.

[17] 贺永旺等. 提升教师教学实施能力 [M]. 北京：教育科学出版社，2011.

[18] 洪明. 教师教育的理论与实践 [M]. 福州：福建教育出版社，2002.

[19] 胡惠闵，王建军. 教师专业发展 [M]. 上海：华东师范大学出版社，2014.

[20] 胡建波等. 高职院校教师职业能力研究 [M]. 成都：电子科技大学出版社，2012.

[21] 黄洁芳. 课程改革情境下高校英语教师认知发展研究 [M]. 北京：新华出版社，2017.

[22] 黄立. 产教融合背景下高职院校“双师型”教师团队建设研究 [M]. 长春：吉林人民出版社，2020.

[23] 黄蓉生. 教师职业道德新论 [M]. 北京：人民教育出版社，2014.

[24] 贾晓波，李慧生，封毓中，等. 心理健康教育与教师心理素质 [M]. 北京：中国和平出版社，2007.

[25] 蒋丰伟. 高职院校教师人力资源管理存在的问题及对策研究 [M]. 北京：中国纺织出版社，2020.

[26] 教育部教师工作司. 教师教育课程标准（试行）解读 [M]. 北京：北京师范大学出版社，2013.

[27] 教育部师范教育司. 教师专业发展理论与实践 [M]. 北京：人民教育出版社，2003.

[28] 靳希斌. 教师教育模式研究 [M]. 北京：北京师范大学出版社，2009.

[29] 李梦卿. “双师型”职教师资培养制度研究 [M]. 武汉：华中科技大学出版社，2012.

[30] 李明善 . 教师专业发展论纲 [M]. 长春：吉林大学出版社，2011.

[31] 李向前，王国洪 . 高校青年教师思想政治工作读本 [M]. 北京：研究出版社，2013.

[32] 李小蔓 . 以人为本的高职教师激励策略 [M]. 成都：西南交通大学出版社，2014.

[33] 李晓波，陆道坤 . 思想演变与体制转型：中国教师教育回眸与展望 [M]. 镇江：江苏大学出版社，2012.

[34] 李学农，张清雅 . 教师教育世纪转型与发展 [M]. 南京：南京师范大学出版社，2014.

[35] 李玉萍 ."双师型"视域下高职院校教师在职培养困境研究 [M]. 合肥：中国科学技术大学出版社，2018.

[36] 梁成艾 . 职业学校"双师型"教师专业化发展论 [M]. 成都：西南交通大学出版社，2014.

[37] 梁建青，刘自忍 . 高校教师党支部建设高职院校基层党建工作研究 [M]. 哈尔滨：黑龙江人民出版社，2020.

[38] 林立杰 . 高校教师胜任力研究与应用 [M]. 北京：中国物资出版社，2010.

[39] 林樟杰 . 教师教育体制机制问题研究 [M]. 北京：中国人民大学出版社，2009.

[40] 刘诚芳 . 现代高校教师人力资源管理 [M]. 北京：民族出版社，2007.

[41] 刘汉成 . 地方本科院校转型发展的实践探索 [M]. 北京：中国经济出版社，2015.

[42] 刘鹂 . 教师教育者教学能力研究 [M]. 西安：陕西师范大学出版总社有限公司，2016.

[43] 刘明 . 高职院校教师能力建设与管理 [M]. 合肥：中国科学技术大学出版社，2012.

[44] 刘明著 . 高职院校教师能力建设与管理 [M]. 合肥：中国科学技术大学出版社，2012.

[45] 刘亭亭 . 教师职业道德 [M]. 北京：北京大学出版社，2017.

[46] 刘维俭，王传金 . 教师职前教育实践概论 [M]. 南京：南京师范大学出版社，2006.

[47] 邵建东 . 现代职业教育研究前沿论丛高职院校专业教师团队建设与管理研究以装备制造大类专业为例 [M]. 华中科学技术大学出版社，2021.

[48] 石学云，高丽 . 教师职业发展与心理健康 [M]. 西安：陕西人民教育出版社，2009.

[49] 童丽，张亮，李引霞 . 高职院校教师绩效管理实践研究 [M]. 广州：广东高等教育出版社，2021.

[50] 童丽玲，戴日新，彭宣红 . 任务型教学设计视角下高职英语教师专业发展研究与实践 [M]. 西安：西安交通大学出版社，2017.

[51] 汪炎珍 . 高职院校教师人力资源管理存在的问题及对策研究 [M]. 湘潭：湘潭大学出版社，2018.

[52] 王岚煮 . 高职院校双师型教师专业素质培育体系研究 [M]. 南京：东南大学出版社，2021.

[53] 王琪，任君庆 . 高职院校教师专业发展研究 [M]. 杭州：浙江大学出版社，2019.

[54] 邢广陆 . 高职院校教师绩效评价研究 [M]. 青岛：中国海洋大学出版社，2018.

[55] 徐钢，宿静 . 高职院校教师队伍建设研究 [M]. 天津：天津科学技术出版社，2013.

[56] 徐华 . 高职教师专业发展困境与出路 [M]. 上海：上海交通大学出版社，2017.

[57] 许华春 . 高职教师礼仪“四想四对照”主题教育读本 [M]. 成都：电子科技大学出版社，2015.

[58] 杨一笔 . 高职教师教学实践研究 [M]. 成都：西南交通大学出版社，2016.

[59] 尹华丁 . 高职院校教师教育“三分法”[M]. 湘潭：湘潭大学出版社，2010.

[60] 张洪春，孔新舟 . 高职院校教师教学能力形成与发展研究 [M]. 武汉：湖北人民出版社，2016.

[61] 张吉国，曹毅杰 . 高职院校教师优秀论文集萃 [M]. 北京：北京交通大学出版社，2018.

[62] 张珍秀 . 高职院校教师资源开发与管理 [M]. 长沙：国防科技大学出版社，2008.

[63] 朱懿心 . 高职高专教师必读 [M]. 上海：上海交通大学出版社，2004.

[64] 邹松建 . 高职院校教师人力资源管理 [M]. 成都：电子科技大学出版社，2009.

[65] 左彦鹏 . 高职院校“双师型”教师专业素质研究 [M]. 广州：暨南大学出版社，2017.

[66] 张晓冬，马昀 . 基于名师工作室的高职教师专业发展共同体构建策略研究 [J]. 太原城市职业技术学院学报，2022（08）：90–92.

[67] 张晓冬 . 勤于研究：心理健康教师专业成长必由之路 [J]. 江苏教育，2022（16）：17–20.

[68] 张晓冬，李强 . 高职院校教师绩效考核存在的问题与对策研究 [J]. 西部皮革，2021，43（19）：46–47.

[69] 张晓冬 . 高职院校绩效工资改革创新策略研究 [J]. 西部皮革，2021，43（17）：45–46.

[70] 张晓冬，熊逸越 . 高职教育教师实践共同体的构建价值与路径策略 [J]. 襄阳职业技术学院学报，2020，19（01）：23–26.

[71] 张晓冬 . 教师实践共同体的构建要素与动力机制 [J]. 江苏工程职业技术学院学报，2019，19（04）：65–68.

[72] 张晓冬，嵇波 . 新工科背景下高职教师实践共同体构建策略研究 [J]. 机械职业教育，2019（11）：59–62.

[73] 张晓冬 . 高职院校教师职业能力标准研究探微 [J]. 南通纺织职业技术学院学报，2013，13（04）：79–82.